KB206352

승속僧俗이 함께하는 불교 이야기

승속僧俗이 함께하는
불교 이야기

지은이 김용진 외

다양미디어

차 례

책을 내면서

불도의 수행을 어떻게 해야 하는가?

많은 경전과 논서들, 스님들의 법문 속에서 올바른 길을 제시하고 있고, 일상생활이 수행이며 도(道)라고 하지만 어느 경지에 이르기 전까지 불자들에게는 수행의 길이 체달되기 매우 어렵습니다.

우리 주변에는 묵묵히 수행하고 보살행을 실천하는 많은 분이 계십니다. 그러나 우리가 어리석어 선지식을 알아보지 못하고 겉으로 나타나는 분상에 자신의 잣대를 대고 깨친 사람이니, 못 깨친 사람이니, 나름대로 분별심을 갖고 판단해 버리기 쉽습니다. 이것은 수행한다면서 분별 망상에 빠져있는 어리석은 중생의 한계라고 생각됩니다. 그러면서도 우리 모두는 상구보리(上求菩提)하는 마음으로 수행의 길을 함께 가는 도반들입니다.

이러한 도반들의 모임인 경상국립대학교 교수불자회 회원들은 2019년에 『나를 찾아가는 불교 이야기』라는 책을 출판한 적이 있습니다. 이는 40년이 넘는 모임의 역사 속에 흔적을 남기고, 주변의 불자들에게 작은 법보시라도 되었으면 하는 소박한 바람에서 비롯된 것이었습니다. 다행히 독자들의 호응과 지인들의 격려 덕분에 힘을 얻을 수 있었습니다. 이제 후속 주제로 각자의 수행 방법과 체험에 대해서 진솔한 이야기를 담은 글들을 모아보기로 하였습니다. 비록 큰 깨달음에 이르지는 못했더라도 나름대로 수행 과정이나 수분각(隨分覺)에 도달하기까지의 체험담을 소개한다면 주변의 다른 불자들에게 의미 있는 도움을 줄 수 있을 것으로 생각했습니다.

교수불자회 회원들의 이야기에 더하여 주변의 인연 있는 선지식들에게 동참을 청하여 내용을 풍부하게 하고자 했습니다. 또한 재가(在家) 불자들만의 수행담이 부족할 수도 있다고 판단하여 인연 있는 스님들께도 수행담을 소개해주시기를 간청하였습니다. 일반적으로 출가하신 스님들께 출가 이전의 속세 일들을 여쭙는 것이 큰 실례이지만 몇 분 스님들께서 큰마음을 내주셔서 이 책을 더욱 의미 있게 해주셨습니다.

이 책에 글을 쓰신 분들은 감히 수행 이야기를 하는 것에 부끄러워하셨습니다만 간곡한 청에 따라 동참해 주셨습니다. 이 책에 소개된 다양한 수행 과정과 체험, 소견들이 독자 여러분들의 수행에 조금이라도 도움이 되면 좋겠다는 순수하고도 간절한 마음에서 글들을 모은 것입니다. 저자들은 모두, 자신을 자랑하고 내세우기 위한 것이 아님을 독자 여러분들께서 양해하여 주시기 바랍니다.

사람마다 자신에게 적합한 수행 방법이 있고 다양한 체험들이 있을 것입니다. 이 책의 내용에 부족한 점이 많이 있을 수도 있을 것입니다. 다만 독자 여러분에게 조금이라도 와 닿는 부분이 있어서 자신의 수행뿐만 아니라 지혜의 증득과 자비 보살행의 실천에 도움이 될 수 있기를 발원합니다. 아울러 본 책자의 발행을 위해 보시해주신 경상국립대학교 교수불자회 회장이셨던 우선혜 간호학과 명예교수님, 출판사와 인연의 끈을 이어주신 선우선방 여여화 선원장님, 여련화 권현옥 원장님, 출판을 기꺼이 협조해주신 대양미디어 서영애 사장님, 꼼꼼히 편집을 해주신 정영하 선생님께 깊은 감사를 드립니다.

불기 2567년 2월
경상국립대학교 교수불자회
회장 김용진 합장

1부
선지식 법문

마가 스님_고성 옥천사 주지

박 영 재_선도회 지도법사 · 서강대학교 물리학과 명예교수

법안 스님_하동 옥종 약천사 주지

일진 스님_남해 관음선원 주지

재연 스님_하동 북천사 주지

정민 스님_하동 법성선원 선원장

진여 스님_진주 약사정사 주지

진주의 불자에게 주는 첫 설법

마가 스님
고성 옥천사 주지

장소 : 진주 선우선방 / 일시 : 2022. 9. 17

1.

합장하고 따라 합니다.

"그래도 이만해서 다행이야"라고 하면 행복해지고

"할 수 없어, 믿을 수 없어, 이게 뭐야, 에이씨"라고 하면 불행해집
니다.

소개를 10분 동안 하지 않고 3분만 해서 그나마 감사합니다.

(웃음)

2-1. 지금, 이 순간/지금 여기/지금

지금, 이 순간 내 마음은 어떤가? 내 몸과 마음의 변화들을 느껴보시
고~ 들려오는 소리를 느껴보시고~ 바람과 살 끝의 만남도 느껴보시고.
단전 부위로 느껴보십시오. 이게 뭔가요? 꽃을 보니까 어때요? 꽃을 보

니까 지금 마음이 어때요? 이 꽃이 시들면 어떻게 될까요? 갖다 버리겠죠. 네 그렇죠. 시든 꽃을 가지고 있을 사람 아무도 없지요.

꽃은 피어 있기 때문에 우리가 반기는 거잖아요. 여러분은 지금 피어 있나요? 진짜로 피어 있어요?

(네~)

뒤의 몇 분~ 찡그리고 계시는 분들이 있잖아요. 손 이렇게 해 가지고 따라 하세요.

(두 손을 얼굴 밑에 꽃받침 만들고)

부처님 저 이뻐요? 부처님께서 이쁘다고 할 때까지 씩 웃어보세요. 그래요. 우린 웃자고 이 자리에 오셨죠?

예. 찡그리는 삶이 아니고 웃는 삶이 되고자 이 자리에 오셨습니다. 맞죠? 부처님께 기도하고 또 수행하다 보면 내 인생도 꽃필 날이 오겠지요.

그날을 위해서 우리가 지금 정진하고 있는 거 아니겠어요.

2-2.

그러면 그날이 언제 올까요? 10년 1천일 후에 백 일 후에 언제 올까? 지금이라는 거죠. 지금 찡그리고 있는지 지금 웃고 있는지 누가 봐줘요? 자기 스스로 자각을 해야 된다는 겁니다. 남이 봐주지 않습니다. 내가 나를 보고 있습니다. 지금 카메라가 저를 찍고 있습니다. 저의 모든 것을 다 찍고 있습니다. 아마 이게 이제 유튜브로 올라가고 어디로 나갈 거예요.

2-3. 수행과 지금 여기

이게 바로 수행이라는 것입니다. 지금 이 순간 내가 나를 보는 겁니다. 행동하고 말하고 생각하는 신구의(身口意) 삼업(三業)에 깨어 있을 때 이걸 우리는 수행자다~라고 합니다. 수행. 많은 사람이 어렵다고 얘기합니다. 저는 수행만큼 쉬운 게 없다고 얘기합니다.

따라 해볼까요?

"수행은 나의 행동을 바꾸고 나의 말을 바꾸고 나의 생각을 바꾸는 것이다." 여러분들이 법회에 한 번 오고 나면 부처님 말씀을 듣고 내 행동을 바꾸는 겁니다. 지금까지 해왔던 내 말을 바꾸는 겁니다. 지금 하고 있는 이 생각을 바꾸는 겁니다. 이게 수행이라는 거죠. 수행하면서 고집을 피우고 있으면 이건 수행자가 아니에요.

3-1. 좋은 마음 먹기/마음 잘 먹기

여러분 밥을 잘 먹죠?

좋은 음식, 정성이 들어간 음식을 먹으면 몸도 기분도 좋아집니다. 그래서 오늘은 좋은 마음을 먹기 위해서 오셨어요. 나쁜 음식 먹으면 설사하듯, 나쁜 마음 먹으면 어때요. 내 마음이 부글부글 끓는다는 거예요. 불편하다는 거예요. 좋은 마음을 먹으면 내가 편안해지기 시작하잖아요? 내가 편안해지면 내가 하는 일이 잘 된다는 얘기입니다. 이제 아셨죠?

따라 합니다.

"절은 밥 먹으러 오는 곳이 아니고 마음먹으러 오는 곳이다."

3-2. 청화 큰스님과 인연이 깊은 선우선방 방문의 의미

저는 여기 와서 가슴이 뭉클한 순간들이 많이 있었어요. 제가 청화(淸華) 큰스님을 뵙고 나서 제 삶의 변화가 일어났습니다. 아주 큰 변화가 일어났습니다. 청화 큰스님을 뵙기 전에는 눈이 이렇게 째졌어요. 그때 아마 신경질 내고 다녔던 이마가 아직 다 펴지지 못했어요. 인상을 써 가면서 "나쁜 놈. 죽일 놈. 썩을 놈. 네 탓이다"라고 하면서 늘 원망하고 탓하고 다니던 제 삶이 이만해서 감사합니다. 그래도 "고맙습니다"라 고 하면서 마음이 180도 바뀌어졌습니다.

그런데 오늘 이 자리에 와서 가만히 앉아 있다 보니까 그 옛날 태안 사(泰安寺)에서 큰스님을 친견했던 그 감동이 다시 한번 몰려오는 거예 요. 우리 합창단 여러분들이 정말 정성껏 노래 부르는 그 속에 큰스님 의 마음이 다 들어있는 것 같아요. 우리 합창단 여러분께 박수 한번 쳐 드릴까요?

3-3. 지극한 마음으로!

우리 법회를 갖기 전에 예불을 모셨죠. 가장 먼저 나오는 말이 뭐였 죠? 지극한 마음으로(至心歸命禮)~ 그렇죠. 지극한 마음으로~

네. 이게 바로 불공이고 이게 바로 수행입니다.

다른 게 없습니다.

벽을 보고 앉아 있다든가 삼천배를 한다든가 간경(看經)을 한다든가 하는 모든 행위는 하나의 방편입니다. 수단이란 말입니다. 그 속에는 지극한 마음이라는 게 들어있을 때 가능하다는 거죠. 안 그러면 다 껍데기라는 거죠.

4-1. 진실과 가상

자 따라 할까요?

"이것은 진실이 아니다. 이것은 내가 만든 허상이다." 오늘 아침에 제가 이런 깨달음의 시를 적어서 한 3만 명에게 보내고 왔어요. 지금도 여러분 눈에 보이고 여러분이 생각하고 하는 모든 것들은 다 진실이 아니라는 거죠. 다 내가 만들어서 나타나는 현상이라는 겁니다. 실상을 봐야 되는데 우리는 껍데기 속에 살고 있다는 거죠.

여러분 완성되셨나요? 원래 완성체인데 아직은 다 껍데기 그런 게 좀 있죠. 아직은 구름이 좀 끼어 있죠. 그렇죠. 구름 낀 사람이 보는 세상은 완벽한 것이 아닐 거예요. 그런데도 우리는 어떻게 해요? 내가 옳다고 고집을 피운다는 거죠.

4-2. 왜 수행을 하는가?/지혜로운 자

제가 여기 오기 전에 해우소를 들렀다 왔어요.

해우소 가면 뭘 해요? 똥을 싸고 오죠. 똥 싸고 나면 어때요? 시원하죠.

따라 할까요.

"똥 누듯 똥고집을 버리면 행복해집니다." 여러분 행복하고 싶어서 오셨죠? 그러면 뭘 하라고? 똥고집을 버리라는 거죠. 근데 우리는 어땠어요? 똥고집을 부리면서 행복해지기를 바랐다는 겁니다. 맞죠? 될까

안 될까?

(안 되겠네요)

콩을 심으면 뭣이 달려요? 팥을 심으면? 콩을 심어놓고 팥 되게 해
달라고 삼천 배 한다면 될까요? 안 될까요? 많은 사람은 콩을 심어놓고
팥 되게 해달라고 기도합니다. 이런 사람은 지혜로운 자인가요? 어리
석은 자인 가요? (어리석은 사람)

수행이라고 하는 것은 어리석음에서 벗어나서 지혜로운 사람이 되
는 것입니다.

그래서 우리는 수행을 한다는 거죠. 여러분! 수행하고 나서 좀 달라
지셨나요?

180도 바뀌어 지신 분 손들어보세요.

수행을 통해서 비포(before)-애프터(after)가 확실하게 달라져야 됩니
다. 안 그러면은 도로 아미타불이 됩니다. 의미가 없다는 거죠. 죽으라
고 더 수행해야 된다는 겁니다.

더 겸손하게 지심귀명례(至心歸命禮)하면서 더 열심히 수행을 하게 되면
바뀝니다.

4-3. 나를 바꾸면 남도 바뀐다

나를 바꾸지 않으면 세상을 바꿀 수도 없고, 여러분 가족들도 바꿀
수 없습니다. 여러분 가족을 바꾸려고 하는 그 마음이 바로 욕심이라는
거죠. 그러면 가족들은 뭐라 그래요? 너 나 잘해 라고 하잖아요. 너 나
잘해.

우리는 나를 먼저 바꾸면 저절로 모든 게 바뀌기 시작하는데, 자기는

고집을 부리고 바뀌지 않으려고 하고 있으면서, 다른 사람을 바꾸려고 노력한다는 거죠.

아무리 해도 바뀌지 않습니다. 갈등과 분쟁만 일어난다는 거죠. 세상의 모든 전쟁이 바로 그렇습니다. 모든 다툼이 다 그렇습니다. 나는 바뀌지 않고 네가 바뀌어야 된다고 고집을 부리고 있기 때문입니다.

여기서 부딪침이 시작된다는 거죠.

지금 모든 전쟁이 그렇잖아요. 현재 지구 주변에서 일어나는 지역 분쟁이나 전쟁이 다 나는 옳고 너는 그르다고 하는 그 시각이 싸움으로 이어지고 있죠.

그래서 심청정(心淸淨) 국토청정(國土淸淨)!

내 마음이 청정하면 우리 사는 세계가 청정해진다고 하는 게 그 소리예요. 늘 자기 자신을 보는 것 이것을 우리는 수행이라 합니다.

4-4. 시한부 인생

합장하고. 따라 해 볼까요.

나는 늙어가는 본성을 타고났다. 나는 매일매일 늙어가는 것을 인정합니다.

나는 병마에 시달리는 본성을 타고났다. 나는 나이 들수록 병마를 피할 수 없다.

나는 죽어가는 본성을 타고났다. 나는 죽음을 향해 나날이 다가서고 있다.

내가 사랑하는 모든 사람과 귀중한 물건은 변화하는 본성을 타고났다. 나는 그들과(의) 헤어짐을 인정합니다.

나는 오직 내 생각, 말, 행동으로 지은 과보의 결과이다.

나는 내 업의 과보를 피할 수 없다. 나는 내 업의 모체이며 주인과 상속자다.

공부하는 사람. 우리 불자들이 꼭 가져야 될 기억해야 될 내용입니다. 우리는 반드시 죽을 수밖에 없다는 거죠.

제가 최근에 병원을 다녀왔는데요. 심각한 소리를 들었습니다. 시한부 인생을 살고 있답니다. 몇 년 사냐고 물었더니만 앞으로 50년 밖에 못 산다고…(웃음)

제가 이미 50년을 살아버렸다는 겁니다. 이제 남은 인생은 50년밖에 안 남았다는 것이죠. 우리는 너나 할 것 없이 다 시한부 인생을 살고 있다는 얘깁니다. 끝이 정해져 있다는 것은 지금 이 순간 내가 어떻게 살아야 될지를 안다는 거죠. 우리는 천년만년 살 것 같이 살고 있잖아요.

죽을 때 아무것도 가져갈 수 없는데 애지중지하는 게 있다는 거죠. 그래서 죽어서도 갈 곳을 가지 못한 거예요.

4-5. 천도재

그래서 여러분 자식들이 여러분을 천도시키려고 맨날 천도재를 해주어야 합니다. '집착을 끊고 편하게 가세요'라고 하는 그런 의미가 바로 천도재잖아요. 그런데 우리는 너무 많은 애착, 집착, 욕심이 있기 때문에 죽어서도 가지 못하고 늘 이곳에 맴돌고 있다는 겁니다.

최고의 천도재는 한 배에서 태어난 자식들이 서로 양보하며 우애 있게 사는 겁니다. 부모님이 보실 때 얼마나 흡족하시겠어요. 돌아가신 부모님을 흡족하게 해드리는 것이 바로 천도재의 진정한 의미입니다.

4-6. 인과를 아는 자가 지혜롭다

인과를 모르는 사람이 어리석은 사람이고 인과를 아는 사람은 지혜로운 사람이니 수행을 한다는 것은 지혜로운 사람이 되는 과정이기 때문에 우리는 모두가 죽는다는 것을 받아들인다는 거죠.

그러면 지금부터 정리를 할 수 있다는 거죠.

부처님 당시에 이 법문을 하시니 많은 사람이 멘붕이 왔습니다. 나는 여태껏 내 욕심을 있는 대로 차리고 살아왔는데 허리띠 졸라매면서 열심히 살았는데 도대체 이게 무슨 소리냐? 나는 천년만년 살 거라고 욕심내면서 잔뜩 모아놓고 살았는데 죽다니.

나 안 죽을 거야, 나 더 살 거야.

그렇지마는 부처님께서 하신 말씀을 받아들일 수밖에 없잖아요.

그때 부처님께서 한 말씀 더 하십니다.

바로 마지막 다섯 번째 나와 있는 게 뭐예요. 나는 내 업의 결과다. 내가 지은 대로 받는다.

자업자득(自業自得)을 얘기하십니다. 이것만은 피할 수 없다. 반드시 죽을 수밖에 없고 언제 죽을지 모르고 죽을 때 아무것도 가져가지 못하지만 내 업만큼은 피할 수 없다.

불교의 목적은 깨달음에 있지 않습니다. 바로 보현행원의 실천에 있지요.

5-1.

여러분! 다음 생 가실 때 준비됐나요. 무엇을 준비하셨나요.

여러분! 다음 생에 사람으로 태어날까요? 진짜 사람으로 태어날 것 같아요?

사람으로 태어나려면 이 욕심을 다 여의어야 됩니다.

욕심을 다 내려놓고 수다원(須陀洹)과를 이루어야 만이 인간으로 살아 온대요.

아마 지금 지구별에 있는 사람들 99%는 다음 생에 축생으로 태어 날겁니다. 욕심을 여의지 못했기 때문입니다. 돼지들은 그냥 막 먹잖 아요?

우리의 욕심은 돼지의 마음이라는 거죠. 우리가 죽으면 지금 죽는다 면 100% 돼지로 태어납니다. 한없이 꿀꿀대면서 먹이를 찾아서 막 먹 고 다닐 거예요. 껍데기는 이렇게 그럴싸하게 있지마는 우리 마음속에 돼지가 들어 있잖아요? 욕심은 내 마음을 돼지로 만듭니다. 서유기에 나오죠. 저팔계가 바로 인간의 욕심과 탐욕을 얘기하는 거예요.

5-2. 지금 이 순간의 마음/수행의 첫걸음

지금 이 순간 내 마음은 그대로 죽을 때까지 이어지게 됩니다. 항상 지금 이 순간 내 마음은 어떤가 바라보십시오. 시간이 지나면 쇠퇴할 수밖에 없고, 아플 수밖에 없죠. 받아들이는 거죠. 안 죽으려고, 안 늙으 려고 발버둥 치는 게 아니고 '그냥 받아들임'입니다. 있는 그대로를 인 정하는 겁니다. 이게 수행의 첫걸음입니다.

수행의 첫걸음은 지금 이 순간 모든 것을 받아들이는 거예요. 이게 내 업을 내가 받아들이는 거죠. 거부하지 않고 밀어내지 않고 받아들이는 거죠.

바다는 받아들인다는 뜻을 담고 있습니다.

5-3. 어머니의 열반

저는 이번 8월에 제 인생에 큰 공부를 한 것 같아요. 제 나이가 지금 예순셋인데요.

제가 청화 큰스님을 만나기 전에는 아주 못된 스님이었는데 큰스님을 만나고 나서 제가 사람이 되어 갔고. 그동안에 시주 은혜와 그동안에 만났던 사람들에 대한 감사를 어떻게 표현할까 고심하다가 이번 생에 빚을 갚지 못하고 죽는다면 다음 생에 더 큰 빚으로 다가온다는 것을 제가 감각적으로 알았습니다. 그래서 이번 생에 다 갚기 위해서 나름대로 열심히 기회 닿는 대로 여러 방편을 써서 포교를 하고 사람들을 많이 만났습니다. 그러다 보니 환갑이 지나면서 급격히 흰머리도 많이 나고 체력도 좀 떨어지고. 그래서 제 속으로 자만을 했던 것 같아요. 이만하면 됐다. 이 정도 했으면 됐다. 그래 이제 좀 쉬자.

그러면서 서울의 모든 삶을 다 정리하고 42년 동안 살아왔던 승려 생활을 다 정리하고. 경기도에 가서 조그마한 토굴을 해서 쉬겠다고. 어머니를 빙자해서. 어머니 모시고 시골에서 농사나 짓고 강아지 한 마리 키우면서 그냥 쉬려고. 금년 1월에 내려왔습니다. 내려와서 이제 강아지 두 마리 얻어 가지고 제 어머니 모시고 라면도 끓여드리고. 이렇게 나무아미타불 염불하면서.

어머니를 모시고 그렇게 재미있게 살다가 삼월 삼짇날 제비가 온다는 그날. 어머니께서 나무아미타불 나무아미타불 하시면서 그냥 그대로 열반하셨어요. 저는 그전까지는 반신반의 많이 했어요. 그냥 책 속에나 나무아미타불을 잘 하면 지극정성을 다해 염불하면 극락세계에 태어난다고 하는 그 말을 책 속에 있는 말이지~ 그래~ 큰 스님들의 법문 속에 있는 말이지 라고 하면서 그냥 그런가 보다라고 받아만 들였지. 몸 가득히 체득이 안 된 상태였는데. 어머니 열반하실 때 나무아미타불 염불하시면서 돌아가시는 그 모습을 보고 이제 드디어 이제 그 말을 믿게 되죠.

5-4.

여러분들도 아프기 싫으면, 똥오줌 받아내기 싫으면, 치매에 걸려서 병원에 있기 싫다면, 지금부터 나무아미타불 염불을 한번 해 보십시오.

여러 가지 연구를 하는 방법은 여러 가지가 있어요. 우리 청화 큰스님의 연구를 염불선 책에 나와 있어요. 관상염불 칭명염불 실상염불 등등 여러 가지 방법이 있는데 무엇이 되었든 단계를 거치게 되어 있으니
초보자들은 그냥 자나 깨나 앉으나 서나 아미타불을 외우고. 한동안 '앉으나 서나 당신 생각' 그런 노래도 있었는데 그죠 그것도 한번 계산해 봐요. 우리 아까 그 좋은 곡에다가 우리 청화 큰스님 법문이야 이걸 계산해서 노래 부르더라구요. 그러면 이제 안전하죠.
아미타불 이런 식으로 한번 또 한 번 만들어 봐요.
괜찮지 않겠어요? 그렇죠?

5-5. 옥천사 주지와 중도

이제 저는 모든 걸 다 접고 이렇게 살았는데 어머니가 돌아가신 거예요.

그토록 찾아 헤맸던 부처님. 그토록 찾아 헤맸던 관세음보살님이 바로 우리 어머니이셨구나. 바로 어머니가 관세음보살님이셨구나 라고 가슴으로 다가오더라고요. 그러던 차에 옥천사의 주지로 오라고 해. 한 번 내려왔어요. 저는 주지로 살고 싶은 생각이 전혀 없었습니다. 옥천사는 여러 명의 스님들이 주지를 하려고 서로 경쟁할 정도로 큰 절이죠.

저는 전혀 생각지도 않았던 일이었기에 계속 안 산다 못산다라고 한 달 동안 고집을 부렸습니다.

그 과정에서 어마어마한 저의 마음을 또 보게 된 겁니다. 하고 싶어서 욕심내서 하려고 하는 것도 집착이고 안하려고 거부하는 것도 또 하나의 집착이더라고요. 그것도 양변(兩邊)에 걸리는 옳다, 그르다, 이쁘다, 있다, 없다, 한다, 안 한다고 하는 모든 게 다 양쪽 변이 잖아요. 중도(中道)는 뭐예요? 걸리지 않고 걸림 없이 사는 것, 이게 중도잖아요.

그래서 저는 또 여기 내려와서 다른 사람이 살면 되지 왜 내가 살아야 되나 안 살고 싶어 하는 그거. 그 깊은 속에는 깊은 마음속을 들여다 봤더니만 이제 편하게 살고 싶다고 하는 나의 욕심이 들어 있더라고요. 그래서 이제 그래 이것도 내 운명이라면 받아들여야지 싶어서 받아들였습니다. 수용을 했습니다.

5-6. 마음밭(心田) 가꾸기

수용한 지 이제 한 달쯤 되고 있는데 요즘은 산을 일구어서 밭을 만들고 자갈을 들어내고 있습니다. 한 달 동안 내내 자갈을 들어냈습니다. 그래도 아직 많이 남아 있습니다.

그걸 보면서 내 마음속에도 이러한 자갈들이 들어있구나. 우리 모든 사람의 마음속에 다 그러한 자갈들이 들어있고 가시덤불이 들어있다는 거죠. 누가 뭘 하는 걸 보면 배가 아프잖아요. 배가 아프니까 어떻게 해요. 험담하는 그 마음들이 다 자갈이고 누구를 미워하고 원망하는 마음들이 다 그 자갈이고. 내 속에 들어있는 한의 응어리들 이게 다 내 마음의 자갈이라는 거죠. 그래서 이제 요즘은 마음 경작, 심전 경작 한다고 하는 그저 이 말씀도 있잖아요. 부처님께서 탁발을 나가셨는데 농부들이 일을 하고 있어서 거기 가다가 탁발을 청했답니다. 그랬더니만 땀흘리고 있던 농부가 "난 너 같은 사람 밥 안 준다." "나는 이렇게 열심히 일하고 있는데 너는 놀면서 밥이나 얻어먹으러 다니냐?" "나 너 같은 사람 뭘 줄 수 없다"라고 막 화를 내는 거예요. 화날 거 아니예요?

여러분 열심히 일하고 있는데 이 베짱이가 와서 뭐 좀 달라고 그러면 어때? 화낼 거 아니에요.

그러니 부처님께서 "나도 농사를 짓고 있다" 그래. 그래서 농부가 볼 때는 왜 거짓말하세요.

언제 흙을 파봤어요. 이렇게 버젓하게 이 동네 저 동네 다니면서 밥이나 얻어먹은 주제에 무슨 농사짓는다고 거짓말을 하세요. 농부가 그렇게 얘기해.

그러니까 부처님께서 나는 마음 밭을 가꾸고. 내 마음속에 들어있는 자갈을 들어내고 가시덤불을 들어내고, 좀 더 많은 흙을 잘게 고르게 펴서 그 곳에 보리의 씨앗을 심는다. 그 곳에 자비의 씨앗을 심고 있다고 얘기를 하는 거야. 그 말을 듣고 농부가 부처님 말씀에 감동해서 부처님을 즉석에서 단을 차리고 법문을 청하고, 상대를 드리는 광경이 나오죠. 중요한 것은 우리 마음 밭을 잘 가꾸기 위해서 우리는 이 자리에 오셨습니다. 수행은 마음에 화장을 하는 거죠. 여기 오실 때 여러분 다 세수하고 오셨죠. 입에 얼굴에 뭐 바르고 오셨죠. 저는 서울에서 스킨로션 발랐는데. 여기 와서 스킨로션이 없어요. 그래서 안 발랐는데 안 바르는 게 좋은 것 같아 끈적거리지 않고 더 좋은 거죠. 우리는 겉은 잘 다듬고 표현을 할지언정 마음을 다듬고 마음의 화장을 할지 모른다는 거죠.

우리 선우선방에 오신 분들은 다 마음에 화장하기 위해서 이 자리에 오셨을 거예요. 맞죠? 그러니까 울긋불긋 칠하지 않고도 왔잖아요.

6-1. 똥자루

제가 똥 얘기를 많이 하는데요. 우리 육체의 가장 깊은 곳으로 들어가니까 여러 장기가 있고, 먹으면 또 위를 통해서 대장이라는 곳에 가서 마지막 머물러 있다가 똥으로 나오는데 우리가 배를 쫙 가르고 나면은 창자가 튀어나오게 된답니다. 창자 속에는 온갖 똥들이 가득하다는 거죠. 그러면 똥구멍과 입 구멍이 막혀 있는 똥자루라는 얘기입니다. 우리는 똥자루 맞나요? 네, 똥자루를 인정하세요. 똥자루 인정. 이 몸뚱이든 똥자루요. 똥자루다 보니까 어때요?

똥자루 위에 그러니까 어떻게? 옷을 입혀주는 거야. 그 똥자루가 흉하지 않게 하기 위해서 옷을 입혀줘. 옷을 입혀줘. 옷을 입혀도 뭔가 냄새가 나. 그러니까 어떻게 해? 이제 그려줘. 일단 뭔가 빨갛게 뭐로 막 그려주고 까맣게 칠해지고. 그래도 냄새가 나니까 어떻게? 향수를 뿌려주는 거예요.

이 똥자루를 가꾸기 위해서 평생을 노력한다는 거죠. 똥자루 감추기 위해서 많은 장사도 많이 나왔잖아.

6-2. 똥자루 발효시키기

따라 합니다.

성 안 내는 그 얼굴이 아름다운 공양구요. 부드러운 말 한마디 미묘한 향이로다. 깨끗해 티가 없는 진실한 그 마음이 언제나 한결같은 부처님 마음일세.

네, 문수보살님의 게송으로 알려져 있죠. 지금 이 순간 똥자루가. 지금 이 순간 씩~ 웃으면 꽃이 핀다는 거죠. 똥자루가 찡그리고 있으면 악취가 난다는 거죠.

그죠. 우리 똥이 발효가 잘되면 거름이 되지만 발효되지 않은 똥을 거름으로 주면 어때요? 똥독이 올라서 다 죽어버린다는 거죠. 내가 내뱉고 있는 이 말 한마디가 독이 되가지고 다른 사람을 죽일 수도 있다는 거죠. 발효가 되지 않은 상태에서, 수행이 되지 않은 상태에서 내뱉는 그 말 한마디는 독이 된다는 거죠. 수행을 통해서 잘 정제시켜서 내뱉는 말 한마디는 그 사람을 살려주는 거름이 된다는 얘기입니다. 발효가 되지 않은 행동 하나하나가 더 말을 해치는 독이 되고, 발효가 잘된 정제된 행동 하나는 말을 살리는 거름이 된다는 거죠.

6-3. 삼독심 제거하기와 깨어 있기

우리는 수행을 통해서 삼독심을 제거하기 위해서 우리는 수행을 합니다. 맞죠? 네, 수행의 목적 정확하게 알아야 돼요. 삼독을 제거하기 위해서 우리는 수행을 한다는 거죠.

행동하고 말하고 생각하는 것이 독이 되고 있는지 거름이 되고 있는지, 지금 이 순간 깨어 있어야 된다는 얘기입니다.

7-1. 월 1회 선우선방에 올 예정

오늘 제가 준비해 왔던 것은 전혀 다른 걸 준비해 왔는데. 어제 저녁부터 정말 준비 열심히 해서 이 자리에 가져왔습니다. 여러분 어디 화장하기 전에 어떻게 해요? 세수하고 나서 이것저것 닦아내고 기초화장하고 그 다음에 다른 걸 막 붙인다면서요.

네. 아마 지금 오늘 제가 하는 얘기들은 세수 단계예요. 세수 단계예요. 저는 준비해 오는 것은 마지막 칠하는 활용 정책의 얘기를 준비해 왔던 것 같아요. 그런데 아직은 때가 아닌 것 같아서 얘기할 때가 아니어서 자꾸 지금 세수하는 쪽으로 지금 가고 있는 것 같아요. 제가 오늘 이 인연이 된 것은 아마 여기에 한 일곱 번은 더 와야 될 것 같아요. 매달.

오늘 몇째 주죠?

제가 제 스케줄을 한번 보겠지만 한 달에 한 번 제가 여기 올 겁니다. 오라 그러지 말라 그래도 올 거예요. 어쩌면 이것은 누구 절도 아니고 누구 것도 아니에요. 우리 청화 큰스님의 무량광 나무아미타불을 선양하고 또 우리 깊은 마음의 세계로 안내하는 수행 도량이죠.

보고 싶으면 오는 거예요. 추천하지 않아도. 우리 원장님은 마가 스님이 오면 유명한 스님이라서 차비를 많이 줘야 된다. 어쩌냐? 그래서 모시고 싶어도 못 모신다고 이런 얘기를 하시더라고요. 제가 더 많이 달라고 그랬어요. 여러분 저를 보고 싶어요?

(네)

7-2.

그러면은 공짜는 안 돼요. 그럼 어떻게 해야 될까요?

지갑 꺼내보세요. 지갑 꺼내세요. 진짜 진짜 꺼내. 종이 한 장이 없어요. 나중에 외상으로 해요. 오신 분들 한번 들어보세요. 꺼내 가지고 안에 다 꺼내서 뭐 하나? 그래도. 자 꺼내서 누가 좀 거둬오세요. 네 그 사람이 좀 거둬오세요.

여기에 지금 저 뒤에 가 아시는 사람 다 걷어 오세요.세요. 여기에 지금 우리 저 뒤에 학생 어디서 왔어요. 진주교육대에서. 박수 한번 쳐주세요. **(스님 봤어요.)**

7-3.

나와 보세요. 나와. 이쪽에서 다 걷어오세요. 우리 청화 큰스님께서 정말 하시고 싶은 일이 교육 사업이셨어요. 무지하면은 일본에 **신용을 빼앗기고** 노예처럼 살 수밖에 없다. 우리가 깨어나야 된다. 우리 계몽 사상을 **부르신** 분이 우리 청화 큰스님입니다. 이 자리에 우리 진주교대 학생이 왔어요.

8-1. 여여화 보살님!

선생님 한 분의 역할은 어마어마합니다. 아마 선생님이 교사 임용을 받으면 한 30년 넘게 교직에 계시는데 그 학생들은 어마어마할 거예요. 그 학생들에게 우리 부처님의 가르침 전달할 수 있도록 씨앗을 뿌리자고요. 우리 진주교대 불교 학생회 활동 열심히 하라고 우리 후원금 드리면 좋겠죠.

아마 다음 달에 우리 진주 불교 학생회 애들 여기 꽉 채울 것 같아요. 우리가 할 수 있는 공덕은 젊은 불자들이 공부할 수 있도록 뒷받침이 되어 주는 것이다. 같은 만 원을 보시하더라도 이만 원이 씨가 돼서 무럭무럭 자라서 많은 열매를 맺는다면 좋겠죠. 저는 요즘 인과의 어떤 공부를 하다 보니까 사과를 먹으면서도 사과 씨. 그 작은 씨가 하나 떨어지면 이게 3~40년 동안 계속해서 무수한 열매를 맺잖아요.

벼 하나도 씨앗 하나가 떨어져서 한 300알 정도의 벼가 새로운 열매를 가져오게 된다. 우리의 행동 하나가 우리의 말 한마디가 우리의 생각하나가 새로운 씨앗이 돼서 어마어마한 미래를 가져오죠. 오늘 이 자리에 오신 여러분, 미래 부자들을 키워낼 수 있는 진주교대 학생에게 이런 좋은 씨앗을 하나 뿌려놨습니다. 이 씨앗이 10년, 20년, 30년, 40년, 50년 후에 대한민국을 이끌 수 있는 초석이 되어, 청화 큰스님께서 태안사, 성륜사에서 정성껏 우리 불자님들을 대접해 주고 가르침을 펴셨기 때문에 오늘 이와 같은 법석이 마련된 겁니다. 한 스님이 나와서 교화를 펴면 바로 3천 명 정도가 해탈로 이끌어진다고 합니다. 우리는 지금 청화 큰스님의 향훈을 받들어서 이 자리에 와서 수행정진하고 있죠.

저는 심지에 와서 정말 놀랐습니다. 세상에 어떻게 이런 사람이 있을까? 싶을 정도로 가슴은 뭉클하고 향기롭고 스님으로서 많이 부끄러웠습니다.

여여화 보살님을 보면서. 관세음보살이 따로 없구나. 한 여자로서 아내로서 엄마로서 해오시다가 큰스님을 뵙는 순간 모든 삶을 다 바쳐서 큰스님께서 하고자 했던 그 불사들을 한발 한발 해나가시는 모습을 보면서 정말 아름답더라고요.

지금 어디 계시나? 지금 이 순간부터 밖에 나가서 다른 분들 의자에 앉혀주고 자리 정리하고 그쪽 일이 분주하신 거. 여러분. 저 모습 보고 어때요?

1번 에이 저 모습이 지 상내기 위함이야 지랄이야.
2번 나도 한번 해볼까?
3번 지나 나나 똑같은 사람인데 왜 지만 저렇게 열심히 하고 나는 이렇게 살까 이런.

그러고 나도 한번 해볼까 이런 생각이 안 드세요? 이게 바로 분심이라는 거야. 분심! 공부할 때는 분심이 있어야 된다는 거예요. 분심이 일어나서 나도 할 수 있어. 이 마음 똑같은 사람이잖아요. 그죠 너 나 할 것 없이 다 소중해. 누가 귀하고 천한 것이 없다는 거죠.

8-2.

따라 해볼까요.

사람은 태어나면서부터 신분이 정해진 게 아니고 하는 행위에 따라 신분이 정해진다. 귀한 행동을 하면 귀한 사람이 되고 선한 행동을 하면 선한 사람이 된다. 부처님께서 이 말씀을 하시면서 만든 종교가 바로 불교라는 거야. 지금 이 순간 나는 귀한 행동을 하고 있는지 천한 행동을 하고 있는지에 따라서 내가 귀하기도 하고 천하기도 하다 거죠.

8-3.

이제 아셨어요? 누구는 저렇게 사재 털어서 용돈 아껴가면서 군 법당도 지어주고 주변 어린이 북 해가지고 이렇게 죽으라고 이 큰 재산마저도 성륜문화재단에 다 기부를 해버리고 내 나머지 삶을 부처님 포교하는데 일생을 쓰겠다고 하는 분도 계시고. 그게 무슨 필요가 있어? 나만 잘 먹고 잘 살면 되지. 그저 모아놨다가 내 손주 태어나면 다 줘야지 ~ 하고 사는 분들도 계신다는 거죠. 어떤 사람이 더 멋있어요?

다 알면서 알면서도 못하는 게 우리 중생의 업이야. 수행은 중생의 업을 벗어나기 위해서 수행을 한다는 거죠. 수행을 하지 않은 사람은 당연해. 있는 거 없는 거 모아놨다가 내 자식 주고, 손주 주고 하면은 그 아이들은 그걸 가지고 다 까먹고 못된 짓하고 부족하다고 부모를 죽이면서까지도 뺏어가는 게 인간이야. 여러분 그렇게 마무리하고 싶어요? 여러분 돈이 있어서 여러분 자식들 서로 싸워서 재판 걸고 서로 가지게 됐다. 싸우는 모습 보면 여러분 죽어서도 편하겠어요? 얘기 좀 해봐요. 없으면 안 싸웁니다. 절대 안 싸웁니다. 있기 때문에 싸운다는 거지. 있는 거 잘 쓰세요.

있는 것을 애기한테 주어봤자 싸움밖에 안 됩니다. 절대 애를 생각한다면 돈 주지 마십시오. 그래서 뭘 줘라 그랬어요? 기술을 가르치고 공부를 가르쳐서 스스로 살아갈 수 있는 힘을 줘야지 먹이를 주지 말라 그랬어요. 그런데 우리 엄마들은 쫓아다니면서 먹이를 줬잖아? 그러니까 지금도 애를 낳고 살지만 엄마한테 입을 벌리고 있다는 거예요. 달라고 더 달라고 한도 끝도 없습니다. 여러분이 잘못 키운 거예요.

고기 잡는 법을 가르쳐줘야 하는데 고기를 갖다줬던 결과잖아요. 지금부터라도 여러분이 달라져야 됩니다. 이제 살 만큼 사셨잖아요. 그렇죠? 애들 다 키워내셨죠. 네 고생하셨습니다. 정말 애쓰셨습니다. 대한민국 혼란기에 보릿고개도 넘어가면서 IMF도 넘어가고 코로나 시기도 넘어가고 그래도 살아났습니다.

8-4.

따라 해요.
아이고 복덩이. 무슨 복이 많아 오늘 살아 있느냐? 아이고 복덩이.

무슨 복이 이리 많아 선우선방에 왔는가? 복이 많아 마가 스님의 법문 듣고 있나?

8-5. 라마의 노래

라마의 노래를 한번 불러볼까?

예, 제가 이거 관련해서 여러분에게 선물을 가져왔어요. 무슨 선물을 가져올까? 제가 여러분! 오늘 책도 많이 가져오고, 여러분 나눠드릴 유인물 이것도 이거 하나만 있는 게 아니고 석 장이요 석 장! 나가다가 석 장씩 줄 거예요. 일부러 100개씩 세 종류를 가져왔어요. 그리고 책도 좀 가져온 게 있어요. 가실 때 다 받아 가시고요. 우리 그것도 부족한 것 같아요. 그걸 제가 이따가 오라고 그랬어요. 예 감사합니다. 이 선물 가지세요.

(가수 라마 노래, 멘트)

「여러분 안녕하세요. 반갑습니다.

이번 마가 스님께서 전화하셔서 저보고 "오늘 뭐 할 거냐?"고 그러시길래 "저는 오늘 만화책 보고 제가 좋아하는 떡볶이 먹고 잘 겁니다." 그랬더니, 스님이 "너 그렇게 살면 안 된다. 고향에 가자!" "제 고향은 서울입니다. 여기 잘 있습니다." 그랬더니 "그 고향이 아니라 우리 마음의 고향이 있다."

그래서 "아니 거기가 어딥니까?" 그랬더니 "경상남도 진주시 선우선방에 가면 굉장히 많이 이렇게 정진하고 수행하시는 분들 만날 수 있으니까 가서 보자"고 해서 오늘 따라왔는데, 정말 잘 온 것 같습니다.

네, 편안한 마음으로 밖에 계신 분들도 잘 들리시나요? 네 다행입니다. 네 이거 참 안에서 할 테니까 또 이렇게 좀 죄송하긴 한데 그래도 짧은 노래 이렇게 하고서 또 들어가도록 하겠습니다. 오늘 스님께서 하신 말씀 중에 말은 아까 이렇게 마음의 씨앗을 심고 주변 사람들에게 잘 하라는 그 이야기를 듣고 제가 이렇게 말에 대한 이야기를 쓴 게 있는데요.

제목은 '말'이라는 곡입니다. 여러분들이 말로 누군가에게 상처 주고 또 위로받았던 장면들을 생각하면서 편안하게 들어주시기 바랍니다.

둘도 없이 절친했던 친구에게
이제는 전화조차 할 수 없는 건
사랑하는 그 사람이 실망에
가득 찬 눈으로 나를 보는 건
세상에서 가장 강한 어머니가 눈물을 흘리신 것은
왜 왜 왜 난 알지 못했네 난 알지 못했네

말해야 할 때 말 할 수 있는 용기가 내겐 없었지
침묵해야 할 때 말하지 않는 지혜가 내겐 없었지
바보처럼

진심으로 나를 걱정해주었던
친구에게 퍼부었던 비겁한 말
사랑하는 사람에게

아무 생각 없이 얘기했던 거짓말들
어머니의 등뒤에서 무심코 흘려버린
차디차게 잔인했던 그 말 그 말 그 말
모두 말 때문이네 모두 말 때문이네

말해야 할 때 말 할 수 있는 용기가 내겐 없었지
침묵해야 할 때 말하지 않는 지혜가 내겐 없었지
바보처럼 바보처럼

수리수리 마하수리 수수리 사바하
수리수리 마하수리 수수리 사바하
수리수리 마하수리 수수리 사바하
나의 말들아 나의 나쁜 말들아

힘들었던 시절 친구들이 되게 해주었던 제발 사랑하는 사람이 나의
눈을 보며 얘기해준 희망의 말. 말 없으신 어머니가 나의 손을 잡고 말
씀하신 사랑의 그 말 그 말. 그 말 모두 말 때문이야.
수리수리 마하수리 수수리 사바하」

9-1. 정구업 진언

마지막에 뭐가 나와? 우리 정구업 진언에 뭐가 있죠?
수리수리 마하수리 수수리 사바하

제가 오니까 지금 마이크가 고장 났대요. 앰프가 고장 났대. 수리를 해야 되는데 아직 못했대요. 우리는 불자로서 부처님 가르침대로 잘 살게요라는 다짐을 하고 이 자리에 오지만 살다 보면 어때요? 업에 찌들어서 내가 언제 부처님께 가서 그렇게 했어? 하고 싶을 정도로 막 살죠. 부드러운 말을 하고 싶다고 했는데, 자비로운 말을 하고 싶어서 절을 했는데, 밖에 나가서 사람 사는 모습을 보다 보니까 부딪침으로 인해서 내 말이 막 나가죠.

입이 고장 난 거야. 그러니까 어떻게 해야 돼. 수리를 해야 돼요. 수리 그리고 수리 수리 크게 또 수리해야 돼. 따라서 끝나는 게 아니야. 계속해서 수리를 해야 돼요 수수리.

이제 아셨죠. 우리 마음도 매일매일 수리를 해야 된다는 이게 수행이야. 수행이 다른 게 아니고 매일매일 말을 수리하는 거예요. 행동을 수리하고 말을 수리하고 생각을 수리를 해야 된다는 거죠. 매 순간 완성은 없습니다.

죽는 그 순간까지 매 순간 수리하고 또 수리하고 수리하고 또 수리하고. 이미 잘못돼버린 것은 어떻게 해야 되는가가 이제 중요하잖아요. 우리 여러분 옷이 지저분해지면 어디로 보내요? 세탁을 하면 깨끗해지죠. 몸뚱이 같이 똥자루 몸뚱이가 지저분해지면 어디로 가? 목욕탕에 가잖아? 목욕탕. 목욕탕 가는 것을 한자로 하면 뭐라 그래요? 세신(洗身)이라고 세신.

때밀이~ 세신. 때밀이 할 때 세신한 날. 마음이 지저분해지면 어떻게 해야 돼? 마음이 지저분해지면 그 절에 와서 무슨 다리를 건너면 세심교(洗心橋). 가는 세심교. 꼭 절 앞에는 다리가 있어 세심다리가 있어요.

9-2. 세심의 방법 : 참회

마음을 씻는다. 그러면은 마음을 씻는 방법이 뭐가 있을까요? 마음을 꺼내 가자고 닦을까? 어떻게 해야 될까? 그렇지. 이미 지어버려 진 그 마음을 어떻게 우리가 씻어낼까?

(그렇지 누가 맞혔어요. 박수 한번 쳐주세요) 참회를 통해서 마음을 씻는다는 거죠.

마음을 씻지 않고 아무리 염불을 많이 하고 아무리 법문을 많이 듣고 아무리 수행을 해도 되지 않습니다. 마음을 깨끗하게 씻는 참회를 통해서 우리는 그 위에 무엇이든지 담을 수가 있다는 거죠. 참회하는 방법은 많습니다.

3천 배 하는 방법도 있고, 염불을 하다 보면 또 참회의 마음이 또 들어갈 수도 있고, 또 자비도량참법이라는 또 책도 있죠. 그걸 독송함으로 인해서 달라지기도 하고. 또 **수기할 때 연비를** 하고 연비를 하면서 참회진언을 하면서 또 마음을 또 닦아낼 수도 있습니다. 여러 가지 방법이 있습니다. 공부를 하고자 한다면…

참회를 반드시 해야 됩니다. 참회도 혼자 하는 게 아니에요. 내가 A라는 사람을 미워했으면 나 혼자 부처님 앞에서 아이고 내가 A라는 사람을 미워했어요. 참회합니다 해서 참회가 다 끝나지 않습니다. 당사자에게 가서 참회를 해야 됩니다. 당사자가 참회를 흔쾌히 받아들여 줬을 때 내 업이 다 씻어지는 거예요. 나 혼자 했다. 그래서 끝나지 않습니다.

그래서 큰스님께서 살아생전에 큰스님께 천도재(遷度祭)를 하기 위해서 줄을 서가지고 예약을 할 정도로 줄을 서 있었잖아요. 그 천도재 속에 바로 참회의 마음이 들어있다는 거죠.

9-3. 미고사

따라 해볼까요.

미안합니다.

고맙습니다.

사랑합니다.

우리가 큰스님께서 그토록 천도재를 중요시 여기고. 공부하는 사람들은 꼭 천도재를 한번 하고 나면 좋은 일이 일어나고 마음이 맑아지고 공부에 **정신적으로 컸던** 이유는 바로 천도재 속에 미안합니다 라고 하는 참회의 마음! 고맙습니다 라고 하는 감사의 마음! 사랑합니다. 저는 앞으로 이렇게 잘 살아가겠습니다 라고 하는 발원의 마음! 이런 것들이 들어있기 때문에 효과를 볼 수 있었던 거죠.

아무나 한다고 되는 건 아니에요. 큰스님의 법력이 있었기 때문에 가능했던 얘기입니다. 그렇지만 지금 그렇게 큰스님처럼 법력이 많은 사람이 없습니다. 그래서 천도재를 지내고 뭘 해도 별 효험이 없는 거예요. 그럼 어떻게 해야 되느냐? 이제는 내 업은 내가 닦아야 된다는 거죠. 큰스님께 기대서 하기에는 이제 늦었어. 이제는 내 업(欲)을 내가 닦아야 된다는 거죠. 다음 달에 여기 오시는 분들은 내가 내 얼굴을 닦는 방법에 대한 법문을 할 거니까. 그때는 우리 야회에서 하자고. 마당에서 하자고요.

9-4.

이보다 더 많은 두 배가 되도록 각자 한 사람씩 데려오세요. 안 데려올 사람 오지 마세요.

따라옵니다. 좋은 것을 나누는 겁니다. 네, 힘들어하고 괴로워하는 사람들을 이 자리에 함께 데려온다면. 부처님 말씀을 듣고 그 사람의 마음이 바뀐다면. 그건 누구의 뭐 여러분의 복이라는 거지. 이게 권선(勸善)이라는 거야. 이게 권선.

오늘 여러분이 살아있다고 하는 것은 어마어마한 복입니다. 말할 수 없는 큰 복입니다. 복이 있기 때문에 이 자리에 오셨습니다. 믿습니까? (네.)

그러면 이 복을 나눠야 된다는 거죠. (네.)

혼자만 가지고 있으면 어때요? 배 터져 죽고. 내가 가지고 있는 이 복을 나누는 거예요. 나누는 방법 알려드릴게요.

옆에 오신 도반들에게 예쁘게 눈웃음을 치면서 예쁘게 바라봐주세요.

바라보고 목소리 한번 가다듬으세요. 목소리 한번 가다듬고 갑니다. 잘 오셨습니다. 이 인연공덕으로 행복하길 바랍니다.

이 말 한마디는 여러분이 오늘 무한한 대복을 짓는 씨앗을 뿌린 거예요.

반대로 복을 까먹는 사람이 있습니다.

아이고 꼴 보기 싫게 왜 저게 뭐야. 저따위도 왜 왔어 오지나 말지라고.

지금 이 순간 그 마음을 낸다면 여러분 복을 다 까먹어버리는 것이 되죠.

9-5.

함께해 줘서 고맙습니다.

당신이 고통에서 벗어나서 행복하길 바란다고 하는 그 말 한마디 그 생각 하나는 무량한 복을 짓는 기회라는 거죠.

언제?

지금도 이 순간 여러분이 이곳을 나가면 많은 사람을 만날 겁니다. 그 사람들에게 마음 깊은 곳에서 따라합니다. 당신도 나와 똑같이 삶에 대해 배우고 있습니다. 당신도 나와 똑같이 슬픔과 외로움과 절망을 겪어 알고 있습니다. 당신께서 고통에서 벗어나 진정으로 행복하길 바랍니다.

만나는 모든 사람들에게 그와 같이 마음을 내어보세요. 절에 와서 불공하는 것만이 불공이 아니고 우리 삶 속에서 늘 불공을 올릴 수 있는 기회가 많습니다.

아침에 일어나거든요. 내가 지금까지 만났던 모든 사람 한 사람 한 사람 떠올리면서 그 사람이 고통에서 벗어나 행복해지기를 바라는 그 마음을 내고 나서 하루를 시작하는 사람은 하루가 맑고 밝고 복된 하루가 시작될 겁니다.

허겁지겁 일어나서 하루를 시작하는 사람은 하루 종일 내내 허겁지겁 살다가 잠자리에 들 겁니다. 그 사람의 잠자리는 편치 않을 겁니다.

잠자리가 편치 않으면 아침이 또 편치 않고 계속해서 쫓기듯 불안불안하면서 세상을 살게 되겠죠.

잠자리가 편한 사람은 다음 날 일어날 때 상쾌하게 일어나고 상쾌한 마음으로 하루를 시작하는 사람은 하루를 보람되고 멋지게 마무리를 하고 밤에 잘 때 편안한 마음으로 잠을 자게 되어 있습니다.

10-1.

"잠과 죽음의 명상" 여러분 있는 것 같은데 이따가 갈 때 가져가세요. 제가 일부러 여러분 숙제 드리려고 이걸 가져왔어요.

〈잠과 죽음의 명상〉

티벳의 수행자들은 잠자리에 들 때 이렇게 생각한다.
1. 나에게 이제 내 몸을 떠날 시간이 다가 왔다.
2. 오늘 하루 남에게 상처를 주거나 피해를 준 일은 없었는지 생각하고 참회하거나 용서를 빈다.
3. 이불을 가슴으로 끌어당길 때는 시체를 덮는 천이라고 생각한다.
4. 베개를 끌어당길 때는 스승의 무릎이라고 생각한다.
5. 스승의 가르침을 떠올리며 마지막 기도를 올린다.
6. 생전의 선업이 있다면 그 공덕을 모든 이웃들에게 바칩니다. 그들이 괴로움에서 벗어나 행복하게 해주십시오.
7. 내가 마음의 다섯 가지 번뇌와 무지를 벗어나 위대한 지혜를 얻게 해 주십시오.
8. 내가 내 몸을 떠나는 순간 정념을 잃지 않고 아미타불 염불하여 아미타불의 정토에 태어나게 해 주십시오.

9. 아침에 깨어나면 큰 숨을 세 번 내 쉰다. 욕심, 성냄, 어리석음을
   모두 내보낸다고 생각한다.
10. 나는 극락에서 파견나온 사람이다, 오늘 만나는 사람들에게 더욱
   친절하고 자비를 베풀 것이다.

대한불교 조계종 옥천사

잠에 대해서 수행자들은 하루를 마무리할 때 어떻게 해야 되는지 나
와 있고 아침에 일어날 때 어떤 마음으로 일어나서 하루를 살아야 되는
지 적혀 있는 게 있거든요.

여러분들이 한 달 동안 이걸 연습해 오세요.

10-2.

내 하루가 지나면 이제 우리는 어때요? 잠을 자야 되겠죠. 잠을 자면
누워서 이렇게 명상을 한답니다. 나에게 이제 이 몸을 떠날 시간이 다
가왔다. 오늘 하루 종일 나를 끌고 다녀서 이 몸뚱이를 이제 버리고 나
는 죽는다는 거죠. 잠을 잘 때 그렇게 생각한다는 거예요. 그 잠자리에
누워서 그다음에 가만히 누워서.(이거 따라 해야 되겠구나) 오늘 하루
남에게 상처를 주거나 피해를 준 일은 없었는지 (알겠습니다.) 생각하
고 참회하거나 용서를 빈다.

우리 하루 종일 정말 멋지고 자랑스러운 일만 한 건 아니잖아요. 살

다 보면 때때로 남에게 피해를 줄 수도 있고 또 남을 미워할 수도 있고 그럴 때가 있죠. 예. 그것을 밤에 누워서 참이 한다는 거야, 용서를 빈다는 거예요.

세 번째는 이불을 이제 당길 것 아니에요. 이불을 덮어쓰겠죠. 그때 꼭 관이 덮인다는 걸 생각한다는 거예요. 관이 덮이고 있다. 그러니까 하루가 끝나면 나는 죽었다는 거예요. 하루살이 인생이라는 거지. 하루하루 살아가기 때문에 하루가 끝나면 나는 죽었다고 명상을 하는 거죠. 이불을 덮으면서는 지금 이 순간 이제 이 관이 덮이고 있다고 생각을 한다는 거죠.

10-3.

그리고 또 베개를 벨 때는 여러분들은 청화 큰스님의 향훈에 이끌려서 오셨으니까. 여러분이 누워서는 청화 큰스님의 무릎에 내 머리를 대고 지금 죽고 있다. 이렇게 한번 상상해 보세요. 내 스승, 내 부처님. 부처님께 무릎에 내가 누워서 지금 죽어가고 있구나 라고 상상을 하라는 거죠. 그리고 부처님의 가르침, 또 스승의 가르침은 어떤 가르침이 있었나 라고 명상을 하면서 기도합니다. 그래서 생전에 선함이 있다면 그 공덕을 모든 이들에게 나누겠다. 이게 이제 회향(廻向)의 마음이죠. 내가 살아오면서 혹시라도 첫 번째로 뭐를 잘못된 게 있으면 참회를 한다 그랬고. 용서를 빈다 그랬고. 이번에는 내가 혹시라도 잘한 게 있다면은 서로 공덕을 지은 게 있다면 이것을 고통받는 뭇 생명에게 다 나눠 주겠다는 마음을 가지라는 거죠.

내가 가진 게 있으면 이걸 다 내 자식에게 주겠다가 아니고. 모든 인생을 다 골고루 나눠주겠다고. 그들이 근심과 괴로움에서 벗어나 행복하게 되길 바란다 라는 마음으로 무릎의 위에서 기대서 이제 죽기 이제 1초 남았어요. 죽기 마지막 전에 이렇게 발원을 하라는 겁니다. 이제 마지막 1초가 남았습니다.

10-4.

내가 내 몸을 떠나기 전에 아미타불을 염불하며 아미타불의 정토에 태어나게 해주십시오. 이게 바로 우리 염불 명상의 핵심이죠. 죽기 전에 마지막 죽기 전에 그 의식이 죽음 후로 그대로 연결됩니다. 우리가 잠자기 전에 이 생각 저 생각 번잡한 생각을 하게 되면 나도 모르게 꿈자리가 사납게 되죠. 잠자기 전에 좋은 생각을 하고 잠을 자면 잠자리가 편안하고, 잠자리가 편해지면 다음 날이 쾌청하게 일어날 수 있는 것과 같죠. 어제 오늘 내일이 연결되며, 과거 현재 미래가 다 하나로 연결되어 있습니다. 그래서 죽기 1초 전에 죽기 1초 전에 나무아미타불을 10번만 하게 되면 그대로 아미타 부처님이 인도하시는 광명의 길 따라서 쭉 간다는 거죠.

믿습니까? (네)

이걸 믿는 사람이 여기 오는 거야. 이걸 안 믿는 사람은 어디 가? 서울로 교회를 가야 되고. 이걸 믿는 사람들이 선우선방으로 오는 거예요. 그리해서 이제 편하게 그대로 가버리세요. 그냥 나무아미타 불하면서 그래~ 그대로 잠자리에 들어가 버리는 거예요.

그대로 들어가 버리면 최고의 죽음을 맞이합니다. 더 뭘 바래요? 우리가 아미타 부처님 곁으로 가버리면 뭘 더 바라겠어요. 그런데 재수가 좀 더 있는 사람은 아침에 눈을 뜬 다네.

최고의 복 있는 사람은 나무아미타불 하면서 그냥 그대로 정토로 가버리는 게 최고의 복 있는 사람이고. 그래도 닦아야 될 사람이 있는 사람은 아직 해야 될 일이 있는 사람은 아침에 눈을 뜬답니다. 그럼 눈을 뜰 때는 그냥 일어나지 말고 그대로 누워서.

10-5.

따라 합니다.

아침에 깨어나면 큰 숨을 세 번 내쉬고, 성냄, 욕심, 어리석음을 모두 내보낸다고 생각한다. 가만히 누워서 숨을 깊이 들어 마시고 내쉬면서, 내 모든 탐욕을 다 밖으로 내보내 버린다.

숨을 쉬고 또 들어 마시고 내쉬면서, 내 안에 들어있는 모든 화를 다 배출한다.

또 들어 마시고 내쉬면서, 내 머릿속을 다 내보낸다 라고 상상하면서 심호흡을 세 번을 하고. 그다음에 합장을 합니다. 합장해 보세요.

10-6.

따라 하세요.

나는 극락세계에서 파견 나온 사람이다. 오늘 만나는 사람들에게 더 친절하고 자비를 베풀 것이다. 어제저녁에 우리는 아미타 부처님을 염하면서 죽었기 때문에 아침에 태어나면 아침에 눈을 뜨고 숨을 쉬고 있는 동안, 나는 아미타 부처님께서 나를 세상에 다시 내보내 주셨구나. 오늘 하루 아미타 부처님의 가르침을 멀리 나누어야 한다는 마음을 갖고 일어나라는 거죠. 그러면 그 사람의 하루는 얼마나 행복하고 멋질까 상상을 초월하는 거죠. 그냥 마지못해 사는 삶이 아니고 얼마나 아름답고 멋질까.

10-7. 여여화 보살님

딱 한 사람이 그런 사람이 있습니다. 누구일까요? 요용하고 살림을 그렇게 사는 것 같아. 죽어도 내일 죽어도 여한이 없게 오늘 최선을 다해서 아름답게 회향하고 계신 분이.

이러한 분과 인연을 맺은 여러분은 얼마나 복이 있는 사람입니까? 이번 생에 청화 큰스님을 직접 뵙지 않으셨지만, 청화 큰스님의 가르침을 오로지 행동하고 계시는 여여화 보살님. 그리고 우리 선우선방에 도반님들과 함께하는 이 시간 얼마나 행복하고 좋나요. 다음 시간에는 실제로 감히 다 연구를 어떻게 해야 되는지 또 내 삶을 어떻게 아름답게 꾸며봐야 되고 내 안에 들어있는 온갖 탐욕, 화냄, 어리석음을 어떻게 또 제거해 갈 것인지 공부를 할 거예요. 오늘은 그냥 맛배기로 한 거예요. 오늘 풀어내시는 형들이 오세요.

오늘 이 절에 처음. 오신 분 박수 한번 쳐 주세요.

저 밖에 계신 분들이 원래 여기 다니시던 수행자들이신가 봐요. 처음 오신 분들을 위해서 이렇게 자리를 양보해 줬습니다. 그분들에게 박수 주세요. 이게 바로 수행자죠. 좋은 자리는 양보해주고 나는 궂은 자리에 앉아 있는 것. 이것이 바로 수행의 힘이죠.

수행을 하지 않는 사람은 서로 자기가 좋은 자리에 앉겠다고. 처음 왔으니까 밖에 앉아. 이거 내 자리야. 10년 동안 내가 앉았던 내 자리야. 나보고 우기는 사람들이 있어요. 이런 사람들은 공부를 전혀 하지 않는 사람이죠. 남을 배려하는 사람. 이게 바로 수행자의 표본이죠. 이제 아셨죠?

11-1.

합장하시고요. 숨을 깊이 들어 마시고 내쉬고. 따라 하기 바랍니다. 오늘 마가 스님을 만나 수행한 이 선업 공덕을 살아있는 모든 존재들에게 회향합니다. 이 선업 공덕으로 살아있는 모든 존재들이 고통에서 벗어나 평안하길 바랍니다.

모든 존재들과 함께 지혜와 자비의 길을 영원히 걸어가겠습니다. 모든 존재들이 행복하길 바랍니다. 더하여 행복의 인연 짓길 바랍니다.

모든 존재들이 괴로움에서 벗어나길 바랍니다. 더하여 괴로움에 인연 짓지 않길 바랍니다.

모든 존재들이 고통을 넘어 행복에 이르기를 바랍니다. 더하여 다시는 행복에서 다시는 행동에서 멀어지지 않기를 바랍니다.

모든 존재들이 좋은 것은 가까이하고 싫은 것은 멀리하려는 마음에서 벗어나 평등심에 머물기를 바랍니다.

지금 한 것이 회향문입니다. 회향문 사무량심 기도를 했습니다. 우리가 땅에 씨앗을 뿌려놓는다. 그래서 이 씨앗이 자라나서 열매가 되지는 않습니다.

여러 가지 우여곡절 끝에 자라다가 없어져 버리기도 하고 끊어지기도 하고 벌레가 먹어버리기도 하고 태풍을 만나서 쓰러지기도 하고 그렇습니다.

씨가 땅에 떨어진 것은 우리의 수행한 힘들이 바로 씨앗이 됐던 거고, 우리가 신행 활동했던 것들이 다 씨앗이고, 우리가 기도했던 내용들이 다 씨앗이 될 겁니다.

이 씨앗을 잘 자라게 하는 것은 바로 태양 빛이고 거름이고 여러 가지 정성들이 필요합니다.

태양이라고 하는 것이 바로 이 거름이 된다는 거죠. 회향의 마음이 없으면 여러분이 뿌리 씨앗이 열매가 되지 않습니다. 회향은 내 것을 나눠주는 겁니다.

고통받고 힘들어하는 이웃에게 손을 잡아주고 그들이 행복해지기를 바라는 그 마음이 바로 회향의 마음이죠. 남을 위해서 그렇게 한다고 하지만 결과적으로는 나를 위해서 하는 행동이 되겠죠. 내 씨앗이 잘 자라게 하기 위해서 좋은 열매를 맺게 하기 위해서 우리는 좋은 거름을 거름을 뿌린다. 이게 회향이다. 잘 받아들이고요.

11-2.

이번 한 달 동안은 잘할게나 잘할게나! 지나가는 갑순이든 을순이든

알든 모르든 모든 사람들에게 근심에서 벗어나 행복하길 바란다는 마음을 가지시고요. 이 사람이 지옥에서 벗어나 아미타 부처님을 만나길 바란다 라고 하는 마음도 좋습니다. 무엇이든지 나누는 그런 한 날 되시면 되겠습니다.

11-3.

따라 합니다.
내가 먼저 웃을 때 우리 집에 웃음꽃이 피어나고
내가 먼저 웃을 때 너와 나의 사이에 꽃이 핍니다.
얼굴과 낙하산은 펴져야 삽니다.
감사합니다. 마치겠습니다.
(질문)

누구나 가능한 통보불이의 삶

박 영 재
선도회 지도법사 · 서강대학교 물리학과 명예교수

들어가는 글

인생여정 속에서 우리는 종교를 넘어 동서양의 영적靈的 스승들의 울림 있는 가르침들을 시공을 초월해 종종 접하곤 합니다. 물론 불제자들에게는 이 가운데 정각正覺을 성취하고 '누구나 불성佛性을 지니고 있다'고 갈파喝破한 석가세존釋迦世尊이 가장 귀감龜鑑이 되는 나침반과 같은 분이겠지요.

한편 우리 같은 보통 사람들은 이런 가르침을 접했을 당시 비록 일시적으로 울림이 있었다고 하더라도 그때뿐이고, 곧 잊고 바쁜 일상 속에서 허송세월하다가 삶을 마치고 맙니다. 왜냐하면 삼독三毒, 즉 탐욕과 분노와 어리석음에 중독되었기 때문입니다. 그래서 해독을 위해 수행이 필요한 것입니다. 사실 출가자의 경우에는 본인이 원할 경우 일 년에 두 차례, 즉 하안거나 동안거 결제를 시작해 3개월 동안 집중 수행을 할 수 있습니다. 반면에 대부분 전문직에 종사하고 있는 재가자의 경우에는 이런 안거 수행은 거의 불가능합니다. 그렇지만 일상 속에서

날마다 출퇴근을 반복하는 과정에서, 마음먹기에 따라 얼마든지 이에
못지않은 수행을 이어갈 수 있습니다. 그 이유는 재가와 출가를 불문하
고 선수행자에게 있어 '상속相續[1]', 즉 참선 수행을 바탕으로 일상 속에
서 날마다 순간순간 하고자 하는 일이 분별없이 철저히 잘 이어지고 있
는가가 핵심이기 때문입니다. 그래서 이를 위해 필자의 선적 체험을 포
함해 간화선看話禪 수행전통을 이어가고 있는 (사)선도성찰나눔실천회
(이하 선도회)의 사례를 중심으로, 누구나 날마다 통찰과 나눔이 둘이 아닌
'통보불이洞布不二'의 실천적 삶이 가능하다는 점을 밝히고자 합니다.

선禪과의 인연因緣

필자는 2대 독자로 태어나 성장기를 형편없는 마마보이로 자랐습니
다. 그러다 막연히 과목 가운데 외우지 않고 원리만 이해하면 문제를
잘 풀 수 있는 물리학이 좋아 물리학과에 진학했으나, 뚜렷한 삶의 목
표도 없이 대학교에 진학한 것이 화근이 되어 1학년 여름방학부터 2학
년 2학기 시작 직전인 1975년 8월까지 1년간 인생과 학문에 대해 고
뇌하였습니다. 다행히 독서가 취미였기 때문에 이 무렵 해결의 실마리
를 찾기 위해 닥치는 대로 폭독暴讀을 하다가 법정 스님께서 번역한 〈숫
타니파타〉(정음사)를 통해 인간 석가의 체취를 온몸으로 느꼈습니다.[2]
그 직후 당시 가장 큰 책방이었던 종로서적의 불교 코너에서 〈불교

---

1) 이희익 지음, 〈좌선坐禪-함께 앉고 함께 나누기〉(본북, 2012년) 32쪽.
2) 박영재 지음, 〈두문을 동시에 투과한다〉(불광출판부, 개정판 2004) 17쪽.

개론〉(현암사), 〈법구경〉(현암사)을 포함해 경전과 불서들을 섭렵하다가 접한 결정적인 가르침은 석가세존의 '독화살의 비유'로, 이를 통해 비로소 정신을 똑바로 차리고 필자의 현 위치를 분명하게 파악한 직후인 1975년 10월 선도회 종달宗達 이희익(1905-1990) 선사[3] 문하로 입문하였습니다. 이어 필자가 참선수행을 시작한 이후 처음 3년 동안(1975년 10월-1978년 9월)의 체험을 바탕으로 대학원 석사 1년 시절에 서강대 학부생에 초점을 맞추어 대학 4년 시절을 돌아보며 정리한 '나와 禪[4]'이란 글의 요지는 다음과 같습니다.

선禪수행을 일 년쯤 계속하던 어느 날 크리스처니즘을 따라 신앙생활을 하는 사람들에게 눈을 돌리고 보게 되었다. '선가禪家와 마찬가지로 틀림없이 무언가의 진리眞理가 있기 때문에 역사상에서 소멸하지 않고 존재해 왔을 것이다.'라는 생각이 들어 神學 과목도 여러개 듣고 (훗날 주교로서 춘천교구장을 역임하셨던 장익 신부님을 포함한) 성직자와 신자들과 대화를 나누는 가운데 선禪수행을 하면서 내가 추구해 나가는 방향과 너무도 똑같은 일치감을 느꼈다. 성직자들도 불가佛家의 승려들과 마찬가지로 구도자의 입장에서 진리眞理를 추구하고 있는 것을 본 것이었다.

따라서 누구나 영원성의 진리를 추구하며 올바른 자세로 살아가려고 노력한다면 궁극적으로는 같아진다는 것이었다. 이 같은 확신을 갖게 된 후 나는 이제 외곬로 보다 강하게 禪 수행을 하게 되었

---

3) 박영재, '나의 스승 나의 은사_2: 종달 이희익' 〈월간금강〉 (2020년 3 · 4월호)
4) 박영재, '나와 禪' 〈교지 서강〉 제8호 (1978), 238쪽.

다. 禪 수행은 단지 석가의 길, 고승들의 길을 모방하여 그대로 따라 가는 것이 아니고 그 어느 누구와도 같지 않은 자기만의 길을 가는 것이다. 그러나 커다란 공통점은 이 길을 자기 혼자만을 위해 가는 것이 아니고 자기와 타인의 구별이 없는 모두를 위한 길을 간다는 것이다.

군더더기 : 이 글은 1년에 한번 발행하는 교지 〈西江〉의 '서강문예西 江文藝' 코너 가운데 '동문수필'란에 활자화되어 게재된 필자의 공식적인 첫 번째 글로 지금까지의 제 삶을 좌우한 철들던 시기의 생생한 체험담 을 담고 있습니다. 또한 이 글은 그 이후 필자가 지금까지 쓴 글들 도처 에서 새롭게(?) 재활용하며 오늘에 이르고 있습니다. 좀 더 부연 설명을 드리자면 의상義湘(625-702) 스님께서 지은 '법성게法性偈'의 '초발심시변정 각初發心是便正覺'이란 구절처럼, 이 무렵의 성찰 체험이 튼튼한 기초가 되 어 그 후 이를 더욱 철저히 다지는 삶을 이어왔다는 뜻입니다.

종달 선사의 뒤를 잇다

선도회에 입문해 학문[生業]과 수행修行이 둘이 아닌 '생수불이生修不二' 의 삶을 이어가던 필자는 10여 년이 지날 무렵 비로소 〈십우도十牛圖〉[5]

---

5) 이희익 지음, 〈깨달음에 이르는 열가지 단계: 십우도〉(경서원, 1985); [박영재의 '향 상일로']: '길벗[이웃]'에 대하여 〈시사위크〉(2021.03.02.); 박영재, 지음, 〈온몸으로 돕는 지구촌 길벗들〉(마음살림, 2021); 박영재, '재가자를 위한 간화선 수행' 〈월간 불교〉(2021.12.01.)

의 마지막 10번째 단계인 '입전수수入鄽垂手'가 종교를 넘어 수행의 백미임을 통찰하게 됩니다. 이 무렵 때맞추어 당시 아직 공식적인 직함은 없었으나 법사대행[부법사] 자격으로 필자가 재직하고 있던 강원대를 중심으로 참선지도를 해도 좋다는 하명下命을 받고 참선 모임을 시작하였는데, 이때의 인연이 지금까지 이어지고 있는 첫 제자가 현재 선도회 부법사이신 지등智登 거사(한국학중앙연구원 신종원 명예교수)입니다. 그리고 마침내 1987년 9월 선도회의 간화선 점검과정을 모두 마치고 법사가 되었습니다. 참고로 1988년 11월 종달 선사께서는 입적 이후를 대비해 뒤를 이을 제2대 지도법사로 필자를 지명하셨습니다.

군더더기 : 필자는 1990년 6월 선도회 지도법사직 승계 이후 '생수불이', 즉 일상 속에서 주중에는 교수직[생업]의 책무에, 주말에는 법사[수행]직의 책무에 전념하면서 기회 있을 때마다 선도회의 '통보불이' 가풍을 널리 선양하며 오늘에 이르고 있습니다. 물론 필자의 오늘이 있기까지의 모든 성취는 학문과 수행 분야에서 함께 했던 모든 길벗들의 절대적인 지지와 도움 덕택으로 가능했기에 이 지면을 빌려 다시 한번 깊은 감사를 드립니다.

선수행 지속을 위한 요긴한 점들

소중한 존재 파악하고 체득하기 : 물리학에 따르면 오늘날 우리가 살고 있는 우주의 역사는 대폭발 이후 약 138억 년의 세월이 흘렀습니다.

그런데 만일 지금에 이르기까지 낳아주신 부모님을 포함해 우주의 조건이 조금이라도 달라졌더라면, 우리는 현재 이 순간 존재하지 못했을 것입니다. 그렇기 때문에 종교의 힘을 빌려 설명할 필요도 없이 사람으로 태어날 확률이 거의 영에 가까운 우리는 지금 숨 쉬고 있는 그 자체만으로도 신비롭고 소중한 존재[6]가 아닐 수 없습니다. 그러니 이런 존재들에 대해 끊임없이 제기되고 있는 '헬 조선'이니 '금수저'니 '흙수저'니 하는 논쟁은 무의미하겠지요.

그런데 비록 머리로는 소중한 존재라는 것을 이해했다고 하더라도 온몸으로 체득해 그런 존재답게 살아가는 것은 별개이기 때문에, 그래서 누구나 자기성찰이 필요한 것입니다. 즉, 과거를 냉철하게 돌아보며 잘못된 점을 뼛속 깊이 반성하고 다시는 같은 잘못을 반복하지 않겠다는 서원을 하고, 미래를 전망하며 일생을 바칠 만한 가치가 있는 꿈과 목표를 세운 다음, 이의 실현을 위해 함께 더불어 있는 그 자리에서 온몸을 던져, 지금 이 순간 하고자 하는 일에 몰입하면 되는 것입니다.

군더더기 : 돌이켜 보면 필자는 선도회 입문 1년 무렵 중고등학교 절친 아버님(당시 50세)의 돌연사 소식을 접하고 엄습한 죽음에 대한 전율 체험을 계기로, 일상의 삶 속에서 더 이상 취미가 아니라 온몸을 던져 간절한 마음으로 선 수행을 본격적으로 이어가게 되었던 것 같습니다. 마침 대학생과 대학원생 시절이었던 1976년부터 1981년까지 부모님께서 일본에 취업차 가시면서 형편없던 마마보이[2대독자]인 필자만 혼자 영등포 당산동 아파트(토굴?)에 남아 결혼 전까지 독거獨居하며 5년 간

---

6) [박영재의 '향상일로'] '향상일로(向上一路)'의 첫길 〈시사위크〉(2017.08.21.).

물리학도[生業]와 수행修行이 둘이 아닌 '생수불이'의 수행을 치열하게 이어가다 보니 수행이 저절로 생활화되면서 오늘에 이른 것 같습니다.

'간화선 수행의 핵심 3요소': 종달 선사 입적 이후 뒤를 이어 제2대 지도법사가 되자 종달 선사께서 일생을 통해 선양하신 선도회의 간화선看話禪[7] 가풍家風이 무엇인지 명료하게 정리할 필요성을 느끼게 되었습니다. 그래서 우선 아쉬운 대로 1991년 2월 무렵 125쪽 분량의 소책자로 정리한 '두 문을 동시에 지나간다'를 회원들께 배포했습니다. 그리고 이 소책자를 기초로 1993년 6월부터 1995년 12월까지 월간 〈불광〉에 '재가의 선수행'이란 칼럼글을 연재하며 간화선 수행에 요긴한 점들을 정리할 수 있었습니다. 이를 바탕으로 필자는 단행본 〈재가의 선수행: 두 문을 동시에 투과한다〉(불광출판부, 1996년)를 출간하였습니다. 이어 마침내 종달 선사 입적 10주기 기념집인 〈이른 아침 잠깐 앉은 힘으로 온 하루를 부리네〉(운주사, 2001년)를 편찬하는 과정에서 선도회의 핵심 가풍이라고 할 수 있는 '간화선 수행의 3요소'를 다음과 같이 정리하게 되었습니다.

첫 번째는 **'귀의삼사歸依三師[8]**, 즉 '세 분 스승께 귀의하기'입니다.

필자의 경우 세 분은 물론 불교의 교조이신 '석가세존'[佛]과 '진리'[法]의 정수를 담고 있는 〈무문관無門關〉을 저술한 '무문혜개' 선사 및 '스승'[僧] '종달宗達 이희익' 선사입니다. 필자는 이 분들의 생애와의 비교를 통해, 순간순간 수행의 현 위치를 확인하며 향상向上의 길을 이어갈 수

---

7) '간화선'이란 선어禪語는 한 글자씩 풀어서 엮어보면 '화話', 즉 스승과 제자가 주고받은 선문답禪問答이 담긴 일화를 '간看', 즉 세밀히 살펴 진리를 온몸으로 체득하는 '선禪' 수행법을 뜻합니다.

8) 박영재, '아! 고마운 스승' 〈금강신문〉 (2013.04.09.)

있었습니다. 그런데 사실 선가禪家에는 결코 제자가 스승을 맹목적으로 추종하지 않는다는 점을 극명하게 들어낸 '일인일파一人一派'라는 선어가 있습니다. 즉, 스승과 제자 모두 자기만의 독특한 '통보불이洞布不二'의 삶을 살아간다는 것이며, 이것이야말로 스승의 고마움에 대한 제자의 진정한 보은報恩이라 사료됩니다.

두 번째는 '**입실점검入室點檢**', 즉 '호랑이 굴속으로 들어가는 것과 같은 초긴장 상태로 스승께 입실해 점검받기'입니다. 돌이켜 보면 종달 선사 문하에서 스승을 100% 신뢰하며 화두를 점검받는 과정 속에서 저의 모든 문제가 해결되었습니다. 그런데 화두점검을 받기 위해 입실하는 제자는 호랑이굴에 들어가는 것처럼 저절로 초긴장 상태가 됩니다. 그런데 입실점검의 중요성은 〈서장書狀〉을 통해 잘 알 수 있습니다. 그 이유는 대혜종고大慧宗杲(1089-1163) 선사께서 주로 오늘날의 전문직에 해당하는 사대부들과의 서신書信 교류를 통해 이들을 지혜롭게 깨우치며 재가자들에게도 매우 효과적인 간화선 수행 체계를 확립했기 때문입니다.

참고로 〈선관책진禪關策進〉에 보면 젊은 스님들이 치열하게 점검을 받습니다. 전날 쫓겨나와도 다음날 날이 밝기를 기다려 다시 쳐들어가고, 스승은 언제든지 철저하게 점검을 해줍니다. 사실 이런 점검시스템을 갖춘 도량에서 수행을 이어갈 수만 있다면 누구나 간화선 수행을 성공적으로 마칠 수 있습니다.

군더더기 : 남녀노소를 불문하고 누구나 할 수 있는, 선도회의 화두

점검 체계는 세 과정으로 구성되어 있습니다. 초심자를 위한 첫 번째 과정은 '시작하는 사람들을 위한 화두들'이란 입문入門 과정입니다. 여기에는 '지사문의指事問義[9]'를 포함해 '외짝손소리[隻手聲]'와 '삼세심불가득화三世心不可得話' 등 초심자들이 붙들고 씨름하기 쉬운 20여 개 정도의 화두들로 구성되어 있습니다. 이 과정을 마치면 입실시 스승을 경외하던 마음속 초긴장 상태는 사라지며, 법호法號를 받고 〈무문관無門關〉에 있는 48개의 화두들을 본격적으로 참구하는 본참本參 과정으로 들어갑니다. 끝으로 〈벽암록碧巖錄〉을 포함해 조사어록에 있는 화두들을 가지고 점검을 받는 마무리 심화深化 과정이 있습니다. 이때가 되면 자연스럽게 제자들을 입실 지도할 수 있는 법사法師로서의 역량을 나름대로 갖추게 됩니다.

참고로 〈선과 문화〉 창간호 특집 대담[10]에서 만났던 숭산행원崇山行願 (1927-2004) 선사의 전법제자 가운데 한 분인 무심無心(1958-2015) 스님은 "20년 넘게 수행을 하면서 숭산 선사께 자주 점검을 받았습니다. 시봉이라는 것 자체가 나에게 화두였습니다. 시봉을 하면서 자주 문답을 하고 독참獨參을 했습니다. 그리고 꾸준히 점검을 받았습니다."라고 술회하였습니다.

세 번째는 '좌일주칠坐一走七'[11], 즉 '이른 아침 잠깐 앉은 힘으로 온 하루 부리기'입니다.

---

9) 박영재, '수식관 관찰 과정과 화두의 유래' 〈불교닷컴〉(2016.04.11.)
10) '한국간화선 수행의 시대 어떻게 열 것인가?' 〈선과 문화〉(2011.03.01.); 박영재, '일기이회一期二會' 〈불교닷컴〉(2015.12.31.)
11) [박영재의 '향상일로'] '휴식休息'의 참뜻 새기기 〈시사위크〉(2017.10.02.)

잠자는 시간을 8시간 잡으면 깨어 있는 시간은 16시간입니다. 그런데 이 시간 가운데 1/8인 2시간 정도 좌선을 포함해 성찰 관련 독서와 글쓰기 등을 통해 자신을 돌아보고, 나머지 14시간은 '주어진 하루 일과에 100% 뛰어든다[走]'라는 뜻입니다.

군더더기 : 돌이켜 보니 필자는 스승 종달 선사 문하에서 매주 주말마다 입실 점검과 더불어 매일 아침 눈뜨자마자 '신바람 나는 하루의 계획 및 좌선 1시간'(일상에서의 몰입의 원동력), 저녁에 잠자리에 들기 직전 '낮 동안 맺힌 응어리를 풀어주는 하루의 반성 및 좌선 1시간'(8시간 숙면의 원동력)을 통한, 선 수행을 지속한 결과 10년 정도 지나면서부터 가슴에 맺혀 있던 모든 의심이 일시에 사라지고, 늘 있는 그 자리에서 필자가 속한 공동체(가정, 직장, 선 수행모임)의 구성원들과 '함께 더불어' 주어진 일에 이원적인 분별심分別心 없이 온전히 투신投身할 수 있게 되었던 것 같습니다.

따라서 누구나 만일 간화선 수행의 핵심 3요소를 일상 속에서 바르게 실천할 수 있다면 날마다 순간순간 하고자 하는 일에 더욱 철저히 몰입하며 상속할 수 있다고 사료됩니다.

종교를 넘은 간화선 수행 사례들

화산 선사의 성경 공안 제창 : 〈무문관〉 제10칙 '청세고빈淸稅孤貧'에서

차용한 성경 공안의 유래는 종달 선사의 사숙인 일본 임제종臨濟宗 남선
사파南禪寺派 관장[方丈]을 지낸 시산전경柴山全慶(1894-1974) 선사가 지은, 세계
적으로 널리 읽히고 있는 〈Zen Comments on the Mumonkan〉(Harper
& Row, 1974)[12]에 다음과 같이 들어있습니다.

고빈孤貧하면 생각나는 일화가 있다. 전에 영국인 신사[R. H. Blyth,
1898-1964: 당시 경성제대 영문학 강사]가 운수 시절의 사형(이며 종달 선사의 스
승)인 화산대의華山大義(1891-1945) 선사 밑에 선 수행을 하러 온 적이
있었다. 화산 선사께서 이 신사에게, 성경에 있는 '마음이 가난한 자
는 행복하리라.'라는 대목을 인용하며 '내 앞에 그 가난한 마음을 즉
시 꺼내 보시오!'라는 공안을 주셨다. 나는 그리스도교에서 이 말이
전통적으로 어떻게 해석되고 있는지 알지 못한다. 그러나 화산 선
사께서 이것을 선적禪的 입장에서 공안으로 활용했다는 것은 정말로
흥미로운 일이라 생각한다.

천달 신부의 성경 공안 제창 : 서강대학교 종교학과 교수로 2019년
정년퇴직한 천달天達 서명원 법사(예수회 베르나르도 신부)[13]는 2006년 6월
선도회 점검과정을 모두 마친 후 선도회 여주지부를 중심으로 그리스
도교와 선불교의 가교 역할을 하는 동시에 국제모임의 법사직을 수행
하는 과정에서 2014년 설립된 프랑스 뒤종에 있는 선도회 제1호 국제
선원 분원(주관: 천달 법사의 1호 제자인 건리乾理 법사)을 여는 등 종교를 넘어 선

---

12) 영어본의 일본어 번역판으로 柴山全慶 著, 〈無門關講話〉(創元社, 1977)이 있음.
13) 서명원 신부의 법호 '천달天達'은 천주교의 달도인達道人이라는 뜻임; '자연철학자
들: 베르나르도 신부(천달 법사)의 농사 삼매경'〈KBS1〉(2022.09.23.)

도회의 해외 전법 책무에 온몸을 던져 헌신했습니다.

한편 그는 퇴직 2년 전인 2016년 경기도 여주에 (사)도전돌밭공동체를 설립한 후, 최근 안거형 수행도량의 면모를 갖추고 백장회해百丈懷海 (749-814) 선사의 '선농일치禪農一致' 가풍을 두루 선양하며 오늘에 이르고 있는데 앞으로 국내외 그리스도교인 가운데 치열하게 선 수행을 하려는 분들의 구심점 역할을 할 것이라 사료됩니다.

또한 2021년 6월 이후 선도회 국제거점모임의 지도법사[老師, Roshi] 직을 수행하고 있는 천달 법사께서 2006년 선도회 법사가 되셨을 때 필자로부터 특별 책무를 부여받았습니다. 즉 유럽과 캐나다에 거주하는 그리스도교가 주류인 외국인 문하생들로 하여금, 성경 가운데 상식적인 수준의 분별을 통해 이해 불가인 대목들을 골라 공안으로 새롭게 발굴하여 참구 및 점검케 하는 일이었습니다. 천달 법사께서 이 책무를 꾸준히 이행한 결과 최근 제자인 스위스의 원내闓耐 거사와 함께 성경 가운데 이해하기 어려운 대목들을 발췌해 그리스도인을 위한 수십 개의 공안들을 엮은 초고 정리를 마쳤는데, 편집을 마무리하는 대로 프랑스어로 출판할 예정입니다.

참고로 이 가운데 보기를 하나 들면, 마태복음 6장 33절인, "너희는 먼저 하느님의 나라와 하느님께서 의롭게 여기시는 것을 구하여라. 그러면 이 모든 것도 곁들여 받게 될 것이다."라는 대목에 바탕을 둔, "만일 당신이 하느님의 나라를 찾고 계신다면, 어디에 있는지, 어떻게 생겼는지 말씀해 주십시오."라는 공안[14]입니다.

---

14) 박영재, '신무문관: 청세고빈' 〈불교닷컴〉(2022.08.16.)

희천 거사의 간화선 체험기 : 희천僖天(요한 보스코)[15] 김주후 교수가 2022년 9월 26일 보내온 생생한 선수행 체험기인 '그리스도교 신앙의 여정에서 만난 선수행'[16]의 핵심요지는 다음과 같습니다.

　선수행 과정에서 법경 법사님이나 도반들과 하느님에 대해 이야기를 나눈다거나 두 종교의 차이점을 비교하는 일은 없었다. 뭐 그럴 이유도 없고 그럴 필요도 느끼지 못하였다. 그럼에도 선수행이 가지는 역동성이 나로 하여금 머릿속에 가득 찬 쓰레기 덩어리들을 덜어내고 새로운 신앙의 길로 나아가게 도와주었다. '하느님'이라는 단어는 전혀 사용하지 않으면서 다시 하느님과 만나게 된 과정이었다.

　결국, 천주교 신자로서 살아온 나의 삶에 더해진 선수행의 경험은 신앙의 여정에서 방황하고 있던 나의 삶에 새로운 활력을 불어넣어 주었다. 그러면서 내 식으로 움켜쥐고 있던 사고의 틀에서 벗어나 새로운 세계를 향해 나아가야 함을 느끼게 되었다. 그리고 아직 가보지 않았지만 이미 와 있는 그곳을 향해 내 손을 내밀어야 함도 발견하게 되었다. 너무 좁게 정의된 기존 종교의 틀에서 벗어나 새로운 영성의 길로 나아가라고 안내해 주시는 그분의 초대!

　'손을 뻗어라'(루카 6, 10)

---

15) 김주후 거사(아주대 교수)의 법호 '희천僖天'은 '희유한 천주교인'이라는 뜻임.

16) 김주후, '그리스도교 신앙의 여정에서 만난 선수행' 전문자료(http://www.seondohoe.org/143868)

탈종교 시대에 외도外道는 없다

열린 개신교인인 서강대 길희성 명예교수께서는 자기 종교만이 정통이고 다른 이웃종교인들은 이단이며 외도라고 부를 수 없는 탈종교 시대를 맞이하고 있다며, 그의 저서 〈종교에서 영성으로〉[17]의 머리글인 '개정판을 내며'에서 이제는 집단적인 '종교'에서 개별적인 '영성'의 시대라고 다음과 같이 제창하고 있습니다.

현대는 탈종교 시대다. 탈종교 시대의 종교에 아직도 살 길이 남아 있다면, 그것은 종교에서 영성으로의 과감한 전환이라는 것이 나의 생각이다. 영성은 종교의 핵이다. 현대인은 종교에는 더 이상 관심이 없고 종교 없이도 얼마든지 살 수 있지만, 영성은 외면하지 못한다. 인간은 본질적으로 영적 존재이기 때문이며, 인간이 인간인 한 누구도 자신의 참자아를 찾지 않을 수 없기 때문이다. 이 책에 실린 글들은 모두 어떤 것이 영적 인간의 모습이며, 어떻게 하는 것이 우리의 본래 모습을 되찾는 길인지에 관한 것들이다.

또한 열린 개신교인인 캐나다 리자이나대 오강남 명예교수 역시 종교를 표층종교와 심층종교로 나누고 좋은 종교인들은 서로를 외도가 아닌 길벗으로 여기며 심층에서 통한다고 제창하고 있는데, 그 증거로 최근 저서 〈오강남의 생각〉(현암사, 2022) 가운데 가장 핵심 대목에서 생수불이적 삶의 종착역은 종교를 넘어 〈십우도〉의 마지막 단계인 저잣

---

17) 길희성 지음, 〈종교에서 영성으로〉(북스코프, 2018) 8-9쪽.

거리로 나아가 도움의 손을 편다는 '입전수수入鄽垂手'임을 명료하게 밝혔다고 사료됩니다.[18]

군더더기 : 이렇듯 탈종교 시대를 맞이하고 있는 21세기에, 과연 앞에서 거명한 개신교인인 길희성 교수와 오강남 교수, 그리고 천주교인인 천달 신부나 희천 거사 같은 분들을 누가 외도라고 부를 수 있을까요? 아직 확신할 수 없는 분들은 〈무문관〉 제32칙 '외도문불外道問佛'[19]을 살펴보시면 자명하시리라 사료됩니다.

간화선 입문에 나이는 무의미하다

정년퇴직 직후 선도회에 입문해 치열하게 수행을 이어가고 있는 경상국립대 정안正晏 손병욱 거사의 성찰글[20]을 다수 선도회 홈페이지에 소개를 했었는데, 그 가운데에서 '입문과정을 마치며: 전혀 새로운 세계를 접함에'[21]란 성찰글은 21세기 평균 100세 시대를 맞이해 간화선 입문에 나이는 무의미하다는 점을 명료하게 드러내고 있기에 핵심요지

---

18) 오강남 지음 〈오강남의 생각〉(현암사, 2022) 312쪽.

19) 박영재, '신무문관:외도문불(外道問佛)'〈불교닷컴〉(2018.06.08)

20) 손병욱, '지금여기와 호흡명상'으로 비추어 본 불교 자아관 (http://www.seondohoe.org/110864); 손병욱, 〈월간금강〉 특집: 불자의 새해 소망, 새해 다짐(276호) "퇴직 계기로 수행적 삶 기반 마련" (2019.01.21.); 손병욱, '염주(念珠)와 지금여기, 그리고 수행과 깨달음' (http://www.seondohoe.org/117990)

21) 손병욱, '입문과정을 마치며: 전혀 새로운 세계를 접함에' (http://www.seondohoe.org/135828)

를 인용하면 다음과 같습니다.

　　사실 평소 필자가 불교 공부와 수행에 관심을 가지고 있었지만 아직 불교수행의 여러 갈래 길 가운데 어떤 길을 가야 '개인적 깨달음과 그 깨달음의 사회적 확산'이라는 필자가 겨냥하는 목적지에 가장 효율적으로 도달할 수 있을지 최종적인 판단을 못 내리고 정년을 맞이할 수밖에 없는 상황이었다. 그런데 정말 우연히도 정년을 1년 여 앞 둔 2017년 겨울방학 때 인터넷을 통해서 '선도회'라는 재가불자 수행단체의 제2대 지도법사로 있던 법사님을 알게 되었다. 그리고 운 좋게 2018년 5월 15일 법사님이 경상대학교 교수불자회의 초대로 내진(來晉)하여 그 법문을 듣고 첫 대면을 하였다. 당시 법사님께 앞으로 정년하면 매달 1회씩 상경하여 입실점검을 받겠다고 하였고, 이후 필자의 제안을 수용해 준 덕분에 약속한 대로 매달 1회씩의 입실점검을 지속해오고 있다.

　　필자는 앞으로 얼마나 시간이 걸릴지라도 지속적으로 이 길을 갈 것이다. 금생(今生)에 공부를 마무리하지 못한다고 할지라도 그러면 내생(來生)에서 그 공부를 이어가면 되지 않겠는가? 스스로 노력하여 쌓은 공부의 힘은 결코 사라져 없어지지 않는다는 말을 필자는 굳게 믿는다. 나이 들어서 스스로 나태하지 않고 스스로 분발하여 전심전력할 수 있는 대상이 있다는 것 자체가 정말 좋은 일이며, 또 이는 결코 아무나 쉽게 맞이할 수 있는 기회가 아니라고 생각한다. 그래서 이 공부 자체가 귀하디 귀한 것이다.

　　《법화경》에서는 일대사인연을 '개시오입(開示悟入)'으로 설명한다고 하는데, 선지식이 열어[開] 보이는[示] 깨달음[悟]의 세계에 들어가서[入] 보살이 되고, 나아가 언제나 제 자리에서 제 할 일함으로써 이 깨달음을 사회적으로 확산시키는 데 기여하는 삶을 사는 것이야말로 현재 내가 이 땅에서 삶을 영위하고 있는 가장 크고 중요한 이유가 아닐까? 그러기 위해서 우선 건강한 몸과 마음을 유지해야 하고, 그리하여 최대한의 시간을 할애하여 수식관과 화두참구로 얻은 힘인 집중력[의지력]을 잘 활용할 수 있어야 하는 것이다.

좋은 인연의 작용으로 정년 이후 스스로 선택한 이 길이 필자로 하여금 종국적으로는 소기의 목적지에 이르게 해 줄 가장 빠른 길이라는 확신을 갖고 열심히 전진해 나갈 것이다. 이런 측면에서 이제 선도회 입실점검의 본 과정 진입을 앞두고 이 좋은 기회를 최대한 활용하여 수행에 정진함으로써 필자의 금생에서의 삶이 아름답게 마무리되도록 하자고 다짐하는 바이다.

누구나 가능한 통찰과 나눔이 둘이 아닌 삶

'십우도는 수행의 나침반' : 북송 시대 곽암사원廓庵師遠 선사는 수행자들이 단지 수행과정에 불과한 화두 타파에만 몰두하며, 나눔 실천 없이 일생을 덧없이 보내는 모습을 보고 '참나'를 '잃어버린 소'에 비유해 소를 찾는 과정을 중요한 선어록禪語錄의 하나인 열 개의 그림으로 구성된 〈십우도十牛圖〉를 통해 이를 일깨우고자 했는데, 각 단계는 다음과 같습니다.

1. 소를 찾아 나서다[尋牛], 2. 소의 자취를 발견하다[見跡], 3. 소를 보다[見牛], 4. 소를 얻다[得牛], 5. 소를 기르다[牧牛], 6. 소 타고 집에 돌아가다[騎牛歸家], 7. 소는 잊고 사람만 남다[忘牛存人], 8. 사람도 소도 모두 잊다[人牛俱忘], 9. 본래의 근원으로 돌아가다[返本還源], 10. 세상 속에서 함께 나누다[入廛垂手].

특히 마지막 두 단계인 동전의 양면과도 같은 제9단계 '반본환원返本還源'과 제10단계 '입전수수入廛垂手'가 핵심이라고 할 수 있습니다. 즉, 선 수행자라면 필연적으로 1-9단계까지의 통찰洞察 체험을 바탕으로 10 단계인 나눔[布施]의 실천적 삶을 저절로 이어가게 될 것입니다. 물론 이들 단계는 편의상 나눈 것일 뿐, 비록 아직 '나'라는 아집我執이 남아 있는 정도의 차이는 있겠지만 1단계에서조차 누구나 형편 되는대로 유형 · 무형의 나눔을 얼마든지 실천할 수 있습니다. 덧붙여 사실 잃어버린 소[참나]를 찾고자 하는 마음조차 낼 수 없는, 즉 1단계에 속했다고도 보기 힘든 이들까지도 통보불이의 실천이 가능하다는 것을 일깨운 스승들의 멋진 일화들도 적지 않습니다만 몇몇 일화들을 소개하면 다음과 같습니다.

만암 선사의 사찰 양식 나누기 : 십우도에 관한 멋진 사례의 하나로 〈마지막 입는 옷에는 주머니가 없네〉[22]라는 구도求道 소설 속에 만암曼庵 (1876-1957) 선사에 관한 다음과 같은 일화가 담겨 있습니다.

---

22) 윤청광 지음, 〈마지막 입는 옷에는 주머니가 없네〉(우리출판사, 2002) 199-208쪽.

만암 선사는 온 나라가 흉년이 들자 백양사의 시급한 현안 문제인 중창 불사도 멈추시고 백성들의 배고픈 실상을 측은히 여겨 사찰의 양식을 털어 나누어 주셨고, 백양사 대중들로 하여금 겉보리를 맷돌에 갈아 죽을 쑤어 먹게 하고 스님께서도 대중과 함께 똑같은 음식을 드셨다. 그리고는 대중 스님들의 불만을 인식하시고 하루는 대중들을 불러 모으시고 '중생들이 굶주리면 수행자들도 굶주려야 하는 게야. 그런 각오가 돼 있지 않으면 참다운 수행자라 할 수 없는 법. 배고픈 것도 수행으로 알고 참고 견뎌야 할 것이니 내 말 다들 알아들으셨는가!'라고 말씀하셨다.

군더더기 : 당대 대선사들 가운데 한 분인 만암 선사께서는 물론 9단계까지의 철저한 통찰 체험을 바탕으로 사찰 식량을 지역 주민들과 함께 나누며 10단계인 입전수수를 실천하셨습니다. 그런데 이때 함께 복덕을 지은 대중 스님들은 비록 9단계까지 이르지 못해 나라는 아집이 아직 남아 있어 자신들의 굶주림에 불만스러웠지만 조실 스님의 자비행에 동참할 수밖에 없었을 겁니다. 그러나 이 또한 훗날 바른 후학들이었다면 공부가 무르익었을 때 자신들을 일깨우기 위한 만암 선사의 깊은 의도를 인득했으리라 사료됩니다.

한편 또 다른 관련 자료를 보면 만암 선사께서 마을 사람들의 자존심을 깊이 배려해 그냥 나누어 주신 것이 아니라 경관이 뛰어나 손볼 곳 없는 근처 쌍계루 앞에 일부러 보를 막는 일을 시키고 그 품삯으로 곡식을 주었다고 합니다. 그리고 마을 사람들도 이에 호응해 풍년이 든 해에는 어김없이 백양사에 시주를 많이 해 반드시 그 은혜를 잊지 않고 보답했다고 합니다. 이를 좀 더 세밀히 살펴보면 만암 선사께서 생계유지에 급급해 수행할 여유도 없는 마을 사람들로 하여금 10단계인 입전수수를 실천할 수 있는 안목을 열어주신 결과 수행공동체인 백양사와 마을이 결속한 더 큰 '통보불이공동체'로 발전했다고 여겨집니다.

서암 선사, 거지에게 탁발하시다 : 서암 선사의 시자가 엮은 〈소리 없는 소리〉(시월, 2003년)의 60쪽에 보면 서암 선사께서 거지도 '통보불이'를 실천할 수 있다는 가르침을 펼친 다음과 같은 멋진 일화가 담겨 있습니다.

하루는 서암 선사께서 탁발하러 가셨는데, 마을 집으로 향하지 않으시고 마을 어귀 거지촌에 이르시었다. 짚으로 엮은 움막문을 들어 올리고는 요령을 흔들며 염불을 하시는 것이었다. 집안에 있던 거지가 깜짝 놀라서 말문을 열지 못하고 멍한 눈으로 바라볼 뿐이었다.

염불을 마친 스님은 빈 발우를 내밀며 '적선積善하시오.'라고 하였다. 당황한 거지는 '우린 줄 것이 없습니다. 방금 전에 먹다 남은 주먹밥이 조금 있을 뿐입니다.'하며 곤란한 표정을 지었다. 이에 서암 선사는 '그거라도 좋으니 적선하시오.'라고 요청하셨다. 그러자 거지는 한쪽 구석에서 작은 주먹밥 뭉치를 스님께 내밀었다. 스님이 그것을 걸망에 넣고 돌아서는 순간, 그 거지의 얼굴에서 말할 수 없는 행복함을 발견할 수 있었다. 뒷날 스님께서 회상하시면서 '그런 행복한 얼굴을 그 전후로 보기 힘들었다.'라고 회상하셨다.

최귀동 거지의 나눔 실천: 최귀동 할아버지는 40여 년 동안 무극천 다리 밑에서 거동이 거의 불가능한 18명의 동료 거지들을 위해 혼자 마을을 바삐 왕래하며 걸식해 베풀었습니다. 그러던 어느 날 무극 성당 주임신부로 부임한 오웅진 신부가 이런 모습에 감동해 주머니에 있던 돈을 몽땅 털어 시멘트 포대를 사서 손수 벽돌을 찍어 1976년 11월 완공한 아담한 새 건물에 이 분들을 입주시키면서 음성꽃동네 영성복지 공동체가 출범하게 됩니다.

참고로 거지의 달인이라 할 수 있는 최 할아버지(베드로)께서는 사후까지도 앞을 못 보는 27살 청년에 안구를 기증하는 선행을 하셨는데, '얻어먹을 힘만 있어도 주님의 은총입니다.'라는 심금을 울리는 가르침[23]을 남기시고 1990년 1월 선종善終하셨습니다.

형편에 맞는 나눔 실천 방안: 누구나 금연禁煙이나 절주節酒 또는 외식外食 및 충동衝動 구매 등을 적절히 절제節制하는 습관을 온몸으로 익힌다면, 건강에도 좋고 낭비하는 돈을 절약해 어려운 길벗들을 별 어려움 없이 도울 수 있습니다. 사실 최 할아버지 같은 극빈자도 그보다 더 형편이 어려운 이들을 돕는 마당에 우리 같은 보통 사람들은 얼마나 나눌 수 있는 것이 많은, 복 받은 사람들입니까? 또한 다수의 이런 삶의 태도가 널리 알려지게 된다면, 지금까지 나눔을 모르며 누리기만 하던 적지 않은 부유한 이들도 언젠가 반드시 나눔의 안목眼目이 열리리라 확신합니다. 그러니 우리 모두 이런 성찰을 바탕으로 지금 이 순간부터라도 각자 있는 그 자리에서 근검절약을 생활화하며, 형편에 맞게 힘닿는 데

23) [박영재의 '향상일로'] '순세順世'에 대하여 〈시사위크〉(2018.05.07.)

까지 함께 더불어 나누는 삶을 이어가기를 간절히 염원해 봅니다.

통찰과 나눔의 삶 이어가기: 나의 하루

필자가 선가禪家에 몸담아온 지난 47년을 돌이켜 보니 일상日常 속에서 날마다 염송했던 일련의 기도祈禱들이 바로 상속相續, 즉 '있는 그 자리에서 매 순간 하고자 하는 일과 하나 되며 생수불이의 삶 살아내기'의 원동력이었습니다.[24]

이제 필자의 하루를 보다 구체적으로 기술하면 다음과 같습니다. 생수불이의 삶을 실천적으로 살아내기 위해 불교의식 속에 형식적으로 포함된 보살만이 실천 가능한 '사홍서원四弘誓願' 대신, 하루의 시작인 이른 아침 기상하자마자 좌선 자세를 갖추고 함께 더불어 살아가고자 하는 마음 자세를 길러주는, 필자가 2011년 말 무렵 새롭게 제창한, 날마다 누구나 실천 가능한 '新사홍서원'[25]을 다음과 같이 염송합니다.

날마다 한가지 선행善行을 행하오리다./ 날마다 한가지 집착執着을 버리오리다./ 날마다 한구절 법문法門을 익히오리다./ 날마다 한차례 화두話頭[성찰주제]를 살피오리다.

그런 다음 1시간 정도 좌선을 하며 화두[또는 성찰주제]를 참구합니다.

---

24) 박영재, '일상 속 기도祈禱: 상속相續의 원동력' 〈월간금강〉 (2017년 2월호)
25) 박영재, '누구나 실천 가능한 新사홍서원' 〈금강신문〉 (2012.02.07.)

이어 좌선을 마칠 무렵 오늘 해야 할 시급한 일을 머릿속으로 정리하고는 하루일과[정년퇴직 전에는 교육과 연구, 퇴직 후에는 수행에 도움이 될 만한 강좌나 걷기 운동 등]에 온몸을 던져 뛰어듭니다.

또한 저녁때는 성찰 관련 독서나 일기 등을 포함한 글쓰기를 합니다. 끝으로 잠자리에 들기 전 좌선 자세를 잡고 먼저 하루를 돌아보며 반성한 다음, 화두[또는 성찰주제]를 참구하다가 잠자리에 들며 하루를 마무리 하는 것이 일상선日常禪, 즉 일상 속에서의 생활선生活禪 수행의 전부입니다.

군더더기 : 초심자의 경우 우선 좌선시 숫자를 세면서 호흡에 집중하는 '수식관數息觀'[26] 수행을 매일 최소한 20분 이상 습관화해야 합니다. 왜냐하면 초심자는 바로 화두를 참구하더라도 이미 번뇌·망상 속에 길들여져 있어, 꾸준히 참구하기가 불가능하기 때문입니다. 물론 수식관을 통해 집중력이 길러지면 화두를 참구하는 간화선 수행을 본격적으로 시작하면 됩니다.

나가는 글

종달 선사 입적 이후 필자는 그 뜻을 받들어 길벗[道伴]인 법사 및 회원과 함께 임의단체였던 '선도회'를 2009년 종교법인 '(사)선도성찰나눔실천회'로 탈바꿈시켰으며, 핵심가풍核心家風인 '세 분 스승께 귀의하기[歸依三師]', '지속적으로 스승께 점검받기[入室點檢]', '이른 아침 잠깐 앉은

---

26) 박영재, '수식관數息觀과 일상선日常禪' 〈불교닷컴〉(2015.12.14.)

힘으로 온 하루를 부리기[坐一走七]'를 명료하게 정립하고 이를 바탕으로 통찰과 나눔이 둘이 아닌 '통보불이洞布不二'[27]의 삶을 치열하게 이어오고 있습니다.

앞으로 남은 여생 동안 특히 역점을 두고 있는 것은 21세기 다종교 다문화 시대에 걸맞게 종교를 넘어 종달 선사께서 일생을 통해 온몸으로 드러내 보이셨던 '통보불이' 가풍을 더욱 널리 선양하는 것입니다.

한편 이를 위해 필자가 일상의 삶 속에서 지속해온 '생수불이生修不二', 즉 아침저녁으로 행한 좌선坐禪 수행修行을 바탕으로 낮 동안 본업인 교수직[生業]의 책무를 온몸을 던져 이행하는 과정에서 체득한 선적禪的 체험이 통보불이의 바탕임을 강조했습니다. 그런데 이런 향상여정이 비록 선도회와 인연 있는 분들 대부분에게는 매우 효과적이었다고 여겨지나, 결코 모두에게 최상의 길이라고는 생각하지 않습니다.

사실 선종 최후의 공안집인 〈무문관無門關〉의 자서自序에 들어있는 '대도에는 따로 문이 없어서 천 갈래 만 갈래 그 어느 길로도 이를 수 있다'는 '대도무문大道無門 천차유로千差有路'란 선어처럼, 비단 참선뿐만이 아니라 종교를 초월해 바른 자기성찰의 길은 헤아릴 수 없이 많습니다. 그러니 부디 남녀노소를 불문하고 모든 분들이 각자 나름대로 자신과 코드가 맞는 최선의 선택을 통해, 또한 열린 마음으로 이웃종교의 장점들을 적극 수용하면서 함께 더불어 살아가는 멋진 인생관을 확립하는데, 이 글이 조금이나마 도움이 되기를 간절히 바랍니다.

---

27) [박영재의 향상일로] '화두(話頭)로 일상(日常)을' 〈시사위크〉(2019.10.10.)

신학대학생의 출가

법안 스님
하동 옥종 약천사 주지

나는 어려서부터 매우 병약하였다. 알 수 없는 병마가 늘 날 따라다녔다. 그렇지만 나는 사색하기를 좋아했고 그다지 평범하지 않게 유년 시절을 보냈다. 충북 괴산의 '우러바우'라는 집성촌에서 자랐다. 언덕 중턱에 자리잡은 아주 외딴 집 뒤에는 너럭바위가 병풍처럼 펼쳐있고 너럭바위 밑에는 옹달샘이 사시사철 변함없이 흐르고 아무리 가뭄이 와도 물이 끊긴 적이 없었다.

이 외딴집으로 이사를 하게 되었는데, 툇마루 끝에 어느 아주머니가 남색 저고리를 입고 참빗으로 머리를 빗어내리는 광경이 내눈에 들어왔다. 나는 깜짝 놀라 "엄마 저 아줌마는 누구야?" 하니 어머니가 하시는 말씀이 "무슨 아줌마가 있다고 하냐?" 되려 핀잔을 주시었다. 다른 가족에는 보이지 않지만 나만 보이니 어린 나이에 매우 큰 충격을 받고 밤에는 밖이 무서워서 꼼짝달싹 못하였다. 이후 몸이 바짝바짝 마르고 눈이 쑥 들어가고 밥도 제대로 먹지 못할 정도로 매우 심각한 상태가 되었다.

아버지께서 여러 점쟁이, 스님 할 것 없이 찾아가 사정 이야기를 하다가 '백마사'라는 절의 스님 처방에 따라 산에 있는 붉은 흙을 사방에 쌓아놓고 소금도 뿌려놓고 저녁마다 부엌에서 아버지가 매일 '신묘장구대다라니'를 읽어주셨다. 다라니를 읽을 때는 아주머니가 보이지 않고 그치면 다시 보이고 하여 한동안 계속 나를 괴롭혔다.

그때부터 나는 혼자 있기를 좋아했으며, 뒷산에서 혼자 새 구경을 하고 여러 곤충들과 대화하듯 중얼거리며 그들과 나름대로 속삭이곤 했다.

그럭저럭 자라나서 증평공고 건축과를 다녔는데, 원맨쇼로 동물소리 31가지 소리를 내는 재주가 있어서 MBC 묘기대행진 대회에 출연하게 되었다. 그때 여러 새소리와 기관차 소리 등 약 25가지 소리를 내고 본선에 진출하여 1등을 하였다. 이런 인연들로 MBC 성우실에 취직을 하게 되었지만 마음에 들지 않아서 그만두고 설계사무소에 취직하여 설계 실력을 인정받았다. 그때까지만해도 나는 교회 유치부 선생님을 겸임하며, 청년회장으로 어린이 주일학교 선생님, 어린이 합창단 운영 등을 하였다.

그렇게 신앙생활을 하면서도 '도대체 종교가 무엇인가?' 의문을 품게 되었다. 그러던 중 담임 목사님이 나를 신학대학 통신 과정에 입학시켜주었다. 그때부터 의구심도 더 생기고 종교에 대한 갈등이 심화되었다. 나는 안 가본 곳이 없었다. 통일교, 순복음교회, 침례교회, 천리교, 증산교, 원불교 등을 두루 섭렵했지만 나의 의구심을 풀 방법은 없었다.

어느 날, 설계실에 한 스님이 오셔서 대웅전 설계를 부탁하였다. 나는 대뜸 "저는 절 설계는 안합니다!" 하니, "이 녀석 보게! 야, 임마! 어떻게 설계사업을 운영하는데 종교 색깔이 왜 필요하냐?"며 되려 핀잔을 주며 호되게 나무랐다. "네가 그렇게 성경을 잘 아냐?"면서 "내가 너에게 물어 볼테니 그 대답을 하면 너에게 설계를 맡기지 않고, 다른 기사에게 맡기겠노라!" 하시면서 "너, 성경책 있지?"하길래 얼떨결에 성경을 스님께 내미니 "야! 지금부터 내가 묻는 말에 답을 정확히 해야 한다. 구약성서 4장 4절에 등장하는 인물이 아담, 이브, 가인, 아벨인데 이 지구에서 4명부터 출발했는데, 어찌 창세기 4장 9절부터 15장까지 ~~~하면서, 아벨의 절명과 함께 등장하는 다른 사람이 있어 모순이지 않는가?"하였다. 나는 뒤통수를 함마로 맞은 듯 대답을 못한 채 대웅전 설계를 마치고 준공서류를 챙겨드리며 여쭈었다. "스님, 불교공부를 하면 안될까요?" 여쭈니 "야 임마! 네 것이나 잘해라 하시며, 뒤도 안돌아보고 가버렸다. 그때부터 의구심이 커져서 성경 전체의 정독을 여러 번 반복하여 읽었지만, 도저히 이해가 가지 않는 부분이 너무나도 많았다.

더구나 당시에는 물리 역학을 좋아하고 양자이론에 심취해 있을 때였다. 그때부터 종교 갈등을 느끼고 여기저기 기웃거리며 다양한 종교를 찾아다녔지만, 나를 충족 시켜주는 종교는 없었다. 그러다가 불교를 공부하려면 어디로 가야 할 수 있을지, 사람들에게 물어보니, 그야 서울 조계사를 가면 된다고 하였다.

나는 시간을 내어 조계사를 찾아가 기웃거렸지만 바로 실망을 했다. 교회는 신자가 새로 오면 누구든지 친절하게 안내하고, 주소와 이름을 받아적고 신자로 등록하게 한 다음, 아주 세밀히 교회 연혁과 목사님의 능력 등등을 이야기해주었다. 그런데 불교는 누구하나 안내하는 사람이 없었다. 나는 구석에서 유심히 살펴보았다. 참 신기한 광경이 나를 어리둥절하게 만들었다. 대웅전에 현판이 걸려있고, 기둥에는 얼룩달룩 꽃 그림들이 있었다. 어느 누구도 아는 척하는 사람도 없었다, 구석에서는 방석 위에 할머니들이 무슨 구슬같은 것을 만지작거리며 알 수 없는 말을 끊임없이 중얼거렸다. 구석 저편에 30세쯤 된 남녀가 줄을 맞추어서 절도있게 절을 하였고, 여기저기 가부좌로 눈을 감고 하염없이 앉아 있었다. 교회 같으면 찬송가를 부르거나 묵상기도를 하는데, 여기 불교는 무질서 그 자체 같아 보였다. '내가 저것을 해야 하나?'하는 의구심이 마구 들었다.

그때만 해도 주일 날에 교회로 가고 토요일과 금요일은 조계사에 기웃거렸다. 그러던 중 어떤 청년이 아는 척을 하며 어떻게 오셨는지 물었다. 그때 마지 못해 온 연유를 말하자 자기를 따라오라고 했다. 무작정 나는 그 청년을 따라 구석진 작은 객실같은 곳의 어느 찻집에서 대화가 자연스럽게 오고 갔다. 나는 불교가 무엇인가 알고 싶어 왔노라 했고, 그 청년은 불교를 진정 공부하려면 조계사 청년회에 가입을 하면 된다고 알려주었다. 나는 즉석에서 조계사 청년회에 가입을 하고 주말에도 찾아가 경전공부와 사찰 예절, 예경 방법 등 다양하게 하나씩 공부하기 시작했다. 지도법사는 무진장 스님이었다. 나는 마치 스펀지에 물이 빨려들듯이 녹아들어 감동하였다. 기초교리부터 많은 경전들을 두루두루 섭렵하였다. 기독교는 신약과 구약성서 합해서 총 66권 밖에 안되지만 불교의 경전이 팔만사천이라니 너무 놀랐다. 이후 낙산사 홍련암에서 철야기도 삼천배를 처음 경험하였다. 7시부터 시작하여 10시경이 되자 오금이 저려오고 허리가 아프며 땀이 온몸을 적시었다. 새벽 5시 반에 삼천배를 끝내고 홍련암의 해수관음상을 바라보니 감격의 눈물이 하염없이 흘러 1시간가량 그냥 울었다. 그 울음은 처음으로 접한 환희심이었다. 그리고 놀라운 것은 환희심과 함께 전율을 느끼며 내 마음의 본질을 아주 조금 이해하고 곧은 마음을 유지하는 마음의 태도가 중요하다는 것을 처음 뼈저리게 느꼈다. 이후 개종을 결심하게 되었다.

이후 설계사무실 일은 후배들에게 맡기고 공부에 매진하면서 불교의 진정성에 대해 고민하기 시작했다. 진정한 부처님의 귀의처를 찾는 것은 마음먹기에 달렸지만 그래도 세상 이치와 대자연의 순환을 모르고 종교를 생각한다는 것에 모순을 느꼈다. 인근 대학 물리학부 교수를 찾아가서 대학입학은 너무 늦었고 그냥 공부만 할 수 있도록 해달라고 부탁을 하여 청강을 허락받았다. 물리학의 양자 세계와 생물진화, 화학, 생태공학, 이론 건축학 등을 청강하고, 이시우 박사님께는 천문학을 청강하였다.

그 당시 나는 첫 아이가 유치원에 다니고 있었고 둘째는 태어나기 전이었다. 그러나 출가를 결심하고 평상시 근무하는 설계사무실에는 아예 머리를 삭발하고 출근하였다. 어느 정도 불교 공부도 되어가고 물리학 등 청강의 학업도 끝날 무렵에 나는 서울에 있는 진관사 어린이 법회를 도우며 아이들에게 교리를 가르쳤다. 아버지 법회를 만들어서 진관사의 연등행사, 수륙대제, 부처님 오신날 행사, 장엄물 제작 등을 이끌었다. 어린이 합창단, 글짓기반, 여름 불교학교도 운영하였다. 부산

여여정사 정여 스님이 주관하는 불교학교 교사 양성과정도 모두 마치고 조계종 법사 자격을 획득하여 불자 교육에 매진하게 되었다.

　출가를 하려니 스님 출가의 적령에 걸리어 조계종 강원에는 갈 수 없었다. 타 종단에 편입하여 계를 받고, 예비 스님이 되었다. 맨 처음 참선 수행이 화두를 참구하는 것이었다. 처음에는 호흡에 대한 훈련, 복식호흡, 부처님의 안반수의 수행법을 깊이 공부하고 화두선도 해봤다. 화두선이 어느 정도 되면 일정 위치까지는 도달할 수는 있었지만 공안을 타파하는 방법을 제시한 스님은 없었다. 화두선을 3년 정도 하다가 타파되지 않는 공안 문제를 해결하기 위해서 간접적으로 명상 수행법도 배우고 여러 수행 방법을 동원하여 정진하고 매진했지만 견성의 근처도 가보지 못했다.

　이래서는 안되겠다 생각하여 심리학, 대체심리학, 대중심리학을 독학으로 1년간 공부했다. 그후 티벳 쫑카파의 밀교적 수행방법을 공부했지만 우리의 정서와 맞지 않은 것 같았다. 밀교적 탄트라는 약간의 샤머니즘적인 냄새도 풍기고 무속에 가까운 정서가 있는 것 같았다. 그후 위빠사나 사마타 수행을 접하게 되었고 명상 및 선 사상은 중국의 도교적 색깔을 많이 띄고 있다고 느꼈다. 우리 정서의 수행 방법은 효행, 도덕, 윤리의 맹목적인 강요가 느껴졌다. 마음이란 구조를 잘 알려면, 우리들 의식 세계를 알아야 한다. 의식세계, 인식세계, 그리고 경험이 가져다 주는 전도된 생각, 사회구조에서 발생되는 심리학적 문제와 감각기관의 느낌이 마음 속에 확실하게 영향이 클 수밖에 없다고 생각하였다. 그리하여 나는 인식 세계와 감각 세계가 마음 작용과의 거리감을 줄이고 물질세계와 감각세계의 다리를 건너 심층적 내면의 솔직한 인식의 영향을 받지 않도록 인식 이전의 마음 자세를 여실히 볼 수 있도록 수행해야 한다고 생각했다.

완전한 명상, 깨어 있는 삶으로 가는 길은 부처님의 안반수의(安般守意)에 따르는, 것일 것이다. 몸과 마음이 함께 깨어나는 삶을 위해서는 몸과 마음을 느끼며, 단절된 마음을 치유할 줄 알아야 한다. 자아에 대한 감각과 마음의 인식 세계에서 놀라운 변화를 찾아야 한다. 훈련을 통해서 인식 세계를 단절하고 무한한 마음 세계의 끝없는 드넓은 세계를 인식해야 한다. 수행이 지속되면 습관화되어 자기 것으로 추구할 수 있다. 마음의 잡다한 것은 모두 버리고 참 생명의 근본인 나의 본성을 일깨우는 명상을 통해 전체의 모습을 볼 줄 알아야 한다.

명상의 마음 조건은 평상심이 지속된 마음을 계속 진행해야 한다. 평상시에 내 마음의 행복, 완결한 마음의 조건은 내 몸과 내 마음의 근본적인 문제를 대우주와 나의 관계를 명확하게 정리해야 한다. 내 몸의 64조개의 세포와 우리가 사는 지구의 공전과 자전의 영향, 달과의 조석력이 우리 몸에 끼치는 영향을 여실히 느끼고 그것을 겸허한 마음으로 받아들여야 한다.

내가 내 몸의 주인이다. 내 몸과 마음이 활동할 수 있는 둥지라 생각하고 주변에 잡다한 모든 것은 버리고, 참나(眞我)의 내면 모습을 보는 연습을 해야 한다. 내가 마시는 산소, 내가 내뱉는 이산화탄소, 나의 몸에서 일어나는 우주의 삼라만상의 메카니즘이 축소된 대우주를 느껴야 한다. 내 몸체의 움직임을 관장하는 것은 나의 마음이며 내 마음의 움직임은 대우주와 같은 에너지 교환이라는 것을 충분히 느껴라! 내 마음

속에 담겨있는 삼라만상을 관찰하라! 내 마음에는 삼라만상이 다 들어가도 남고 남는다. 그러니 내 마음이 우주요, 우주가 나의 마음의 자리임을 충분히 느껴라! 생명의 연결 네트워크를 생각하라!

나의 존재는 내 육체를 통한 대우주의 흐름의 일부분이다. 보라! 나의 몸 안에서 일어나는 자연스런 흐름을 열심히 보아라! 공기의 통로와 배기의 통로인 폐와 우주 에너지의 교환소인 소화기관, 우리 동물계는 식물의 에너지적 태양 에너지를 직감적으로 캘빈(광합성 회로) 작용으로 에너지 교환, 내 육체 안에서 일어나고 있는 생체전기, 생체호르몬, 에너지 소통기관이 척수를 통과하여 몸의 균형을 유지시키는 일곱 차크라의 운행방식이라고 여과 없이 느껴라. 심장, 피부, 폐, 간, 뇌, 모든 장기의 움직임이 내 주관적 영향을 받지 않고 대우주의 질서에 따라 자연히 움직이고 있다는 사실을 관찰하라. 그렇다면 내 마음의 근원은 우주의 총체이다.

한 번의 대우주와 내 육체의 움직임도 결국에 쪼개 살펴 미세까지 들어가보면, 한 번의 움직임도 그 태동의 근원은 나의 의식이다. 그 움직임을 만들고, 멈추고, 가고 오는 것을 내 의식이 관여한다. 그렇다면 나의 의식은 대우주의 주인이며 창조주라 충분히 느껴야 한다. 우주의 주인공이 나라면 나는 창조주이다. 우주의 실체성을 충분히 느껴보라! 그렇다면 나는 우주의 중심이며 내 의식 안에 대우주의 부분적 단위 세포라는 것을 관찰하고 성찰하라!

명상이란 마음의 비밀을 푸는 자물쇠이며 열 수 있는 키인 셈이다. 명상의 세계로 떠나가는 순간 모든 사람이 개인의 변화가 시작된다. 면

저 어떤 형태이든 의식이 항상 현존하는 것을 깨닫는 것이 필요하다. 생각은 마음의 진정 특성이 아니다. 마음의 진정한 특성은 의식이다. 우리 모두 행동 뒤에 끊임없이 뛰고 있는 심장이 존재하는 것처럼 우리들 모든 생각 뒤에는 끊임없이 우리를 지켜보는 우리의 의식이 있다. 마음의 비밀을 풀기 위해서는 자신의 의식을 파헤치는 것 이외에 다른 뾰족한 방법이 없다. 이런 점에서 명상이 시작된다.

세계의 종교, 영적 전통 지혜의 학교 등은 엄청난 양의 글과 가르침을 통해서 성장했다. 그러나 그중에서 의식에게 필요한 것은 거의 없다. 의식적인 상태라는 것은 아주 단순한 상태이다. 태어난 지 하루 된 아기는 아무것도 이해하지 못한 채 우주를 둘러보지만 그 아기는 의식하고 있다. 이제 막 태어난 아기는 자신의 삶에 대해 아직 아무것도 이해하지 못하지만 앞으로 펼쳐질 모든 것들을 이해할 준비가 되어 있다. 많은 아기들은 얼굴에 전혀 거부라고 할 수 없는 미소를 띠고 있다. 그들은 기쁨이 무엇인지 모르지만 기쁨을 알고 있다. 가장 중요한 것은 의식적인 상태에 있을 때 우리는 본성 안에 있는 창조의 충동에 동조하게 된다는 것이다. 명상에 의식이 전부라면 우리가 성취할 수 있는 것에 사실상 한계가 없는 것이다.

신묘장구 대다라니(대비주) 수행담

일진 스님
남해 관음선원 주지

　수행 중에 경험한 일들을 몇자 적어 불교 공부 하는 분들이 읽고 참고라도 되었으면 하는 마음으로 글을 쓰게 되었다. 특히, 공부를 하다 보면 여러 가지 장애를 겪게 된다. 그래서 내가 체험한 일들을 간략히 적어 보고자 하나 글을 쓴다는 것이 서툴기만 할 뿐이다.

　내 나이 40 중반 쯤 어느 날, 내 인생에 큰 전환점을 맞게 되었다. 주변을 돌아볼 여유가 없이 바쁜 나날을 보내던 어느 날, 문득 내 삶을 돌아보니 살아온 내 모습이 너무나 옹졸하고 한심하여 '생을 마감해 버릴까?' 하는 생각을 하게 되었다.

　아무 미련 없이 몸을 벗어버리고 좋은 인연으로 공부할 수 있는 다음 생을 기대하는 것이 옳지 않겠나? 하는 생각으로 생을 마감하려 했다, 그러나 막상 결행하지는 못했다.

　율장에 이르듯이 타의 생명을 해치는 것은 물론 자기 자신을 해하는 것이 무거운 죄가 되는 것을 자각했기 때문이다. 그러자 다시 이러지도 저러지도 못하게 되었다. '그렇다면 어떻게 할까?' 하고 고민하다가 어느 날 문득, '아! 죽은 것 같이 살면 되겠구나', '나는 어제 죽은 사람이라 생각하자!' '죽을 용기로 남은 생을 살아가자!'라고 생각이 여기에 이르니 마음이 홀가분해졌다.

그리고 가만히 나 자신을 돌아보니, 여태 살아온 모습이 보이기 시작했다. 나 아닌 남을 위한 생각은 눈곱만큼도 없었고 오직 나만을 위해 죽자 살자 달려왔던 것이다. 머리 깎고 중노릇 한 것도 다 나를 위한 것이지 한 소식 하여 도를 깨달아 중생 구제를 하느니, 보살행을 성취하여 성불한다느니, 등등 모두가 다 입에 걸어놓은 소리일 뿐이고 인생을 허무하게 살아왔던 것이었다.

나름대로 좋은 일 한답시고 힘든 사람에게 도움의 손길을 내밀어 주었고 베풀어도 보았지만 대가 없고 조건 없는 진실한 도움이라고는 단 하나도 찾아볼 수가 없었다. 내가 살아온 모습이 이 모양인데 어떻게 복을 받을 수 있겠는가?

이것은 모두 전생에 내가 복을 지어놓지 못한 과보이기 때문이라 생각하고 이제부터 덤으로 사는 인생 조건 없이 살아보자! 아무리 작은 것이라도 베풀고 선행을 하다가 보면 불보살이 기뻐하지 않겠는가? 하고 마음을 다졌다.

그리고 행여, 이 마음이 변덕을 부려 또 무슨 생각을 할지 몰라서 마음잡아두는 방편으로 신묘장구대다라니 염불을 시작하기로 했다.

다라니 염불을 시작하고 1년 반 정도 되었을 무렵, 울산 문수사에서 한 철을 보내는데, 하루는 빨랫줄에 옷을 걸어 말리는데, 나도 모르게 다라니를 하고 있는 나를 발견하게 되었다. 그리고 종일토록 다라니 염송이 이어지고 있었던 것이다. 너무도 기뻤다. '아_! 공부를 이렇게 하는 것이 구나. 이렇게 힘 안 들이고도 공부가 되는구나!' 하니 환희심이 충만하여 기쁨을 감추지 못했다.

서옹 노스님께 무자 화두를 받은 지가 몇십 년이 지났다. 한 소식 하겠다고 애를 썼지만 한발짝도 진척이 없었다. 그런데 공부해서 깨닫겠다는 생각을 깨끗이 접고, 부질없는 망상 피우지 않기 위해 다만 노는 입에 염불한다는 생각으로 부지런히 했을 뿐인데, 여기까지 오게 된 것이었다. 그 옛날 어른 스님들께서 '공부는 귀신도 모르게 해라!' 했는데, 이를 두고 하신 말씀이구나' 하는 것을 직접 체험으로 알게 되었다.

그 이후, 나날이 다라니 공부는 이어져가고 있었다. 그러나 다라니가 간단없이 주욱~ 이어지지가 않았다. 끊임없이 이어져야 할 것인데 그렇지 못했다. 그래서 '이래서는 안되겠구나!' 라고 생각하여 날을 잡아 일주일 간 철야 정진을 하기로 작정하고, 용맹심을 내어 입정에 들었다.

용맹정진 3일째 되는 날, 자정이 될 무렵에 잠이 쏟아져 이마를 방바닥에 쳐박기를 몇 번씩이나 하더니, 새벽 기운이 돌아오자 정신이 맑고 의식이 또렷하여 수마가 물러감을 알게 되었다. 그리고 그와 함께 다라니 일념이 물 흐르듯이 지속되고 있었다.

다음날은 전혀 잠이 없고, 다라니가 일념으로 지속이 되니, 몸과 마음이 상쾌하고 깨끗하여 수정같이 맑은 물을 보는 듯하였다. 가거나 오거나, 앉으나 서나, 다라니 일념으로 시간이 흘러서 마침내 '동정일여(動靜一如)가 어떤 것인지를 체험하게 되었다.

이렇게 하며 일주일쯤 되자, 다라니 일념이 전혀 힘들지 않아 숨쉬기

보다 더 쉬웠다. 잠은 간곳이 없고 일념은 이뤘지만, 깨달음을 구했는데 도(道)가 보이지 않은 것 같았다.

며칠 더 해보자! 그리고 열흘이 지났다. 이제 다라니는 떼어내려 해도 떨어지지 않게 되고, 다라니를 하는 것이 너무 쉬워져서 아무 맛이 없었다. 그러다가 다라니 염송하는 재미가 없어졌다.

그러던 중 크게 의심이 생겼다. 내가 그렇게도 일념 되기를 염원하였고, 비로소 일념 성취를 했는데 막상 일념이 되고 보니 그저 일념일 뿐, 아무것도 없지 않은가? 도를 깨닫기 위한 일념이지 일념 하기 위해 힘쓴 것이 아니기 때문이었다. 그때부터 나에게 공부 장애가 오기 시작했다.

근래 큰스님들께서 납자들을 지도할 때, 늘 말씀 하시기를 화두를 들고 타성일편(打成一片 : 주관과 객관이 하나로 녹아들어 완전히 한덩어리가 되는 몰입)을 이뤄야 한다. 그리고 동정일여(動靜一如), 몽중일여(夢中一如)가 되어 오매일여(晤昧一如)까지 되어야 한다고 한다. 육조 혜능 스님으로부터 위로는 가섭존자까지 아래로 오가칠종(五家七宗)의 모든 조사께서 모두 오매일여에서 도를 깨달았다는 말을 듣지 못했다. 다만 구도심이 간절하여 제방의 선지식이 열어주신 인연을 만나면 어떤 분은 즉시에 깨닫기도 하고, 어떤 분은 꽉 막혀 화두가 되어 끙끙 앓다가 좋은 인연을 만나 깨닫기도 한다. 근래 우리 불교계에 오로지 화두 일념만을 고집하고 강조하는 것을 보면 간화선 수행법을 잘못 이해하는 것은 아닌가? 하는 의구심이 들었다.

그렇다면 나는 지금 어찌해야 하나? 타성일편을 이루고 일념 삼매를 이뤄도 도는 보이지 않고, 다라니를 지속하자니 아무 맛이 없고, 그만 두자니 힘쓴 노력이 아깝고, 그야말로 취(取)부득 사(捨)부득이었다. 공부할 때 이런 장애를 만나게 되면 난감하지 않을 수가 없다. 그래서 이런 장애를 극복하기 위해서는 선지식(善知識)이 있어 길을 잘 인도해주는 것이 중요한 것이다. 그런데, 이러한 상태를 물어 볼 만한 선지식을 찾아보려 해도 찾을 수가 없었다. 이것이 현재 우리 불교계의 숨길 수 없는 현실이다.

그러던 중, '옳다! 조사어록을 보자! 역대 조사께서 깨달음을 얻은 모습을 보면 뭔가 답이 있을지도 모른다' 하고 서옹 노스님께서 연의하신 임제록을 보게 되었다. 다짜고짜, 앞장의 서문을 읽을 마음의 여유가 없어, 상당 법문을 펼쳐 읽는데, 선사가 법상에 올라 이르신 첫 법문이 "여러분! 도(道)가 별게 아니요, 여러분 마음이 도(道)요!" 하는 구절에 내 마음이 활짝 열려버렸다. 그리고 역대 조사의 법어를 떠올려 보아도 한 점 다름없이 계합(契合)되었다. 뛸듯이 기뻐하며, 환희심이 충만하여 세상을 다 얻은 듯 했다. 이때 나는 나의 본성을 분명하게 보았다. 경계(境界)에 끌려가는 내가 아닌 생각이 일어나기 이전의 나를 자각하게 되었다.

그 일이 있고 며칠 후, 우연히 기분 나쁜 소리를 듣게 되었는데, 그 말을 듣는 순간 불같이 화가 치밀어 명치 아래에 꽉! 머무는 것이 아닌가? 그때 나는 깜짝 놀라고 말았다.

아니! 엊그제 마음이 열려, 견성오도(見性悟道)를 했다고 기뻐했던 내가 아닌가? 그런데 왜 진심(瞋心)이 일어나지? 내가 잘못 깨달은 것인가? 역

대 조사가 화낸 분이 있을까? 제불 보살이 화를 냈을까? 이럴 수가 있
나? 하고 다시 곰곰이 생각해도 답을 찾을 수 없었다. 시간이 흘러갔지
만 답이 없었다.

그런데, 다라니는 힘을 들이지 않아도 자동으로 돌아가지만 마음 밖
으로 밀려났고 '왜 화가 나지?' 하는 생각이 주인 노릇을 하게 되어버렸
다. 아무리 다라니 염송으로 중심을 잡으려 해도 잡히지 않았다. '왜 이
럴까? 분명 마음자리를 보았는데 성내는 이유가 무엇일까?' 화가 나는
원인을 찾을 수가 없었다.

이렇게 하기를 3년이 지난 어느 날, 지리산 길상선사에서 줄곧 다라
니 기도를 하는데 선사가 법어를 내리기 위해 법상에 올라 "주장자를
들어 법상을 치는 모습"이 생각에 떠올랐고, 들고 있던 목탁을 내려치
며 용수철 튕겨나듯 자리에서 벌떡 일어나버렸다.

"아~! 저것이구나! 저 주장자가 만 사람의 눈을 열어주고, 저 주장자
가 만 사람의 눈을 멀게 하는구나!"

"보는 놈은 누구이며", "듣는 놈은 누구인가?" "쾅—!"

가슴에 응어리가 한꺼번에 쓰~욱 내려갔다. 하염없이 눈물을 흘리며
부처님께 참회하고 참회했다. 그리고 부처님의 은혜를 갚을 길이 없음
을 새삼 깨닫게 되었다.

이 일이 있은 후에는 이제 화가 나도, 기쁜 일이 생겨도, 마음에 기
복이 심하지 않고 마음이 태연하게 되어 마치 느린 거북이 같았다. 원
인을 알았기에 지엽은 상관할 필요가 없기 때문이다. 만약 이 일이 있

기 이전에, 바른 선지식을 만났더라면 3년이란 세월을 힘들이지 않고, 처음 깨달은 소식을 잘 지키며 훨씬 더 수행에 진척이 있었을 것이라 생각된다. 그래서 선지식이 이끌어 주시는 것이 얼마나 절실한 것인지를 새삼 깨닫게 되었다.

대개 사람들이 견성오도하면 공부가 다 된 것인 줄로 아는 경우가 많다. 견성은 장님이 눈뜬 것과 같아, 그동안 못 보았던 것을 보았을 뿐이다. 그러기 때문에 견성 이후에 참다운 수행이 되는 것이다.

마음을 알고 수행하면, 그게 바로 보살행이다. 보살행은 물러남이 없고 불퇴전의 수행이다. 바깥 대상에 의해 마음 작용이 일어나더라도 훌쩍 벗어나 버릴 수 있게 되며, 망상을 따라 질질 끌려다니지 않게 되는 것이다.

이렇게 찰나찰나 벗어날 줄 알아야 한다. 그렇게 오래오래 하다보면 생각이 일어나자마자 알아차리게 되는데, 바로 "염기즉각(念起即覺)"이 되는 것이다.

이렇게 나는 발심하는 인연이 있어서 깨닫겠다는 생각은 추호도 없었는데, 부처님의 가피력으로 공부 길을 알게 되었지만 내가 경험한 것이 전부는 아닐 것이다.

다만 화두를 들든, 염불을 하든, 용을 쓰고 힘을 들여야만 공부가 되는 것이 아니라는 것을 경험하고 체험한 것이다. 그러나 더 나은 방편으로 깨달음을 이룬 이에게는 내가 하는 말이 군더더기에 불과할 것이다.

결국 공부할 때, 억지로 힘을 쓰지 말고 그저 생각날 때마다 부지런히 오래오래 하다보면 내가 미처 모르는 사이에 공부가 되어 있는 것을 알게 된다.

말 그대로 노는 입에 염불하듯 해야 한다. 공부해서 어서 깨닫겠다는 생각이 앞서 있으면 힘은 더해지고 공부는 더디게 된다. 내가 힘주어 권할 말이 있다면, "노는 입에 염불하듯 공부 하라"는 말을 하고 싶다.

나의 이 군소리가 과연 수행에 도움이 될까?

아니면 설상가상 번뇌에 티끌 하나를 더함은 아닐까?

부질없는 망상으로 번잡함을 면치 못하였다는 생각이 든다. 눈 밝은 분들이 보고 웃을 일이지만 노파심에 끌려왔음을 헤아려 주시리라 믿고 수행하는 분들에게 작은 참고라도 되었으면 하는 마음일 뿐이다.

경상국립대학교 교수불자회원님들과 그 이외 많은 도우님들이 하루 속히 깊은 깨달음을 얻어 부처님의 혜명을 이어가길 기도하며 마무리를 해야겠다. - 나무관세음보살 -

남해 관음선원

사띠빳타나(Satipaṭṭhāna) 수행에 대하여

재연 스님
하동 북천사 주지

애초 쓰기로 약속한 글은 '수행'이라는 너무 넓고 다소 막연한 주제였다. 며칠을 오락가락 헤매다 생각해낸 것이 아주 오래전에 읽었던 냐나뽀니까(Nyanaponika 1901-1994) 스님의 유명한 저작 『불교 수행의 정수』 (The Heart of Buddhist Meditation)의 한 챕터를 번역하기로 했다. 이미 번역되어 많은 사람들이 익히 알고 있을 수도 있지만, 이왕에 진행된 사마타 위빳사나에 대한 논의에서 미진한 부분이나 과하게 확대 해석된 부분을 재음미 평가하는 계기로 삼을 수 있으리라는 생각에서다. 처음 읽은지 30년도 넘은 책을 다시 넘기면서 건성으로 지나친 부분이 많았음을 알았고, 또 전혀 새로운 감동을 주는 부분에서는 마치 예비군 훈련장 한 켠에서 중학교 때 읽었던 삼국지를 다시 읽었던 느낌과 흡사했다.

냐나뽀니까 스님은 젊은 시절, 베를린에서 냐나띨로까(Nyanatiloka, 1878-1957) 스님이 독일어로 출간한 책들을 접하게 되었다.

스리랑카에서 유럽인들을 위한 사원을 건립하고 활동하고 있던 냐나띨로까 스님의 소식은 청년의 마음을 온통 흔들어 놓았다. 그는 히틀러 집권후 1936년 드디어 스리랑카로 건너와 사미계를 받고, 이듬해 냐나띨로까 스님의 지도 아래 구족계를 수지하여 비구가 되었다. 1939년 제2차 세계대전이 발발하면서 스리랑카에 거주하는 독일 국적 남자들은 중부 고원지대의 군주둔지에 수용되었다가 이후 인도 북부의 데라둔으로 옮겨졌다. 이 수용소에 머무는 동안 그는 『숫따니빠따』(*Sutta-nipata*)와 첫번째 아비달마 『담마상가니』(*Dhammasangani*)의 독일어 번역을 마치고 사띠빳타나(Satipaṭṭhāna) 수행에 관한 경전 자료를 발췌 편집하였다. 전쟁이 끝나고 1946년 스리랑카로 돌아왔고, 이후 1951년 두 스님 모두 스리랑카 시민권을 획득했다. 1952년 두 스님은 버마 정부로부터 제6차 경전결집(1954년 시작)의 자문위원으로 초청되었다. 냐나뽀니까 스님은 제6차 결집이 끝난 뒤, 마하시 사야도(Mahasi Sayadaw 1904-1982)의 지도로 위빳사나 수행에 참여했고 이 때의 경험을 바탕으로 쓰인 책이 바로 이 『*The Heart of Buddhist Meditation*』이다. 핵심 내용은 바로 사띠빳타나 숫따에서 나온 것이다.

오랜 세월이 흐르면서 경전에 대한 서로 다른 해석과 응용 방식이 갈리고, 이에 따라 여러 수행 전통이 형성, 유지되고 있지만, 지금까지 불교의 수행 지침서로 가장 널리 퍼져 언급, 인용되는 경전은 長部 제22경 *Mahā-satipaṭṭhāna-sutta*와 中部 제10경 *Satipaṭṭhāna-sutta*(念處經), 제118경 *Ānāpānassati-sutta* 그리고 제119경 *Kāyagatāsati-sutta*(念身經)를 들 수 있다.

그 중에서도 특히 중요한 경전 *Satipaṭṭhāna-sutta*는 빨리어 경전 모음 長部와 中部에 중복 수록되어 있는데, 아마도 원형인 중부의 사띠빳타나 숫따에 사성제 설명을 첨가하여 *Mahā-satipaṭṭhāna-sutta*로 개명하고 장부에도 삽입된 것으로 보인다. 이 경이 한역 장아함에 포함되지 않은 것으로 이런 사정을 짐작할 수 있다. 이 경전을 주목하는 첫째 그리고 마지막 이유는 상당히 복잡한 경전 구조와 장황하게 반복되는 문장에도 불구하고 핵심 메시지가 단순 명료하다는 점이다. 줄여 말하면 '성성하게 깨어서 우리네 몸과 마음속에서 생멸하는 현상들을 여실하게 관조한다'는 것이다.

이미 여기저기서 이 경전과 또 이에 관련된 수행법에 대해 상당한 논의가 있었지만 여기 다시 첨언할 사항은 우선, 이 경전에서는 禪定(jhāna), 三昧(samādhi)라는 용어나 그것을 암시하는 어떤 단어도 보이지 않는다는 점이다. 다만 sati(憶念), pajānāti(분명히 알다), ātāpī(열성, 열렬한), sampajāna(주의를 기울이는, 사려깊은), satimā(유념하는, 주의 깊은) 등의 단어가 거듭 쓰일 뿐이다. 따라서 다른 경전의 심오(?)한 용어들을 공연히 끌어다 붙여서 사태를 복잡하게 할 필요가 없는 것이다.

이 경전의 이름에서부터 내용 전반에 수도 없이 반복되는 여성 명사 sati와 형용사 satimā는 모두 '기억하다'(Sk. smṛ)라는 동사에서 파생된 단어들이다. 따라서 한역 경전에서 억념(憶念), 유념 등으로 풀어 썼고, 불망(不忘), 즉 명심하여 마음에 새긴다는 의미로 쓰이는데, 대부분 문맥으로 보면 어떤 일이나 상태를 머릿속에 새겨 넣거나, 혹은 불러내기(想起) 보다는 '성성하게 깨어 있음'과 '유념한다'는 의미를 아우르고 있는 경우가 많다. 일찍이 영어 번역에서는 mindfulness, alertness, watchfulness 등이 많이 쓰였는데 근래 우리말로는 마음챙김, 알아차림 등으로 통용되고 있다.

그러나 여기서 유의할 점은 애초 sati 자체에 '알아차림'이라는 기능이나 역할이 있다기보다는 함께 따라다니는 동사 pajānāti(正知)의 의미가 sati 속에 섞인 것은 아닐까 짐작된다. 더구나, 이 경전에서는 단 한 번도 쓰이지 않았지만 빨리어 니까야 도처에 널려있는 합성어 '사띠-삼빠잔냐'(sati-sampajañña)는 결국 분리될 수 없는 한 몸이 되어 사띠 속에 正知의 의미도 녹아들어 인식되는 것으로 보인다. 합성어 '사띠-빳타나'의 뒷부분 'paṭṭhāna'는 영역이라는 의미를 취하여 '處'로 번역되었고, 주석서에서는 upaṭṭhāna, 즉, '가까이 서다, 유지하다, 확립하다' 등의 의미로 설명하고 있다. 따라서 '사띠빳타나'는 '사띠의 대상, 사띠가 머물 곳', 또는 '사띠를 확립함'이라는 해석도 가능하지만, 실질적인 수련 내용면에서 보면 '사띠-빳타나는 주시 대상을 확고하게 파지하고, 그 속에서 벌어지는 일들을 여실히 아는(pajānāti, 正知) 것을 아울러 이르는 말'이라고 이해된다.

이 경전은 아래와 같이 실로 거창한 선언으로 시작된다. :

"여기 유일할 길(eka-ayana)이 있노라! 이는 중생들을 정화하는 길이요, 근심과 통곡을 넘어 아픔, 고뇌를 끝내며, 열반을 실현할 바른 길이니, 이 곧 네 가지 사띠빳타나라!"[1]

---

1) Ekāyano ayaṃ, bhikkhave, maggo sattānaṃ visuddhiyā, sokaparidevānaṃ samatikkamāya, dukkhadomanassānaṃ atthaṅgamāya, ñāyassa adhigamāya, nibbānassa sacchikiriyāya, yadidaṃ cattāro satipaṭṭhānā. [M. I, p. 55]

이 **'유일한 길'**이라는 말은 빨리어 경전 전체에서 오로지 '사띠빳타나'와의 연관에서만 쓰인다는 사실로 미루어 불교 수행의 핵심은 바로 '사띠'(sati)이고, 수행에 관해 설해진 모든 부처님 말씀은 이 경전의 사띠로 수렴된다고 할 수 있다.

아래 본문 번역에서는 'mindfulness'나 'watchful', 'awareness' 등을 문맥에 따라 사띠, 알아차림, 성성함, 깨어있음 등으로 옮겼으며 '마음챙김'이라는 번역어는 쓰지 않았다. 또한 원문 그대로의 축자번역보다는 여기저기 의역, 생략, 첨가된 부분도 있음을 미리 고한다.

1. 버마식 사띠빳타나 수행(The Burmese Satipaṭṭhāna Method)[2]

이미 많은 논의가 있었고, 읽거나 들은 것으로 명백해 보이는 사띠빳타나 (Satipaṭṭhāna) 수행의 정확한 방법론에 대해서는 아직도 명확하게 설명되지 못한 상태로 남아있다. 그에 대한 확실한 이해와 실질적인 수행은 사실상 종교적 숭배, 지적인 감상 정도로 뒤쳐져 있는 것이다. 여기에 심대한 변화가 일어난 것은 버마의 탐구적인 몇몇 스님들에 의해 위빳사나 수행의 윤곽이 명확하게 그려지면서였다. 그분들의 지난한 정진을 통해 사띠빳타나 수행의 바른 이해가 증진되었고, 실행을 가로막는 장애물들이 제거되었다. 이후 버마는 물론 이웃 나라에서 이 지침에 따라 신실하게 정진하는 사람들이 생겨났다.

---

2) Nyanaponika, The Heart of Buddhist Meditation, pp. 85-107.

이십세기 초 자신이 배워온 가르침의 완성을 갈구하던 우 나라다(U Narada) 스님은 걸치적거리는 장식물을 제거하고 궁극의 목표로 이끌어줄 직접적인 수행체계를 찾아 나섰다. 나라 곳곳을 뒤져 아주 엄격한 수행 방법을 일러주는 스승들을 만났으나 만족할 만한 지침을 얻을 수 없었다. 이런 구도 여정에 그는 북부 버마 사가잉(Sagaing)의 동굴 수행처에서 한 스님을 만났는데, 그는 이미 聖道(성자의 길 ariya-magga)에 들었다고 알려진 분이었다. 우 나라다의 질문에 그 스님이 되물었다: '부처님 말씀 밖에서 길을 찾는다고? 사띠빳타나가 유일한 길이라고 이미 선언하시지 않았던가!'

이 말을 새겨들은 그는 거듭 사띠빳타나-숫따 경전 자체와 주석서를 꼼꼼히 따져 숙고하고 실제 수행으로 검증하면서 결국 이 경전의 핵심 가르침을 이해할 수 있었다. 이렇게 얻은 결과로 이 경전의 가르침이야말로 궁극의 깨달음으로 가는 명료하고 효과적인 수행 방법임을 확신했다. 이러한 자신의 경험을 바탕으로 실질적인 수행의 원리와 세부 사항을 개선 보완했고, 이는 이후 제자들을 위한 지침이 되었다.

사띠빳타나 숫따의 원론적 가르침에 명확하고 파격적인 방법론을 적용한 우 나라다 스님식 수행법을 '버마식 사띠빳타나 수행법'이라고 부를 것을 제안한다. 이는 버마 사람이 고안한 방식이라는 뜻이 아니라, 버마에서 이 옛 수행법이 훌륭하고 왕성하게 되살아났다는 의미이다.

우 나라다 스님의 가르침은 여러 제자들에 의해 버마와 이웃 불교국들에 널리 퍼졌고 많은 사람들의 수행에 큰 도움이 되었다. 현지에서는 제따완 혹은 밍군 사야도(Jetavan, Mingun Sayadaw)로 더 널리 알려진 스님께서는 1955년 3월 18일 열반에 드셨다.

온 세상을 휩쓰는 물질주의의 드센 물결과는 대조적으로 요즘 버마에서 사띠빳타나의 가르침과 수행이 흥성하고 있으며 눈에 띄는 결과로 드러난다는 것은 실로 고무적인 일이다. 오늘날 버마에서는 사띠빳타나 수행이 종교 활동의 대세가 되었고, 곳곳의 수행처에서 출가 재가를 불문하고 수만 명의 실참자들이 엄격한 수행에 임하고 있다. 이는 우 누(U Nu) 수상이 이끄는 버마 정부가 사회 전반에서 잘 수행된 마음은 곧 국가의 자산이 될 것이라는 생각으로 여러 수행 쎈터를 지원하면서 일어난 성숙한 지혜의 징표로 보인다.

오늘날 개인 지도는 물론, 당신의 저작과 강의를 통해 버마의 수행 전반을 지대하게 발전시킨 분들 가운데 가장 두드러진 스님으로 마하시 사야도, 우 소바나 큰스님(Mahasi Sayadaw, U Sobhana Mahathera)을 꼽을 수 있다. 남녀노소, 빈부, 유무식을 불문하고 많은 사람들이 열성적으로 스님의 수행 코스에 동참하여 지도를 받았고 큰 결실을 이뤘다.

태국과 실론에 당신의 수행법을 전파하고, 인도에 수행처를 만들고 계신 마하시 사야도와 그 분의 제자들의 노고에 깊은 감사를 표한다.

2. 체계적인 사띠빳타나 수행 지침

아래 내용은 양곤의 타타나 이이타(Thathana Yeiktha) 센터에서 마하시 사야도의 지도 아래 진행된 사띠빳타나 수행법에 관한 가르침이다.

이 쎈터의 수행 코스는 대개 한 달에서 길게는 두 달 동안 진행된다. 이 기간 이후 각각의 수행자들은 자기 처소로 돌아가 수련을 계속해나간다. 엄격한 통제 아래 이뤄지는 이 기간 동안 각 수행자는 참선과 일상적인 활동 외에는 읽기, 쓰기 등을 금한다. 담화도 최소한으로 제한한다. 쎈터에 머무는 동안 재가 수행자들은 12시 이후 우유, 치즈, 꿀 등을 포함한 굳은 음식을 제한하는 등 8계(Aṭṭhaṅga-sīla)를 지킨다.

수련은 경험 많은 가이드들이 참가자 각각의 진전 상태에 맞게 주어지는 개인 지도를 중심으로 진행되며, 아무리 초보적인 사항이라 하더라도 경험자의 지도를 어떤 기록물로도 대체할 수 없다. 따라서 여기 적힌 내용은 오직 경험 많은 수행 지도자를 접할 수 없는 사람들을 위한 것이다. 동서를 막론하고 아직도 그런 사람들은 많을 것이고, 바로 이점이 여러 단점에도 불구하고 저자로 하여금 이 장(章)을 보조 자료로 덧붙이게 한 까닭이다.

사띠빳타나 수행의 근본 원리는 자신의 확실한 경험을 출발점으로 삼는다는 것이다. 그리고 수련 내용은 늘상 접촉하는 사물과 현상을 있는 그대로 보는 법을 익히고, 줄곧 스스로 그렇게 보는 일이다. 무엇을 볼지 혹은 어떤 것을 보게 될 것이라는 제안이나 암시에 영향을 받아서는 안 된다는 것을 명심할 일이다.

이 수행 과정에서는 어떤 이론적 설명도 없고 다만 출발점에서 해야 할 것, 하지 말아야 할 것만 이야기해준다. 약간의 기본 수련 후에 집중력이 다소 향상되어 지금까지 간과되었던 집중 대상의 세세한 사항들을 알아차리게 되면 지도자는 이제 '계속!'이라는 말 대신 간략하게 주의를 기울여야 할 방향을 결정하고 알려줄 것이다. 수련자 각각의 개인적 진척에 따라 주어질 수 있는 적절한 지침들을 상세하게 줄 수 없다는 것이 바로 출판 기록물의 단점이다. 경험이 풍부한 스승의 직접적인 지도 아래 손쉽게 진전을 이룰 수 있기는 하지만, 여기 쓰인 내용을 잘 따라 실행하면 자신의 경험이 스승이 되고 이내 향상으로 이끌 것이다.

참선 수행의 특징은 진지함, 자신감, 관찰, 면밀히 주시하는 태도이다. 진실한 사띠빳타나 스승은 가르치는 수행자들과의 관계에서 아주 과묵하여 개인적으로 깊은 인상을 심어 추종자로 만드는 일 따위는 삼갈 것이다. 그는 자기암시나 몽환, 감성적 고양으로 유도하는 따위의 기교도 부리지 않을 것이다. 자기 자신을 위해 혹은 남들을 위해서라도 그런 일을 시도하는 것은 바로 사띠빳타나 수행의 길에 거스르는 일이다.

이 수행을 시작하면서 신비한 체험이나 싸구려 감성적 만족을 기대해서는 안 된다. 신실한 서원을 세우고, 미래의 이득이나 빠른 결과에 대한 바람도 접고, 오직 부지런하고 진지하게 아래 설명하는 단순한 수련 자체에 매진해야 한다. 우선은 사띠(sati)와 알아차림(sampajañña)을 심화하는 것을 목표로 삼는다. 이 수련에 따르는 부가적인 의미들은 수련 과정에 점점 자연스럽게 나타난다. 수련자의 마음에 나타나는 正念-正知(sati- sampajañña)의 희미한 윤곽은 점점 분명해지고, 결국에는 그것을 향해 다가가는 수행자에게 당당한 풍체를 드러낼 것이다.

여기 설명하는 행법은 순수 위빳사나(sukkha-vipassanā, Bare Insight)라는 조금 특이한 방식의 수행법이다. 이 방식의 특징은 위빳사나 수행의 선행 조건으로 미리 일정 수준의 선정(jhāna)을 갖출 것을 요구하지 않고,

이런 선정과 상관없이 곧바로 직관, 통찰에 이른다는 뜻에서 마른(乾, sukkha) 위빳사나 행법이라고도 불리는 것이다.

이 행법에서는 첫 단계로 자기 경험 속에서 심신(心身)의 활동 가운데 신체적-정신적 진행을 구분해 내는 것(名色 區分 nāma-rūpa-pariccheda)을 목표로 한다. 이들 진행과정에 대한 알아차림(sampajañña)은 점점 강화되고, 이와 더불어 더욱 강력해진 집중력, 근접삼매(近接三昧 upacāra-samādhi)는[3] 三법인(法印), 즉 존재의 세가지 특성인 무상(無常), 고(苦), 무아(無我)를 깊이 꿰뚫어 보게 한다. 이렇게 점진적으로 해탈의 정점인 성도(聖道)에 이른다는 것이다. 붓다고사의 『청정도론(淸淨道論)』(Visuddhimagga)에 따르면 일곱 단계(7 淸淨, satta visuddhi)를 거쳐 궁극에 이른다고 한다.

1) 자세

장시간 선정(jhana)에 머물고자 하는 게 아닌 한 연화좌(가부좌 padmāsana)나 영웅좌(半跏趺坐 virāsana)보다는 안좌(安坐 sukhāsana)가 유리하다. 이 좌세는 편안하게 앉아 양 다리를 구부려 접었을 때 외벽으로 형성된 오른쪽 다리 오금에 왼쪽 발가락들이 들어오도록 하고 허리를 곧추세운 자세다. 어떤 자세를 취하든 중요한 것은 양 무릎을 압박감 없이 바닥에 밀착시키는 것이다. 그러나 적절한 자세를 찾을 수 없다고 집중력을 향상시키려는 다짐과 시도를 미루거나 포기해서는 안 된다. 각기 다른 신체 조건과 환경에 따라 자기에게 맞는 앉음새를 취할 수 있다. 등받이가 있는 의자에 다리를 늘어뜨리고 앉을 수도 있고, 양반다리로 바닥에

---

3) 삼매(三昧)는 예비삼매(遍作定 parikamma-samādhi)와 근접삼매(近行定 upacāra-samādhi), 본삼매(安止定 appanā-samādhi) 세 가지로 나뉘어 설명된다.

앉을 때는 필요에 따라 엉덩이에 방석이나 담요 등을 깔아 다리와 레벨을 맞추고, 허리는 너무 뻣뻣하지 않게 바로 세운다. 고개는 약간 앞으로 숙여 편안한 곳에 시선을 떨군다. 의복은 헐렁하게 하고, 참선을 시작하기 전에 반드시 목과 어깨, 얼굴, 팔 다리 근육의 긴장을 푼다.

동남아 테라와다(Theravāda) 불교 국가의 엄격한 수행처에서는 오후 12시 이후 식사를 금하는 비시불식(非時不食 vikāla-bhojana-veramaṇī) 계를 지킨다. 주말이나 휴가 중에 수련에 임하는 사람이 아니라면 온종일 작업을 해야 하는 직업인으로서는 곧대로 이 계율을 지키기는 어렵지만, 열심히 규칙적인 수행에 임하고자 하는 사람이라면 당연히 음식을 절제할 필요가 있다. 부처님께서도 수행자들에게 거듭 절제된 식사를 권장한 것은 충분한 이유가 있으며, 이는 건성으로 임한 수련에 만족하지 못하고 결연한 의지로 수행에 전념하는 이들에게 도움이 되는 것이 경험적으로 확인될 것이다.

2) 마음 가짐

여기 기술하는 참선 수행의 목적은 부처님 가르침이 제공하는 것들 가운데 최상의 것이다. 따라서 이 수련에 임하는 사람의 태도 또한 이 숭고한 목표에 걸맞은 것이어야 한다. 수련자는 먼저 삼귀의로 시작한다. 이는 세 가지 보배, 즉 불(佛), 법(法), 승(僧) 삼보(三寶)의 진정한 의미를 새기는 일이다. 이는 수행의 진전을 위해 매우 중요한 일로, 우선 위 없는 스승이며 길잡이이신 붓다(Buddha)에 대한 신심, 해탈로 이끄는 가르침(Dhamma), 특히 위빳사나 수행법의 효능에 대한 신뢰, 그 가르침을 온전히 완성한 분, 아라한(Arahant)들이 있었고, 이 교단이 곧 그러한 성자들의 이상을 이 땅에 실현하자는 생각으로 모인 성(聖) 공동체 (Ariya-saṅgha)라는 확신이다.

이러한 신심은 수련자 자신의 능력에 대한 자신감을 심어주고 그의 노력에 날개를 달아줄 것이다. 수행자는 이 삼보의 이상을 따르며 먼 미래가 아닌 바로 이생에 최상의 성취를 이루리라는 결연한 의지와 함께 수련에 착수한다.

내 이제 비로소 부처님과 성 제자들이 걸었던 그 길을 가노라. 게으른 자들 따를 수 없는 길이니.
힘 내자! 해내리라!

불교도가 아닌 사람들도 부분적이나마 사띠빳타나 수행법을 따른다는 것은 불교도들이 신성시하는 영역에 들어온 이상 이에 상응하는 존중심을 보여야 한다. 그렇게 정중한 태도가 자신의 정진에도 도움이 된다. 아래와 같이 굳은 결의는 정진의 길을 가는 자신의 발걸음을 더욱 확고하게 할 것이다.

애써 정진하지 않고 어찌 마음을 조복하고 키우랴.
그걸 알았고 또 필요하다면
왜 지금 가지 않는가?
선명하게 그어진 저 길.
내가 이룬 것 나와 남들 두루 행복하게 하리라!

마음이 행복과 불행을 불러온다.

불행을 극복하기 위해

이 정념의 길에 들어섰느니.

내가 이룬 것 나와 남들 모두 행복하게 하리라!

3. 총론

쎈터의 규정 기간 동안에는 아침부터 저녁까지 종일 수련이 진행된다. 스물네 시간 내내 전적으로 한 가지 기본 주제에 집중한다는 뜻은 아니지만, 주 수련 코스의 매 순번 사이사이의 휴지 시간을 제외하고는 가능한 한 많은 시간 동안 수련에 전념해야 한다.

초심자들로서는 멈춤 회수도 잦고 그 시간도 늘어질 수밖에 없지만, 그 중지 기간이 짧든 길든 사띠(sati)의 끈이 느슨해지거나 놓치는 일은 없어야 한다. 잠에서 깨어 일어나는 최초의 생각으로부터 잠에 빠져드는 마지막 순간의 생각과 인식까지 온종일 가능한 최대치로 모든 동작과 지각에 대한 사띠를 유지한다. 이 총체적인 사띠는 행주좌와 어묵동정 등 모든 동작에 대해 깨어 알아차리는 시작점이며, 내내 유지되어야 할 중심점이다. 이 말은 수련자가 현재 취하고 있는 자세와 그것의 변화 과정(바꾸려는 의도를 포함한 전체 변화의 추이)을 성성하게 깨어 인지하는 것, 자세와 연관된 감각, 즉 압박 등의 촉감, 즉 몸에 관한 지각(kāya-viññāṇa 身識)과 일어나는 모든 감각, 즉 통증, 편안함 등에 온전히 깨어 알아챈다(受隨念 vedanā-anusati)는 뜻이다. 예를 들어 밤에 자리에 눕거나 아침에 일어날 때 누우면서 눕는다고 알고, 닿았던 부위가 떨어질 때 떨어졌다고 아는 것이다.

수련자가 단번에 모든 움직임은 고사하고 일상적으로 일어나는 거칠고 큰 동작이나 인상, 느낌들에 온전히 주의를 기울일 수는 없다. 따라서 수련자는 우선 자세의 변화 정도로 시작하여 점차 일상의 활동, 즉 옷입기, 씻기, 먹기 등의 동작으로 조금씩 주시 영역을 넓혀간다. 며칠 간의 온종일 수련을 거쳐 마음은 점점 차분하게 가라앉아 집중력이 향상되고, 사띠도 더 성성해지면서 자연히 주시 범위도 확장될 것이다.

연속된 일상의 동작에 어찌 하면 바르게 사띠를 적용할지, 예를 들어 설명하면: 아침에 자리에서 일어나 입을 행구고 싶다. 그런 바람이 일어났음을 안다(생각: '마음과 정신적 대상을 안다'); 한켠에 있는 잔과 물통을 본다(眼識); 그쪽으로 다가간다(身識); 멈춘다(身識); 물통 쪽으로 손을 뻗는다(분명하게 지각하면서 팔을 뻗고 구부린다); 물통을 잡는다(身識) 등등 성성하게 깨어 연달아 이어지는 동작의 진행 추이와 그 속에서 일어나는 감각, 의식의 변화 등을 가능한 한 많이 인지한다는 것이다.

그 가운데서도 연이어 일어나는 즐거운 혹은 달갑지 않은 느낌들을 인지하고, 사띠의 흐름을 방해하는 딴생각, 감각적 욕구 등이 일어날 때 놓치지 않고 알아차려야 한다.

간단히 말해 수련자는 몸과 마음에서 일어나는 모든 현상들을 생기는 족족 인지해야 한다. 수련자는 이런 식으로 줄곧 신(身)-수(受)-심(心)-

법(法) 네 가지 대상에 대한 사띠빳타나 수행을 지속한다.

이처럼 꼼꼼하게 사띠를 적용시키면 엄격한 수련 기간 동안에 혹은 일상생활 중에도 몸의 움직임이 상당히 느려질 수도 있다. 수련을 통한 동작의 감속 효과는 여러 면으로 득이 되고 유용하기도 하다.

일상생활 가운데 사띠를 챙겨나갈 때 모든 일을 너무 잘게 쪼개 시시콜콜 들여다볼 필요는 없다. 근본 주제(복부의 움직임)는 최대한 면밀하게 챙겨야 하지만, 일상적인 일들은 별다른 노력 없이 드러나는 것들을 챙기는 것으로 충분하다.

착수 단계에서의 일반적 사띠 적용의 목적은 끊임없이 변화하며 이어지는 신체, 정신적 인상과 활동의 흐름을 주시함에 잘리거나 놓친 부분 없이 지속하여 사띠(sati)와 알아차림(sampajañña)을 강화하려는 것이다. '끊김 없는 사띠'라는 것은 첫째, 수련자가 딴생각에 휩쓸려가지 않았거나, 둘째, 집중이 깨졌더라도 곧바로, 혹은 신속히 알아차린다면 이 정도는 '끊기지 않은 사띠'라고 쳐줄 것이다. 초보자들을 위한 '일반적 사띠' 수준은 이 정도로 충분하다.

4. 선택된 대상에 집중하는 주 수련

성성하게 깨인 상태로 일상적인 아침 일들을 치르고 수련실에 들어간다. 자리를 정하고, 앉으려는 의도, '접촉' …… 이어지는 동작을 알아차리며 '착석'한다.

이제 호흡으로 인해 규칙적으로 일어나는 변화, 일어나고 꺼지는 아랫배의 움직임에 관심을 돌린다. 호흡에 의한 복부의 팽창과 수축 과정에 생기는 미세한 압박과 이완의 느낌을 주시한다. 이것이 이후 진행할 위빳사나 수행의 '근본 대상'(mūla-ārammaṇa)이다.

대개는 입 주변 혹은 인중이나 코끝을 집중 대상으로 삼는데, 아랫배의 기복을 집중 대상으로 하는 이 방식은 마하시 사야도가 도입한 좀 특이한 기법이다.

수련자는 배의 움직임을 생각하는 것이 아니라 다만 물리적 진행 과정을 지켜보는 것임을 명심해야 한다. 즉 단순히 규칙적인 일어남, 꺼짐을 알아챌 뿐이다. 마음의 긴장을 풀고, 알아차리지 못하고 넘어간 부분 없이, 가능한 한 오랫동안 알아차림을 지속한다. 이 방식이 겨냥하는 목적인 직관이나 통찰력은 사띠가 충분히 자라고 익으면 당연하고 자연스럽게 생기는 결실이다. 사야도께서 말씀하셨다: "지혜는 제 스스로 일어날 것이다"(ñāṇam sayam eva uppajjissati). 예리해진 사띠를 통하여 일어난 미증유의 통찰력은 자신의 경험에 따른 확신을 담고 있다.

호흡으로 인하여 아랫배가 움직이고 있지만 이 때 복부의 기복에 대한 사띠는 수식관(數息觀)(入出息念 ānāpānasati)의 일종이라고 간주해서는 안 된다. 여기서 말하는 사띠 수행의 대상은 호흡이 아니라 미세한 압박감으로 감지되는 아랫배의 움직임이다.

초심자들에게 복부 움직임에 대한 사띠의 지속 시간이 길지 않은 것은 이상한 일이 아니며, 이는 더욱 열심히 수련에 매진하여 개선할 수밖에 없다. 복부의 기복을 좀더 오래 그리고 분명히 알아차리기 위해서는 드러눕는 방법도 있다. 처음으로 배의 움직임을 추적하기 위해서 배에 손바닥을 대고 움직임을 감지할 수 있다. 수련 시간을 연장하는 데 도움이 된다면 졸음과 나른함에 빠지지 않는 한도 내에서 의자나 벽에 기댄 자세를 취할 수도 있는데, 가능하면 간간이 앉음 자세로 바꾸도록 애쓴다.

언제라도 복부의 움직임이 멈추거나 분명하게 감지되지 않으면 애써 그것을 붙잡으려 무리하지 말고 '접촉' 혹은 '자세' 등으로 주의를 돌리는 것도 좋은 방법이다. 예를 들어, 앉은 자세에서 지속적으로 접촉이 감지되는 부위로 엉덩이, 무릎, 허벅지, 어깨, 발가락 등등에서 예닐곱 군데를 주시 대상으로 선택하고 일정한 순서로 관점을 옮기면서 알아차림을 지속하는데, 매 순번은 '앉음'으로 마치고 다시 반복한다. 각각의 대상에 머무는 시간은 마음속으로 '닿음', '앉음'이라고 두 음절을 뇌는 정도로 진행한다. 여기서 유의할 점은 사띠의 대상은 단순히 각각의 접촉점이나 '접촉' 혹은 '앉음' 등의 단어가 아니라, 거기서 일어난 감각이라는 것이다. 이런 '닿음', '앉음' 등의 알아차림은 주 대상인 복부운동에 대한 '비상용' 부자재이긴 하지만 통찰력을 얻는 데 나름 결정적인 가치가 있다. 이 와중에 다시금 복부의 운동이 또렷하게 지각되면 본래의 대상으로 돌아가 가능한 한 오랫동안 수련을 계속해야 한다.

오래 앉아있다가 다리가 저려오고 통증이 일어나면 반드시 이들 느낌과 감정을 알아차려야 한다. 수련자는 이런 느낌이 집중을 방해하고 관심을 끌 만큼 강하게 지속되는 한 그에 상응하는 알아차림을 유지해야 한다. 묵묵히 그리고 간단없이 알아차리기, 즉, '그냥 바라보기만 하는'(Bare Attention) 것만으로도 이들 느낌, 감각들은 조만간 사라지고, 본 대상에 집중할 수 있게 된다. 우리는 성가신 느낌을 알아차리기만 하는 것으로 그저 '이런 것이 있구나'라고 아는 정도로 짧게 멈출 수 있다. 대개는 그 단순한 현상에 자기 탓, 자기 연민, 후회 등을 덧붙여 사태를 불리고 키우는 것이다.

그럼에도 달갑지 않은 느낌이나 피로감이 그치지 않아 수련을 방해하면 자세를 바꾸거나(의도와 진행 과정을 알아차리면서), 역시 주의 깊게 행선으로 전환할 수도 있다.

행선의 경우도 마찬가지로 매 걸음걸음의 진행 추이를 면밀하게 알아차려야 한다. 주석서나 법문에서는 각 걸음을 여섯 단계로 나눠 설명하는데 초심자에게는 다소 부담스러울 것이다. 보통은 두 세 단계로 나눠 알아차리는 것으로 충분하다. 천천히 걸을 때는 발을 들어 '올리기', '내뻗음', '내려놓음'이라고 속으로 뇌면서 알아차린다. 빨리 걷고 싶어지면 '들기', '내려놓기'라고 두 단계로 나눠 행할 수도 있는데 중간에 잘린(놓친) 부분 없이 면밀하게 알아차림을 지속하기 위해서는 세 단계 구분이 바람직하다.

걷기(行禪) 수행법은 집중력을 향상시키기 위해서 혹은 통찰력의 바탕으로서도 권할 만한 방법이다. 피로감을 없애기 위한 자세 전환의 수단뿐만 아니라 그 자체로도 훌륭한 수행 방법으로 시행될 수 있다.

경전 여기저기서 여기에 관한 언급이 보인다: "수행자가 어떻게 성성하게 깨어있는가? 낮에 행선(caṅkama)으로 장애 요소들을 지워 마음을 맑게 한다. 초저녁에, 한밤중에, 새벽녘에 행선을 …"

만약 이 행선을 본격적으로 시행하기 위해서는 복도나 실외에 적당한 길이의 경행로를 만들 필요가 있다. 길이가 너무 짧아 자주 돌아서는 것은 사띠의 흐름을 방해하기 때문이다. 수행 쎈터에 이 목적으로 만드는 짱까마(caṅkama)의 보통 규격은 대략 60㎝ 폭에 약 30m 내외의 길이로 하여 돌맹이, 나무뿌리 등을 치우고 부드러운 흙으로 바닥을 고른다.

행선을 주 수행으로 한다면 피로감을 느낄 때까지 상당히 긴 시간 계속해야 한다.

하루 종일 수련을 이어갈 때 사이사이에 일어날 수 있는 딴생각, 챙기지 못하고 사띠를 놓친 걸음, 비정상적인 움직임의 순서나 단계 등등 동작의 모든 부분을 또렷이 알아차려야 한다. 사띠를 놓쳤다가 다시 근본 대상으로 돌아가고자 할 때, 수련자는 먼저 사띠가 단절되었다는 것을 곧바로 인지했는지, 혹은 얼마 동안이나 딴생각에 빠져있었던지 등을 꼼꼼히 챙겨 인지해야 한다. 이와 같은 단절이 일어났을 때 즉각 알아채고, 곧바로 근본 대상으로 돌아가는 것을 당분간의 목표로 삼는다. 이것을 강화된 사띠의 척도로 삼을 수 있다. 수련을 계속해나가면서 마음은 차분해지고, 집중력 또한 강해져서 자연스럽게 사띠를 놓치는 빈도도 점점 줄어들 것이다. 수행이 점차 숙달되고 사띠의 단절을 즉시 알아차리는 것은 자기조절 능력을 키우는 데도, 일어난 번뇌(kilesa)를 빨리 제거하는 데도 큰 도움이 될 것이다. 이것이 도의 진전이나 전반적인 정신적 성숙에도 아주 중요한 사항임은 자명한 일이다.

수련자는 마음을 산란케 하는 달갑지 않은 생각이 일어난다 해서 짜증을 내거나 당황하여 풀이 죽는 일 없이 '그 달갑지 않은 생각 자체를 일시적인 사띠의 대상으로 삼아' 이 또한 정신적 대상을 챙기는 법념처(法念處) 수행의 일부로 삼는다. 짜증스런 느낌이 일어 마음이 어지러워지고 이 상태가 지속되면 이 또한 앞에 설명한 대로 법념처 수행의 대상, 즉 싫은 생각, 혼침, 도거 등을 알아차림의 대상으로 받아들이는 것이다.

스승들께서는 이런 일을 두고 "중생들의 살림살이에서 욕심이나 밉고 싫은 생각 등 갖가지 번뇌가 일어나는 것은 피할 수 없는 일이다. 깨치지 못한 사람들로서는 당연히 마주쳐야 하는 일인 고로 이런 잡다한 생각들을 정면으로 마주하고 다루는 법을 배워야 한다. 이 일은 그 과정 자체로 집중력을 향상시키는 것만큼 중요한 일이다. 따라서 수행자는 체계적인 수행에서 이런 문제를 다루는 일이 '시간 낭비'라고 생각해서는 안 된다."고 말씀하신 것이다.

외부에서 오는 장애 요소를 다루는 것도 마찬가지다. 예를 들어 소음이 들려오면 간단히 '소리'라고 접수한다. 이어서 이 방해에 대해 짜증이 일었다면 이 또한 '짜증'이라고 접수하고 본 대상의 알아차림으로 복귀한다. 이것이 여의치 않으면 같은 일을 반복하되 소음이 너무 크고 끊이지 않으면 그 소리가 그칠 때까지 방금 마음속에 일어난 현상을 심념처(心念處) 수행의 대상으로 삼는다. 여섯 감각기관(六入)의 하나인 귀와 그 대상인 소리를 조건으로 마음속에 '짜증'이라는 번뇌가 생겼다. 이처럼 소음의 변동에 따라 '커짐', '줄어듦'으로 알아차리고, 간헐적인 중단에는 '사라짐', '되살아남'으로 알아차림으로써 그것의 연기적 성질을 관찰할 수 있게 된다.

이런 식으로 수행의 장애 요소가 오히려 유용한 수단으로 바뀌고, 적군이 친구나 스승이 될 수도 있는 것이다. 그러는 중에 외부 방해 요소가 사라지고 마음도 가라앉으면 근본 대상으로 돌아오도록 한다. 지속적인 수련만이 빠른 진전을 보장하기 때문이다.

세 시간 내지 네 시간 동안 놓친 구간 없이 사띠를 지속시킬 수 있는 것이 엄격한 지도 아래 진행되는 수련 코스(intensive course) 종료의 최소 요건으로 간주 된다. 만약 수련자가 중간에 사띠의 끈을 잃으면 그 시점에서 다시 시작하여 가능한 한 오래 사띠를 지속하도록 한다. 특히 이 심화 수련 기간에는 몸이 다소 불편하더라도 이를 참고 묵묵히 면밀하게 사띠를 지속하는 것이 바람직하다. 이따금 피로를 무시하고 밀고 나가다 보면 그 뒤에 숨어있는 '제2의 바람' 새로운 활력의 샘을 발견하기도 한다. 그러나 극단으로 몰아부치는 것은 삼가야 하고 정진을 멈추는 것이 득이라고 생각되면 휴식을 취하는 것이 좋다. 이렇게 쉬는 시간에도 사띠를 유지한다면 이 또한 약간 이완된 형태의 수련 시간이 될 것이다. 좀 더 자연스럽고 편안하게 선택한 대상의 일어남과 사라짐에 사띠의 흐름을 적용할 때 좀 덜 피곤해진다. 성성함이 더할 때 수련자는 그게 아주 미세하더라도 자신의 생각, 만족스런 혹은 만족스럽지 못한 분위기에 각별한 주의를 기울일 필요가 있다. 그것이 아주 강력한 형태의 끌림, 배척, 자만심, 열등감, 들뜸, 우울 등의 씨앗이 될 수도 있기 때문이다. 따라서 이런 생각들을 잘 알아두고, 주시하고, 일찍 멈추는 것이 중요하다. 또한 사띠빳타나 수행은 오직 현재를 다루는 일이므로 지나간 혹은 미래의 쓸데없는 생각들을 피하는 것이 좋다.

앞에 다루어진 근본 대상, 아랫배의 움직임과 보조 대상인 닿음, 앞음, 걷기 등은 기초 수련 단계에서와 마찬가지로 차후 수행에서도 다른 어떤 것도 덧붙이지 않고 그대로 지속한다. 끈기 있게 지속하면 이 단순한 수련은 점진적으로 최상의 결과로 이끌어줄 것이다. 주안점은 근본 대상, 즉 아랫배의 움직임에 둔다.

5. 사족

방석에 앉아있다 보면 어느 순간 몸 마음이 함께 편안해지면서 아랫배의 움직임도 약해지고 느낌 또한 밍밍하며, 아무 소리도 들리지 않을 때가 있다. 아마도 이것은 삼매나 선정으로 가는 길이 아니라, 십중팔구, 아니 백이면 백, 수마의 아가리에 머리를 반쯤 들이민 경우다. '졸음!'이라고 접수시키고 다시 아랫배로 돌아간다. 딴생각도 마찬가지다.

고삐 풀린 망아지가 어딘들 못 가겠는가? 붙잡아 끌고 온 횟수가 많을수록 잘 깨어있다는 징표일 수도 있다.

흔히 듣는 말로 "계(戒)로 신구의(身口意)의 거친 업(業)을 극복할 수 있다. 감각적 욕망, 악의, 혼침, 도거, 의혹 등의 중간치 장애는 수행의 힘으로 극복한다. 그러나 극히 미세한 탐진치(貪瞋痴) 삼독을 뿌리째 녹여내는 것은 오로지 지혜의 힘으로만 가능하다"고 한다.

여기서 말하는 수행력과 지혜는 어떻게 생기는가?

위빳사나(vipassanā)라는 용어 자체에 답이 있다. 우선 이 단어는 두 요소로 만들어진 합성어다. 접두사 'vi'에다 '보기'라는 뜻의 'passana'로 이루어진 것이다. 여기서 접두사 'vi'는 문법적으로 아주 복잡하고 다양한 의미를 만들어내는 거의 마술사와 같은 어소이다. 그러나 여기서는 세 가지만 보기로 한다.

첫째 '분리'를 뜻한다. 이것을 '보기'와 합하면 '떨어져서 보기', 즉 객관적 시각이다.

두 번째로, '분할'을 뜻한다. 달리 말하면 '쪼개서 보기', 즉 분석적 시각이다. 세 번째로 'vi'는 동사 앞에 붙어 그 의미를 더 세게, 즉 강화하는 역할을 한다. 강화된 시각은 뚫어보기, 직관, 통찰 등등이다!

반야심경에 나오는 '조견(照見)'도 실은 '내려다 본다'는 뜻의 'avaloka yati'에 'vi'를 붙여 만들어진 합성어 'vi-avalokayati'다. 우리는 대개 앞의 두 의미의 중요성을 간과한 채 마지막 직관, 통찰, 뚫어보기만 강조하는 경향이 있다. 그러나 앞에서 살펴본 사띠빳타나 수행, 혹은 위빳사나 수행의 요체는 직관, 통찰이 아니라 수천 수만, 아니 수십만 번 반복된 '떨어져서 보기', '까락까락 따져보기'이다. 이 두 가지가 잘 익어 조화를 이루고 완성된 상태를 이름하여 직관, 통찰이라고 하는 것이다.

이러한 지혜의 눈으로 오온의 공성을 꿰뚫어 보고(照見五蘊皆空) 모든 속박으로부터 벗어난다(度一切苦厄)는 것이다. 아직 싹도 트지 않았는데 열매를 논할 일이 아니다.

지금 해야 할 일은 당장 눈앞에 벌어진 일, 매사를 최대한 객관적으로, 분석적으로 보려는 자세다.

하동 북천사

화두 수행과 깨침

정민 스님
하동 법성선원 선원장

내가 아기 때, 지금부터 약 70년 전에 나의 모친(노보살님)이 나를 안고 오라버니(나의 외삼촌)가 근무한다는 학교를 찾아다닌 적이 있는데, 그때 아기인 내가 그 '이 뭣고?'가 아주 사무쳐 있었던 것으로 기억돼요. '왜 사람은 태어나서 죽어야 되는가? 이 몸뚱어리를 끌고 다니는 놈, 이놈이 누구인가?' 어머니가 나를 안고 가는데 '이 뭣고?' 이런 생각이 확 꽂혀 있었어요. 기억이 없을 아기 때 일이라서 꿈이었는가 하고 노보살님한테 물으니까 "참 신기하네! 아기였는데⋯ 그때 오라버니가 정확히 어느 학교에 근무하는지 몰라서 여기저기 아기를 안고 막 걸어서 찾아다녔지" 하더라고요.

그리고 내가 초등학교 때에는 체육 시간이나 쉬는 시간에 애들이 나가서 운동하는데도, 나는 그냥 가만히 앉아 있었어요. 고등학교 때에는 왜 그랬는지 모르지만, 교감 선생님이 아이들 앞에서 나를 불러놓고 나의 이름을 안 부르고 '관세음보살'이라고 부르곤 했어요. 그러다가 청소년기가 조금 지나고 어떤 책을 봤어요. 문경 봉암사에서 성철 스님과 향곡 스님이 법거량 한 게 나오더라고요. 그냥 내가 쭉 읽다 보니 그게 나왔는데 내가 그날 밤에 온 사방을 막 기어 다니면서 '나는 누구인가? 나는 왜 누군지 모르지?' 빨리 답을 못 찾으면 죽을 것 같아 여기저기 방안을 뱅뱅 돌았어요.

그러다가 커가면서 내가 중간에 화두를 잊어버리고 살다 보니 사는 의미가 없더라고요. '내가 왜 살아야 되는지…' 갑자기 정말 간절했어요. 내가 이런 상황에 살 필요가 없다는 생각을 하고 '죽어야 되겠다!' 싶었어요. 삶에 아무 의미가 없었어요. 내가 좋아하는 오욕락이 하나도 없는 거예요. 그래서 어디 여행을 가서 죽어야겠다고 생각했어요. '선재'라는 친구에게 '나는 이제 그만 살란다'라는 편지를 적어 가족들한테 전해주라 하고 태종대로 여행을 갔어요. 태종대의 바닷가로 내려가려니까 전부 경비가 삼엄하여 도저히 뚫고 들어갈 길이 없어 그냥 집으로 돌아왔어요. 그 후로도 나는 살아야 하는 의미가 없었어요. '사는 데 목적이 있어야 하는데, 의미가 없으니 어떻게 살아야 하지?' 고민을 많이 했어요.

그 후 어느 스님을 만났어요. 그 스님에게 "내가 사는 데 대한 의미를 못 찾아서 나는 살 수가 없다"고 했더니, "참선이 있는데 참선을 하지!" 하더라고요.

그래서 "참선이 뭔데요?" 했어요. 스님이 참선을 설명하는데 듣고 보니 내가 어릴 때부터 해온 것이 참선이더라고요. 그때부터 화두만 들리는 거예요. 계속 화두만 들었어요. 그때 당시 내가 굉장히 바쁜 생활을 했어요. 보통 사람보다 30배의 수입을 낼 정도로 생활이 바빴어요. 그렇게 바쁜 가운데도 화두가 있는 거예요. 한 번은 해운정사에서 공부하는 남자들이 무리를 지어 왔어요. 왠지 보살님은 자기들과 그 뭔가가 다른 게 있어 보여서 어떻게 공부를 하는지 물으러 왔대요. 그래서 내가 "이 상황이 보입니까? 이 상황에서 화두가 들릴 것 같습니까? 안 들릴 것 같습니까?" 하니까 분명히 보살님은 들리고 있을 것 같다는 거여요. 그래서 내가 "이 동중(動中)에서 공부를 놓치지 않아야 된다. 이 와중에 화두를 절대로 안 놓친다. 내가 목숨 걸고 지키려고 한다!"라고 했지요. 그 인연으로 그분들과 같이 공부를 하게 되었는데, 나는 늘 행주좌와 어묵동정(行住坐臥 語默動靜), 무엇을 하거나 늘 화두를 생각하고 있었어요. 화두가 너무 쉽더라고요. 천지 만물이 하나도 화두 아닌 게 없더라고요. 예를 들어, 지금 나와 얘기하고 눈에 보이는 학장님도 내가 없으면 알 수가 없잖아요. '학장님이라고 알고 있는 이놈이 누구지?' 언제나 이렇게 회광반조가 되니까 화두는 늘 들리는 거였어요. 너무 재미있는 거여요. 이 세상에서 쉬운 것이 화두 공부더라고요.

한 번은 해인사의 노스님한테 가니까 화두를 꼭 앉아서 할 필요는 없잖아! 힘들면 소파에 앉아서 하고 안 그러면 누워서 하면 되지!" 이러는 거예요. 그 소리를 듣고 보니, 나도 어디에서나 다 되는데 싶더라고요. 실제로 다실에서 누워 자고 있는데 내가 나를 보는 거예요. 드르렁 쿨쿨 코를 골고 자는 것이 보여요. '얼마나 피곤해서 저럴까?' 이러는 거여요. 완전히 깊이 자는데, 내가 무슨 일을 하나 안 해놓은 게 있어서 그것을 생각하니까 혼자 가서 하는 거예요. 하면서 내가 내 몸뚱이 자고 있다는 것까지 다 아는 거예요. 이렇게 "내가 누군가?"를 막 치열하게 했거든요. 공부를 하다가 해운정사에서 어느 순간에 팍 깨친 거예요! 확 깨쳤어요! 힘을 얻었어요! 나도 깜짝 놀랄 정도로….

내가 일곱 살 즈음에, 오라버니 따라 낚시를 갔었는데요. 내가 잡은 낚싯줄에 뱀장어가 물은 거예요, 그래서 내가 그걸 당기니까 이 뱀장어가 얼마나 기운이 센지, 자기가 더 당기는 거예요. 그때 뱀장어랑 실랑이 벌이는 것처럼 내가 "이 뭣고?" 화두를 하는 게 탄력이 있더라고요. 내가 '이 뭣고?' 이러면, "막 성성한 거라!" 그래서 내가 꼭 뱀장어 잡을 때 그 힘하고 비슷한 느낌인 거예요.

원당암에서 용맹정진할 때에 정(定)에 들었었는데요. 그때 나는 아무 것도 모르겠더라고요. 내 다리가 어디 있는지도 모르겠고, 일어나서 포행하여야 할 때도 일어날 줄 모르고 진짜 바보같이 되어버렸어요. 내가 일어나지 않고 계속 앉아 있으면 대중들이 막 난리가 나요. 잔소리하고 야단치고 하였어요. 그래서 옆에 앉은 젊은 사람에게 나를 일으켜 주고 도와달라고 했지요. 그래도 늦게는 정에 들어가 버려 아예 못 일어났어요. 그러니까 막 밤새도록 난리가 난 거예요. 대중들이 야단을 치고, 스님마다 돌아가며 나를 장군 죽비로 두드려도 꼼짝을 못 했어요. 대중들은 안 되겠다 싶어서인지 입승을 책임지는 스님을 불러오더라고요. 나는 인식은 다 되는데 정에 들어가 버려 움직이질 못한 거여요. 입승 스님이 오시더니 대중들을 다 앉혀 놓고 "세상에 이 젊은이가 이렇게 용맹스럽게 공부를 해서 정에 들어가 버렸으면 도와줘야지…" 하면서 나를 그대로 둔 채, 당신도 칠불암에서 애쓰며 공부할 때 이렇게 정에 들어간 이야기를 하시더라고요. 그러더니만 나를 가리켜 손가락을 탁 위로 튕기니까 내 몸이 확 풀리더라고요.

그리고 나서는 별 신기한 일들도 많이 생겼어요. 갑자기 아픈 사람이 있을 때, 손을 대면 치유가 되고, 내가 돌보아 주던 분들이 돌아가실 때는 나를 찾아와 인사하는 게 느껴지고, 돈이 필요하면 해결이 되는 등 신기한 일들이 일어나더라고요. 물고기, 파리도 내가 하는 말을 알아듣는 것 같았어요. 진제 큰스님의 내원사 법문에 따라갔었는데, 나는 속인이라 다른 사람들과 밖에서 식사를 하려니 파리가 막 몰려들더라고요. 나는 조용히 먹고 싶은데 정신이 없어서 밥을 못 먹겠더라고요. 그래서 파리들 보고 "여보시오! 파리들 미안하지만 저 쪽에 좀 계시다가 우리 다 먹고 나서 오면 안 돼요?" 이러니까 싹 날아가서 안오더라고요. 그런데 이런 현상들이 내가 '신기(神氣)'가 들려서 그런가 하여 걱정도 했어요. 그 당시, 내가 새벽마다 라디오로 어떤 스님의 관심론 강의를 들었는데, 내가 경험하는 것이 다 나오더라고요. 그래서 '아! 내가 제대로 하고 있구나!' 이런 생각이 들어 벌떡 일어나서 라디오를 보고 절을 막 했어요.

월산 스님의 제자가 될 뻔도 했는데요, 당시 나는 속인이었는데 다른 스님들과 함께 초봄에 꽃 구경 간다고 흥륜사에 계신 큰스님을 방문한 적이 있어요. 큰스님께서 대중들에게 "집이 어디고?" 이렇게 묻더라고요. 아무도 대답을 안 하니, "너는 중 생활 몇 년 했는가?" "30년입니다." "30년 해놓고 이것도 모르나?" 하며 하나하나 다 묻는데, 처사 한 사람이 "저, 사는 집이 대구입니다." 이러니, "뭐, 밥값도 못하나?" 큰 스님이 막 이렇게 혼내시더라고요. 모두 나왔다가 "큰스님께서 옥수수를 좋아하시니 옥수수를 사서 갖다 드리자는 핑계로 다시 들어갔어요. 몇몇 비구니가 남아 있었는데, 제가 답을 하니까 큰스님께서 "전 폈을 때 해야지! 앞으로는 전 폈을 때 해라!" 하시더라고요. 내가 답을 한 게 맞는 답이었던 거여요. 당시 내가 전강 스님 상좌이신 송담 스님에게 공부하러 다녔었는데요. 다음 날, 이야기를 하니 그 스님과 친하다고 하시면서, 월산 스님이 제자를 하나 못 만나서 평생 애를 태웠는데 아쉽게 되었다고 하셨어요. 월산 스님은 내가 만난 지 일주일 만에 돌아가셨어요. 일타 스님도 내가 만난 지 일주일 만에 돌아가셨는데요. 다른 친한 비구니 스님과 함께 방문한 적이 있는데, 속가자인 제게만 글을 써 주셨어요. 마지막 글이라면서요….

아무튼 재미있게 공부를 했었는데 출가 전에 화두가 탁! 해결되고 나니까 갑자기 내가 끈 떨어진 풍선이 되어버리는 거여요. 이거 어떻게 해야될지 모르겠더라고요. 나를 어떻게 해야 될지? 그래서 '기본 선원'에서 공부하는 분들한테 물었더니, 모두가 "미안합니다. 스님 어찌 이렇게 공부를 많이 하셨습니까? 나는 아직 그 경계를 모릅니다" 이러는 거예요. 그래서 당시 상황에서는 서옹 큰스님이 제일 큰 스님이니까 나도 가봐야 되겠다 했지요. 스님께서 하신 질문에 내가 다 대답을 했어요. 그래도 이게 끝이 아닐 거라고 하니 "다 맞다!" 하시길래, "이게 다가 아니라 뭔가 더 있을 테니, 나 모르는 거 좀 가르쳐주세요!" 했지만 다 되었다고만 하시더라고요.

"스님! 이게 맞다 그러면 말이 안 됩니다. 나는 목숨 걸고 공부를 했는데 이렇게 나한테 모르는 걸 하나 못 주시면 이게 뭡니까?" 이러면서 막 소리 지르니까 스님마다 전부 다 와서 들여다보고 가고 들여다보고 가고, 스님은 계속 웃기만 하시더라고요. 그래도 그게 아닐 거라면서 막 땡깡 부리며 요령까지 던지니까 큰스님 '시자'가 들어오는 거여요. 몇 번이고 그랬는데, "요령 던지는 게 저 시자를 부르는 소리다!" 하시더라고요. 그러면서 "오늘 저녁은 여기서 자고 가라!" 하시는데, '내가 이제 뭐, 다 알았는데… 어른이 맞다 했으니까 내가 있을 필요가 없다'고 까불고 그냥 내려와 버린 거여요.

큰스님과 만난 후 차를 몰고 오는데 전화가 왔어요. 서옹 스님을 소개해 준 분이 "언니! 내가 이상한 꿈을 꿨어요. 언니, 견성! 인가받았어요?" 하는 거여요. 이상한 꿈을 3일 동안 똑같이 꿨다는 거여요. 자기가 유치원을 했는데, 꿈에서 언니가 들어오는데 언니 얼굴이 한낮의 태양 같더니 가까이 오니까 얼굴이 없고 빛만 보이더라는 거여요. 같은 꿈을 사흘 동안 꾸게 되어 예사롭지 않아서 전화를 했다는 거여요.

그 후, 이전부터 잘 알던 대구 동화사의 진제 큰 스님에게 가서 "법거량 하러 왔습니다" 이러니까 스님이 "부모미생전 내가 누구인가?"를 하시면서 계속 빙빙 도는 거여요. "스님! 제가 서옹 큰스님한테 가서 내가 다 받고 왔거든요. 큰스님하고도 거량을 합시다!" 이러니까 계속 돌아 앉으시더라고요. 시자가 "서옹 큰스님은 돌아가셨으니 이제 우리 스님을 의지해서 정진하시면 안 됩니까?" 하더라고요. 그러다가 진제 스님께 이름을 지어달라고 했더니 '승혜'라고 이름을 지어주셨어요. 나의 원래 법명은 '정민'인데 은사 스님께 여쭈어보고 쓰겠다고 하고 '승혜'는 호로 쓰기로 했어요. 큰스님한테 가도 방법이 없으니 돌아와 한 사흘은 울었을 거예요. 통곡을 하고 울어놓고는 이러면 안 되겠다! 공부를 다시 해야겠다 싶어서 보름 동안 잠을 안 자고 공부했어요. 그때 매일같이 여기 토굴에 기도하러 다닌 분이 있었는데 의학적으로 어려운 일이라며 놀라더라고요. 그때는 내가 몸이 아무것도 못 숨기는 투명한 유리독 같았어요. 잠을 안 자도 전혀 피곤하지 않았어요.

우리가 화두 수행하는 게 어렵지 않아요! 이 말 하고 있는 놈이 누구냐? 이건데 뭐가 어렵겠어요. 지금 웃고 있으면 웃고 있는 놈의 요 안에 있는 주인이 없으면 못 웃지요? "이 뭣고" 말만 하면 안 되고, "이 뭣고?"에 퀘스천마크, 즉 의심을 해야 됩니다. 어떤 경우라도 의심이 없으면 그거는 안 돼요. 의심이 있어야 됩니다. 이게, 보는 놈이 누구지? 반드시 '회광반조(廻光返照)'를 해야 됩니다.

막 사량분별을 하면 안 돼요. "내 머리가 지금 인식하나? 내 두뇌가 마음인가? 인연이 나인가?" 등등 막 이런 생각을 하고 답을 찾으려는 사람들이 있는데요. 그런 거 저런 거 따지면 안 돼요. 이 몸뚱이 끌고 다니는 이게 누군지 궁금하잖아요. 사실 말하다가 이게 빠져나와 버리면 순식간에 죽는 거잖아요.

나는 어릴 때부터 봉사활동을 많이 하다 보니 시체들을 많이 봤어요. 뻣뻣하게 죽어 있는 사람들을 많이 봤어요. 한순간에 목석같이 돼버려 통나무같이 돼 버려요. 그렇다면 이 움직이고 말하는 놈, 이게 누구냐? 이게 전혀 어렵지 않았어요. 의문이 팍 드는 거죠. 그대로 의심이지요. 이놈, 지금 이 순간도 이놈이 빠져나가 버리면, 이 몸뚱어리는 이 나무 토막과 똑같이 되는데, 그렇다면 내가 누구냐? 이거 모르면 안 되잖아요. 가기도 하고 오기도 하고 말도 하고 이게 누구냐는 것입니다.

이거 모르니까 오로지 모르는 것뿐이지요. 그냥 모를 뿐! 그냥 하는 거지요. '이거다!'라고 생각하는 것이 아닙니다. 의심이에요, 의심! 나는 삼라만상이 다 의심이더라고요. 그런데 보통은 이제 그 답을, 뭔가를 막 생각을 하는데 그런 것이 아닙니다. 예를 들어, 갈증 난 사람이 '아! 빨리 물 한 그릇 먹었으면…' 하는 이 생각만 하지 다른 생각 안 하잖아요.

의문이 없으면 깨칠 수가 없어요. 답을 찾는 게 아니고요. 그렇게 공부하다 보면 고요하고 고요하다가 한순간 깨져버려요! 그냥~

유튜브로 포교 전법

진여 스님
진주 약사정사 주지

제 어머니가 시골에 계셨지만, 불심이 아주 돈독했어요. 농사를 짓다보니 초파일이나 동지, 정월 초에만 절에 갔지만, 그것만은 빠지지 않고 다니셨어요. 저도 초파일에 어머니 따라가서 밥 먹고 오는데 어린애인데도 그게 너무 좋았어요. 그렇게 항상 마음에는 부처님을 안고 살았지만 어떻게 공부를 해야 하는지, 어떻게 절에 가야 되는지 구체적으로 몰랐지요.

그런데 30대 초반에 석용산 스님이 쓴 "여보게, 저승 갈 때 뭘 가지고 가지"를 보고, 그때부터 '불교가 참 좋구나!' 하는 생각을 가졌어요. 우리 옆집에 계시는 분이 삼재 소멸하는 기도하러 가자고 했어요. 초파일에 밥 얻어먹으러 가고 연등 달기 위해 가는 것밖에 몰랐었는데, 그때야 이렇게 절에 가는 것이구나 생각했어요. 부산에 있으면서 그분 따라서 갔는데, 차 안에서 해인 큰스님(열반하셨지만)의 부모 은중경 법문이 나오는 거여요. 그 법문을 듣고 그 자리에서 저는 발심을 하게 됐습니다. 제가 조그마한 가내공업을 하였는데 발심한 이후부터는 다른 뉴스나 연예계 소식, 드라마 같은 거 전혀 안 보고 법문 테이프만 사다가 계속 들었어요. 법문 테이프를 듣다 보니 정말 불교가 이런 것이구나! 하는 것을 느꼈어요. 그러면서 가세가 조금 기울어지자 부산에서 진주로 오게 되었어요. 부산에서 석○○ 스님께 지장경 공부를 했었는데, 진주에 와서는 지장 도량을 찾기가 쉽지 않았어요. 경상대학교 후문에서 조그마한 분식집을 했었는데, 당시에 페놀 사건이 생겨서 물의 중요성을 느껴 청곡사로 물을 뜨러 갔더니 지장기도 도량이라고 써 있더라고요. 그래서 다짜고짜 찾아 들어가서 큰스님을 찾아뵙고 "저, 부산에서 왔는데 공부 좀 하고 싶습니다" 하니, 진주불교회관으로 밤에 찾아오라고 했어요. 가서 스님을 뵙고 보니 공부가 너무 좋았어요. 그때, '법등회'라는 조직이 있었는데, 그분들이 지금 진주 불교대학을 운영하는 보살님들일 것입니다. 그때부터는 불교 공부 이외에는 아예 접었고 출가하고 싶은 마음이 강하게 들었어요. 그래서 정말 출가하겠다고 다시 부산 쪽으로 찾아갔습니다. 석○○ 스님을 찾아갔더니 가족을 물어요. 남편도 있고 아이 둘이 있다고 하니까 그러면 안 된다고 하셔요. 생활도 넉넉하지도 않은데 보살이 나와 버리면 그 가족들은 어떻게 하냐고 하더라고요. 그 말에 제가 뒤통수를 완전히 한 방 맞은 것 같더라고요. 가족들을 두고 출가한다는 것이 어리석으니, 이제 열심히 공부해서 다음 생에 출가하겠다는 생각을 가졌어요. 이때부터 불교 서적 외에는 아예 아무것도 안 보고 계속 공부만 했고, 청곡사에서 법당 보살을 했어요. 그러다가 2001년도에 큰스님께서 그만 열반에 드셨어요. 그리고 나니 제가 어디에 발붙일 만한 데가 없더라고요. 그래서 또 조그마한 절을 찾아가 은사 스님을 뵙게 되었지요. 이분은 2016년도에 열반하셨는데, 절이 작아서 제가 도와드릴 일은 없었어요. 한 달에 한두 번 정도 스님 뒷바라지나

청소 좀 할 뿐이었어요. 당시 제가 경제 능력이 어려워서 지인들을 통해 간병인 일을 하기 시작했어요. 간병 일을 하면서 서울에 있는 문화불교 대학(지금 다보빌딩)에 가서 법사 과정 공부를 2년 동안 하였어요.

경상대 병원에서 간병인 일을 하는데, 당시 병원 법당을 비구니 스님이 힘들게 관리하고 계셨어요. 저는 간병을 24시간 동안 하니까 병원이 제 집이 된 셈이었지요. 병원에서 아픈 환자들과 환자를 돌보는 이들을 위해서 포교하겠다고 마음먹고 틈틈이 법당에 가서 기도하고 관리를 할 수 있어서 너무 좋았어요. 그곳이 제 법당이 된 거예요. 그 당시에 지금의 통영 미래사에 계시는 여진 스님이 오셔서 의과대학교 학생들과 진주 감로심장회 보살들에게 한 달에 한두 번 오셔서 법문을 하셨어요. 저는 간병을 하면서 매일 새벽 5시에 병원 법당에 가서 정수 올리고 기도를 하였지요. 오늘 하루도 병원에서 수술하시는 교수님 이하 집도하시는 모든 분이 한 치의 실수 없이 잘 수술하시어 환자들이 쾌유할 수 있도록 축원을 올리고 병실로 올라왔어요. 저녁에는 저 혼자 예불을 하러 갔는데요. 환자들 간병하는 일이 밥 세 끼 챙겨주고 나면 그외에 크게 보살피는 일이 많지 않아 굳이 꼭 붙어 있지 않아도 될 때가 많아요. 고맙게도 제가 기도하는 줄을 간호사들이 아니까 제가 기도하러 가는 시간에 법당 가는 줄 알고 제가 보는 환자들을 간호사들이 챙겨주셨어요. 그래서 제가 안심하고 아침저녁으로 30분씩, 새벽에는 1시간 정도 기도하고 올 수 있었어요. 많은 분이 도와주셨기에 제가 공부를 계속할 수 있었던 것 같아 고마웠습니다. 어떤 날에는 환자들을 모시고 밖으로 나갔다가 법당에 가곤 했어요.

의사 선생님들도 환자들을 데리고 밖으로 많이 나가라고 권해주셔서 좋았지요. 병실 문 앞에만 나가도 공기가 달라지니까 환자들이 좋아하기 때문이지요. 저는 주로 법당으로 모시고 갔어요. 그때 제가 존경하고 모시던 스님이 강원도로 가셨어요. 그러니까 제가 발붙일 만한 데가 없더라고요. 그래서 저 혼자 나름대로 기도를 했지요.

어느 날, 보살님 한 분의 남편이 덤프트럭을 운전하다가 사고가 나서 의식이 매우 혼미했어요. 그러니까 부인 보살님이 매일 남편을 위해 기도를 하고 있더라고요. 그래서 그 보살님에게 남편을 살리고 싶으면 그냥 기도만 해서 안 되고 어떠한 보시를 해야 한다고 했어요. 부자 절이나 큰 절에 가지 말고 어렵고 조그마한 절에 아는 스님이 계신다면 천도재 해달라는 말도 하지 말고 그냥 돈 되는대로 대략 300~500만 원정도 보시하라고 권했어요. 처사님 목숨을 구하기 위해서 기도만 하고 의사 선생님만 믿는 것도 중요하지만, 보시법에 따르는 것이 좋을 수도 있으니 한번 해보라고 했어요. 그러니까 3일 뒤에 이 보살님이 50만원을 저에게 주는 거예요. 그런데 제가 어디 50만 원 들고 가서 기도해 달라고 할 만한 데가 없더라고요. 그래서 이 환자를 좀 살려달라고 불보살님께 기도를 했어요. 기도 중에 원을 세웠어요. 다음 생에 출가하기로 마음먹고 있었으나, 사람 몸 받기 어렵다고 했으니 '금생에 이 몸 받았을 때 디딤돌이나 놓자' 마음먹고 출가를 결심하게 되었습니다. "부처님 저는 이 일을 계속하지는 않을 겁니다. 어쨌든 제가 부처님 모실 수 있는 포교당을 하나 하겠습니다." 그리고 이 돈을 제가 어찌할 수 없기 때문에 나름대로 병원에서 권선문을 쓰고 프린트해서 병원 안에 돌렸어요. 제가 6년 동안 병원에 근무했으니까 간병인 하시는 분들 모두를 알게 되었고, 아침마다 병원에 가니까 중환자 대기실에 있는 보호자들도 법당에 왔어요. 제가 기도한다는 소리를 듣고 그때부터 사람들이 몰려들고 도움들을 주셔서 내가 부처님을 모시게 되었어요.

그 당시에 제가 모은 돈이 약 3천만 원 정도 되었어요. 살고 있던 집을 빼고 망경동에서 2층 건물 30평을 빌려서 방과 공양간을 넣고 부처님을 모셨어요. 그 당시에는 제가 머리도 깎지 않았고 법사였지요. 제가 침을 좀 잘 놓았었고, 명리 공부도 했었기 때문에 6개월 정도 지나니 사람들이 많이 찾아왔어요. 와서 주지 스님을 찾는데, 머리가 긴 제가 '주지'라고 하니까 뒤로 한 두 발 물러나는 모습을 보였어요. 그래서 여기서 포기할 수는 없겠다 싶어 강원도로 가신 은사 스님을 모시고 머리를 깎겠다고 했어요. 스님이 2009년 2월 15일 송광사에 큰스님 다례제에 참여차 진주에 오실 수 있어서 정식 출가를 하게 되었어요.

정식 출가 후, 부처님을 모셔놓고 처음에는 49일 동안 신중 기도를 했고, 그다음에 천 일 동안은 신묘장구대다라니 기도를 하고, 이어서 지장기도 천일을 마쳤어요. 그다음에 법화경 천일기도를 하여 두 번째 회향하고 세 번째 하다가 2021년도에 코로나가 시작되면서 고민을 했어요. 비대면으로 어떻게 해야 할까 고민하다가 '유튜브'로 법회를 운영하는 방법을 찾았어요. 처음에는 어설프고 혼자서 핸드폰으로 기도와 경전 독경을 촬영했지만 편집하기가 힘들었지요. 새벽마다 매일 유튜브로 예불, 독경, 축원, 소참 법문을 하려니 시간 관계상 말도 빠르게 해야 하고 체계적으로 하기가 힘들었지요. 하지만 이렇게 꾸준히 정진하다 보니 포교가 되는 것 같아요. 많은 분이 새벽에 접속하여 함께 기도한 후 각자의 생활을 하거나 출근을 해요. COVID로 어려운 여건이었지만 유튜브를 활용한 기도 덕분에 지금의 약사정사가 있게 되었어요. 저는 저의 절 신도님들에게 불도 수행에서 기본적으로 중요한 보시법이라는 것을 알도록 해야겠다고 생각했어요. 자기 형편에 맞게 병원에 계시는 어려운 분에게 지원하고, 쌀 보시도 좀 하고, 인근 중학교 학생들에게 장학금도 주어 왔어요. 이제 김용진 학장님 만나서 제가 대학생들에게 장학금을 주게 되었는데요. 이를 기반으로 경상국립대학교에 불교학생회가 만들어졌다고 하시니 무척 기뻐요!

수행에 대해서 저는 항상 게으르지 않고 열심히 노력하고자 합니다. 우리 신도들님과 부처님께 부끄럽지 않게, 제 양심에도 부끄럽지 않은 그런 스님이 되려고 열심히 애쓰고 있는 한 수행자일 뿐입니다. 제가 해 온 수행을 부끄럽지만 말씀드리면, 처음에 신묘장구대다라니 기도를 천 일 했는데요. 얼마나 업이 지중한지 한 번도 삼매에 들어본 일이 없어요. 그 천 일 동안에 수많은 번뇌 망상이 붙어 매우 힘들었습니다. 정말 제 생각으로 그냥 숫자 노릇만 하여 천 일 동안 세월만 보낸 것 같았어요. 다라니를 하면서도 이것을 해야 하나 말아야 하나… 머리 깎으니까 일반인들보다 더 못하게 내 망상만 붙잡고 앉아서 씨름하고 있으니, 정말 허송세월 보내는 것이 아닌가 싶어 울기도 많이 울었어요. 어디 하소연할 데도 없고, 저 자신에게 울었던 거였어요. 부처님한테 애원하거나 그런 것도 아니고, 얼마나 업이 지중했으면 천 일을 마치는데도 이것밖에 안 되는가 한심했어요. 그러나 그것 또한 헛되지 않으리라 생각을 하고, '그래도 해보리라! 그래도 하리라! 내가 타파는 못 할망정 숫자라도 채우리라!' 하면서 꾸준히 했어요. 이어서 지장 기도를 천 일

했는데, 그때부터 조금씩 마음이 가라앉고 잡념이 줄어들었어요.

지장 기도를 하고 나니 사람들이 모이기 시작하더라고요. 아픈 사람들이 좀 많이 찾아왔어요. 그때는 아픈 사람들이 찾아오면 제가 침을 놓았었는데, 내가 부처님 법으로 해야지 침으로 치료해서는 안 되겠다 싶은 생각에 침놓아주는 것을 딱 끊어버렸어요. 대신에 지장 기도를 열심히 하도록 시키고 "나를 따라 해라! 같이 해 보자!"고 했어요. 당시에 빙의 되었던 사람들, 어지럽고 정신 사납게 돌아다니는 사람들, 우울증이나 자폐증이 있는 사람들이 있었는데, 돈이 드니 제 입으로는 천도재 하라는 소리는 한 번도 안 했어요. 그런데 그분들이 여기저기 무속하는 데 갔다 오고, 다른 스님들에게도 갔다 온 분들이었는데, 제게 "스님, 천도재 해 주십시오!"라고 먼저 부탁을 했어요. 제가 그때는 힘이 약한 것 같아 은사 스님을 믿고 초청하여 천도재를 해드렸어요. 그분들이 "스님, 많이 좋아졌습니다" 이렇게 말씀하시는 것을 듣고, 그때야 제가 비로소 '아! 기도가 헛되지 않았구나!' 부처님이 하는 만큼 들어주신다더니, 나로 인해서 저 아픈 사람들이 나았다니까 너무너무 고맙고 행복했어요.

지장 기도 할 때, 새벽 기도는 매일 한글 지장경 한 권을 독송하고, 사시에는 한문 지장경으로 또 했어요. 한문으로 글자가 크게 나온 경전이 없어서 사경집을 사서 제가 직접 사경한 것으로 하루도 안 빠지고 천 일 지장기도를 했어요. 지장기도를 마치고, 그때부터 지장보살님 사상처럼 나눔을 시작했어요. 천일기도를 마치면서, 무상사 성우 큰스님과 인연이 돼서 가족 수계법회를 열게 됐어요. 가족 수계법회를 하고 나니, 수계가 뭔지도 모르던 분들이 또 공부하겠다고 모여들기 시작했어요. 그래서 거기서 또 발심하여 법화경 독송 기도를 시작했어요. 천일을 마치면서 우리 절이 협소하니 봉원중학교 강당에 큰 스님을 모셨어요. 진주시민들 약 300명이 모여 법회를 열고 나니, 제가 또 기도에 대한 욕심이 생기더라고요. 이제 법화경을 잡고는 새벽에는 신도들과 같이 한글로 하고, 사시에는 한글 토가 안 달린 한문 원문으로 공부하고 있습니다.

지금 생각해 보니, 법화경도 좋고, 지장경도 좋고 모든 경전이 다 좋은데, 제가 큰 욕심 안 부리고 열심히 하니까 가피가 있더라고요. 어쨌든 저는 부처님 말씀 전하는 포교가 원력이라서 지금 유튜브로 기도 방송을 하고 있으면서도 한 사람 한 사람의 불자가 늘어날 때, 그보다 더한 행복감이 없는 것 같은 생각이 듭니다.

지금은 또 법화경 기도하신 분들이 가피가 아주 크다고 말씀을 해 주시니, 이제 자신감 있게 함께 기도 수행해보자고 권하고 있습니다. 제가 할 수 있는 만큼, '눈이 보이고 목탁 치고 앉아 있을 수 있을 때까지는 열심히 하겠노라!' 그런 마음으로 하고 있습니다.

2부
수행자 이야기

강영실_경상국립대학교 간호학과 명예교수

권현옥_권현옥 산부인과 원장

김신욱_무문관 수행자

김용진_경상국립대학교 생물교육과 교수

김형점_죽향차문화원장

성기서_서원대학교 영어교육과 명예교수

손병욱_경상국립대학교 윤리교육과 명예교수

유동숙_진주 선우선방 선원장

오윤택_세무법인 정암 대표

윤정배_경상국립대학교 건축공학과 명예교수

이상호_경상국립대학교 윤리교육과 교수

이정숙_경상국립대학교 의류학과 명예교수

임규홍_경상국립대학교 국어국문학과 명예교수

조구호_전)경상국립대학교 인문학연구소 연구교수

최문석_전)삼현학원 이사장

최주홍_경상국립대학교 화학공학과 명예교수

텃밭에서의 수행

강 영 실

경상국립대학교 간호학과 명예교수

주말마다 집에서 한 시간여 떨어져 있는 곳의 밭에 가서 자연 속에 잠시 살다 온다. 이 밭은 친정 부모님으로부터 몇 년 전에 증여받은 것이다. 친정은 부산인데 이 밭은 인천 강화도에 있다. 부모님은 아주 오래전에 인천에 사는 친척의 소개로 약 400평(1,322㎡)의 임야를 사두셨는데 생전에 거의 와보시지도 못한 채 돌아가셨고 결국 강화도에서 가장 가까이 사는 내가 그 땅을 소일삼아 일구고 있다. 살아생전 우리 부모님께서는 딸이 결혼하여 서울에서 살게 될 줄 예상하셨을까? 나는 한 번도 작은 텃밭도 가져본 적도 가꿔본 적도 없는데 우연히 부모님의 땅이 내게 이어지는 인연이 시작되었고 새로운 즐거움도 시작되고 있다.

이 넓은(?) 땅을 어떻게 할지 몰라 우선 전체 땅의 반 정도에 소나무 묘목을 사다 심었다. 200그루 이상 심었으나 겨우 50여 그루가 살아남았고 4년이 지난 지금, 일부는 제법 크고 무성하게 자라고 있다. 나머지 땅에 컨테이너로 농막을 지었다. 처음에는 물도 없고 화장실도 없어 그곳에서 몇 시간을 머무르는 것도 힘들었으나 이후 지하수를 팠고 컨

테이너 집 안으로도 물이 나오도록 연결하였다. 간이화장실도 설치하여 텃밭을 가꾸면서 주말을 거기서 보낼 수 있을 정도의 여건을 만들었다. 다행히 지하수는 수량도 풍부하고 수질 검사 결과도 좋았다. 지금은 이웃의 밭에서도 우리 지하수를 이용하고 있다. 이제 주말마다 소풍 가는 마음으로 집을 떠나 하루 혹은 이틀을 머물면서 초보 농사꾼으로 지내고 있다.

농사를 지어본 적이 없지만 일찍부터 텃밭을 가꾸는 지인들이 주는 팁과 인터넷의 정보를 활용하여 여러 종류의 농작물, 꽃, 꽃나무들을 심었다. 가지, 완두콩, 감자, 옥수수, 고구마, 땅콩을 심어 수확하고 가까운 지인과 친척들과 나눠 먹을 수 있어 즐겁고 행복하다. 올해는 처음으로 열무, 배추, 무의 씨를 뿌렸는데 2주 지나면서 싹이 보이더니 잘 자라줘서 난생 처음 내가 키운 배추와 무로 김장까지 했다. 또 우리 집 지하수를 좀 썼다고 감사하다며 이웃에서 준 고추 모종, 오이 모종, 참외 모종, 수박 모종까지 심었다. 사실 고추를 제외하고는 모종들이 비슷하여 구분하지 못할 정도로 아는 게 거의 없었지만 일 주일에 한 번씩 열심히 풀 뽑아주고 물 주었을 뿐인데 매주 쑥쑥 자라고 변화하는 모습에 감탄하며 수확의 기쁨을 맛보기도 했다.

일 주일에 한 번씩 밭에 가서 잡초를 뽑는 일은 정말이지 힘든 일이었다. 지난주에 열심히 뽑았는데 또다시 지난주 뽑은 흔적도 없이 자라 있는 풀을 뽑고 또 뽑았다. 풀은 주인의 발소리가 멀어지면 바로 다시 난다는 말을 실감했다. 잡초가 밭농사의 큰 장애이긴 했지만 그래도 제초제는 근처에도 못 오게 했다. 비가 온 뒤에는 상상을 초월하게 풀이 자라있었지만 뽑을 수 있는 만큼 뽑고 그대로 내버려 두기도 했다. 이웃에서 자기 밭에 풀씨가 날아온다고 제초제를 살포할 것을 요구했다. 하지만 눈도 깜짝하지 않고 버텼다. 자연농으로 식물들을 키워보겠다고, 벌레와 새들이 와서 잎과 열매를 먹고 별로 수확할 게 많지 않아도, 비료와 농약도 일절 주지 않고 자연의 힘에만 의지하여 농사를 짓고 있다.

그래도 풀을 뽑는 동안은 머릿속의 잡념을 모두 비우는 시간이 되었고 작지만 몇 개의 신선한 오이를 딸 때, 한 모종에서 여러 개의 노란 참외를 수확했을 때는 신기하고 행복했다. 조그마한 고구마 모종 하나에서 고구마가 주렁주렁 달려 나올 때, 땅콩 두 알을 심었을 뿐인데 수십 개의 땅콩이 달려 나올 때는 감탄사를 연발하지 않을 수 없었다. 사실 고구마와 땅콩을 수확하는 일이 간단치 않고 힘도 들고 많은 시간이 걸리는 일이지만 나누면 좋아할 지인들의 얼굴을 떠올리며 기쁘게 할 수 있었다. 누군가 일터는 수행처고 집은 쉬는 곳이라고 한 것처럼 이곳이야말로 나의 수행처라는 생각으로 욕심도 집착도 내려놓고 오로지 자연과 함께하는 시간을 갖는다. 풀들과 이야기 나누고 찾아오는 새들에게 인사를 하며 이 밭과의 인연에 감사하고 있다.

농막 주변에는 여러 가지 꽃과 꽃나무를 심어 작은 꽃밭도 만들었다. 내가 좋아하는 수국, 해바라기, 장미, 백일홍, 봉선화, 코스모스, 꽃향기 때문에 벌레가 싫어한다는 메리골드, 지나가다 예뻐 보여 문득 산 체리데이지를 심었다. 지피식물이라는 꽃잔디와 송엽국(일명 사철채송화)도 심었다. 씨를 조금 뿌리거나 모종 몇 개씩을 사다 심었는데 너무 잘 자라고 넓게 퍼져서 감당이 어려운 지경으로 자랐다. 백일홍도 여러 가지 색으로 피었고 작은 꽃 몽우리들이 차례로 피고 지고를 거듭하여 꽃 이름 그대로 백일 이상 예쁜 꽃을 감상할 수 있게 해주었다. 메리골드는 독특한 향기를 뿜으며 노란색 꽃들이 예쁘게 피었고 지나가던 이웃이 꽃씨를 나눠주기를 요청할 정도로 집주변을 장식해 주었다. 작년에 씨 뿌렸던 코스모스와 봉선화는 너무 많이 나서 뽑아내야 할 정도였다. 식물들의 생명력은 밭에 갈 때마다 놀라고 가히 존경할 만하다는 생각이 들기까지 한다. 수국은 몇 년 전에 심었는데 잘 자라지 않았고 꽃도 피지 않아 죽은 듯 보이더니 올해 보라색과 파란색의 꽃이 화려하게 피어 나를 기쁘게 하였다.

꽃나무로는 봄에 꽃분홍색의 작은 꽃들이 많이 피어 보기 좋고 관리가 어렵지 않다고 한 지인이 소개해 준 박태기나무 두 그루와 벚나무 두 그루를 심었다. 봄에 꽃이 피는 나무들은 잎이 나기 전에 꽃들이 먼저 피어 우리의 눈을 사로잡는다. 우리 밭의 박태기나무도 그렇게 밋밋한 나뭇가지에 예쁜 작은 꽃들을 피워 반겨준다. 벚나무는 어려서 그런지 올봄에 꽃이 피지 않아 아쉬웠지만, 아직 어려 열매를 제대로 맺지 못하는 매화, 배, 복숭아 몇 그루에 눈요기 될 정도의 꽃이 예쁘게 피어서 좋았다. 어쩌다 작은 배나 복숭아가 달리면 신기하고 좋아서 소리를 질렀다. 소나무와 함께 심은 단풍나무 한 그루는 우리 밭에서 가장 크게 잘 자라있다. 소나무들도 크게 잘 자라 그늘을 만들고 그 아래에 앉아서 편안하게 앉아 쉬며 책 읽을 수 있는 날이 오기를 기대하고 있다.

지난 2월 말에 정년퇴직한 은퇴 1년 차다. 재직한 약 40년 동안 20대 학생들을 가르쳤고 30여 년을 주말부부로 살았다. 일과 가정을 병행하는 생활은 늘 쫓기듯 바빴다. 뒤돌아볼 여유도 없이 앞을 보고 달리기만 했다. 오래전에 아마도 1980년대 말이거나 90년대 초에 교수 불자회에 가입한 것으로 기억되는데 거의 활동을 하지 못하거나 안 했지만 그래도 끈을 놓지 않았다. 그 인연으로 가끔이긴 하지만 혼자 가보기 힘든 절에도 가고 큰 스님들도 친견하는 기회도 가질 수 있었고 미얀마로의 성지순례를 함께 할 수 있었다. 퇴직하고 시간적으로 그리고 마음에도 여유가 생겨 그동안 읽지 못했던 책과 불경(佛經)들을 읽고 불교방송도 종종 본다. 재연 스님이 번역한 「혁명가 붓다」를 읽고 서산대사(청허 스님)의 선가귀감을 도반들과 함께 공부하면서 불자로서의 수행의 기본을 다시 되새기고 그동안의 언행 분리의 제행을 반성하고 있다. 얼마나 많이 몸으로, 말로, 마음으로 업을 만들고 살아왔는지 모른다. 업장 소멸이 안 될지라도 아침에 일어나 108배를 하고 반야심경을 독송하고 매일 좌선을 30분이라도 하려고 애쓰고 있다.

　이번 생에서 깨닫기는 불가능한 일일지라도 인간으로 태어난 인연을 천운으로 생각하고 감사하며 행복하게 살아갈 것이다. 지금까지 수많은 인연의 덕으로 잘 살아왔고 앞으로도 그럴 것이라 믿는다. 법경 박영재 교수는 「온몸으로 돕는 지구촌 길벗들」에서 부모, 길벗(이웃 혹은 도반), 나라, 스승에 대한 감사로 글을 시작하여 감사로 글을 맺고 있다. 누구나 평생을 아무런 굴곡 없이 살기란 거의 불가능하다고 생각한다. 나도 살아오는 동안 이런저런 힘든 일들이 있었으나 결국은 많은 인연의 도움으로 극복했고 감사하다는 생각을 하며 나의 도움을 필요로 하는 인연들에 기꺼이 도움을 주려고 한다. 나의 도반이, 내 가족이, 나의 이웃이 행복할 때 나도 행복할 수 있다. 부처님처럼 살 수는 없으나 단지 불자라는 이유로, 듣기 좋은 호칭인 보살로 불리지만 호칭이 부끄럽지 않도록 부처님을 더 배우고 문수보살의 지혜와 보현보살의 행원을 티끌만큼이라도 닮을 수 있도록 노력할 것이다. 마가 스님은 나만을 위해 살아서는 행복할 수 없다는 것을 깨달을 때 다른 모든 존재에 대한 진정한 감사가 일어난다며 계율을 지키고 자비를 실천하도록 강조하였다.

퇴직과 함께 불교 공부를 다시 시작하고 참선에 대해서도 알기 위해 노력 중이다. 반가부좌로 한 시간을 앉아 있는 건 여전히 힘들다. 아직은 30분이 한계이지만 나를 찾는 시간을 갖고 삶도 돌아보고 앉아 있는 시간도 조금씩 늘려 매일 한 시간씩 좌선해 볼 생각이다. 자연 속에서 할 일을 찾은 텃밭에서의 수행(?)도 이어갈 참이다. 모든 존재의 참모습을 연기법(緣起法)으로 인식하면 모두가 소중하다. 텃밭의 벌레조차 소중하다. 지구의 마지막 보석이 흙이라는 글을 읽은 적이 있다. 인간은 생명을 유지하기 위한 기본적인 영양과 에너지를 대부분 흙과 연관된 것으로부터 얻는다. 흙에서 자라는 많은 곡식과 채소, 나무들을 보면서 지구 중력을 이겨내고, 인간과 동물들의 생명을 지켜주고, 서로를 돕고 생태계의 순환에 중요한 밑거름이 됨을 알게 되고 이들이 얼마나 소중하고 대단한 존재인지 깨닫게 된다. 인간으로 태어난 것에 감사하고 인연들에 감사하며 내가 만나는 모든 존재가 본래 부처임을 알고 대하면 집착도 미움도 없으리라. 응무소주 이생기심(應無所住 而生其心)을 생각하며.

끝으로 「온몸으로 돕는 지구촌 길벗들」의 35쪽에 실려 있는 괴산 두레학교에서 한글을 배우고 쓰신 김이순 할머니(1944~)의 시 한 편을 소개하고 싶다. 자연에 대한 지극한 고마움을 사투리 그대로 진솔하게 쓰고 있다.

자연

김이순

흙아 물아 바람아 느그들이 어쩌다가 태어났니
우리는 다 느그가 있은깨 안 죽고 잘 산다.
참말로 이 신통방통한 놈들아
우리들의 동반자는 바로 느그들이랑깨
고맙다이 흙아 물아 바람아
화이팅이다이

제 삶의 큰 지렛대는 불교입니다

권 현 옥

권현옥 산부인과 원장

지금 제 삶의 큰 지렛대는 불교입니다. 10년 전에 엄마, 친구 등 가까운 4명의 지인을 한꺼번에 잃었습니다. 내가 누구인지, 왜 태어났는지, 어디를 향해 가는지, 마지막 도착지인 "죽음"에 무엇을 가지고 갈 수 있는지? 이런 인생의 문제들이 밥 먹고 사는 것만큼 절박하게 다가온 적이 있었습니다.

우리가 인생의 길을 가다가 불가항력의 문제를 만날 때 평생 배운 학식이나 경험, 재산으로 해결 안 되는 것이 있다는 것을 알게 되었습니다. 몸이 아플 때 먹는 치료 약은 있는데 마음이 힘들 때 먹는 약이나 치료법은 없는지 안타까웠습니다. 그때 만난 것이 불교였고 지금도 공부 중입니다. 지금부터 제가 경험한 불교의 깨달음에 대해 이야기해 보고자 합니다.

1. 세상이 영원하지 않다 = 모든 것은 변한다(무상無常)

사랑도 부귀영화도 젊음도…
 시냇물이 흘러가면서 모양이 바뀌는 것처럼…

2. 죽음이란…? 먼저 갔을 뿐이고 나도 언젠가 간다(무아無我)

어릴 때 순진한 모습이 나인지,
젊을 때 예쁜 모습이 진짜 나인지
병들고 늙은 노후가 최후의 나인지 말하기 어렵습니다
그러면 진짜 나는 어디에 있을까?
육체인지 마음인지? 아니면 육체와 마음은 바뀌어도
양심? 진리? 같은 무형의 진아가 있는 듯하지 않나요?

나는 BMW이다.

Body 몸도
Mind 마음도 내 것이 아니고,
Watching 지켜보는 자·영혼이다.

3. 삶의 고해에서 잘 사는 법

기쁨과 슬픔의 파도가 밀려오는 삶의 고해에서 잘 사는 법은 집착과 매듭을 내려놓는 것인데 인연을 쌓지 말고, 바람처럼 만나 가능한 많이 주고 적게 받는다는 생각을 연습하면 집착의 늪에 쉽게 빠지지 않을 것 같습니다. 원하는 것을 얻을 때는 짧고 작은 행복이지만 놓아버릴 때 더 큰 행복과 평안을 얻을 수 있기 때문입니다.

최근에 이태석 신부님, 법정 스님, 한주호 준위의 죽음을 보면서 정말 축복받은 고귀한 삶과 죽음이라 감히 말하고 싶고 아니 솔직히 부러웠습니다. 나의 죽음도 선택이 있다면 병을 앓다가 고통받거나 편안한 여생을 보내면서 행복하게 맞이하는 안락하고 풍족한 삶보다는 하고 싶은 일을 마음껏 하다가 의사로서 현장에서 마무리하는 마음이 충만한 삶이 되기를 발원해 봅니다.

일본지진 등 자연재해를 보면서 자신의 잘못과는 아무 상관없는 일로 죽기도 하고 폐허가 되기도 하는 재난을 보면서 자연 앞에서 우리 인간은 나약한 모든 동물과 같다는 사실과 그 와중에 우리 인간이 용기와 사랑을 잃지 않는 한 희망이 있다는 해답을 알게 되었습니다.

약속된 것도 아닌데 먼 길까지 어렵게 의료봉사를 가는 이유는 저의 손길이 한국에서는 쉽게 구할 수 있는 생수지만, 세상의 소외된 어떤 곳에서는 약수나 생명수로 변할 수 있기 때문입니다.

4. 의료봉사가 왜 행복을 주는지 스스로에게 물어봅니다

1) 예전에 저를 위해 돈을 쓸 때보다 행복합니다.
2) 의사로서 스트레스도 덜 받고 보람을 얻어 행복합니다.
3) 부처님 말씀대로 살려고 노력하는 신자로서 행복합니다.

이렇게 좋은 봉사도 고민이 생깁니다.

주는 이, 받는 이, 도와주는 이가 모두 사람이기에 세상사 번뇌가 생기더군요. 이때 초심을 지키는 주문을 외워봅니다.

5. 봉사를 행복하게 하는 법

1) 돈이 없어서 어렵다.(자비, 사랑으로 대신하라)
2) 사람들이 협조를 안 해서 힘들다.(인욕으로 이겨라, 참아라)
3) 세상이 몰라주어 외롭다.(공성으로 여기고 칭찬과 비난에 흔들리지 마라)
이것 때문에 봉사가 괴로우면 '장사'이고 즐거우면 '수행'이다.

6. 가을에 떨어지는 낙엽을 보면서 떠오른 생각입니다

우리가 '지구'라는 버스를 타고 시간과 공간의 우주를 여행 중이라 가정한다면 결국 마지막에 내릴 때 가진 것이 많아 내 몸이 무겁거나 죄가 많아 마음이 무거우면 하늘로 날아갈 수가 없겠지요.

또 지구 버스의 제 의자에 온갖 치장을 하고 정성을 다해도 결국 다 두고 내려야 하고, 버스 안 가족이 제 날갯짓을 도와줄 수 없기에 결국 제 날개의 재질과 크기는 스스로 만드는 것입니다.

7. 불교를 통해 얻은 제 삶의 7대 원칙

1) 성공법 : 실패할수록 성공에 가까워진다. 따라서 실패를 두려워 말라.
2) 행복법 : 없는 것을 구하지 말고 있는 것에 물주고 키워 즐겨라.
3) 번뇌 망상 제거법 : 아침, 저녁에 삶과 죽음이 있다는 것을 깨달으면 만 가지 걱정이 깃털처럼 가벼워짐을 믿는다.
4) 세상을 잘 사는 법(화목법) : 너와 내가 새의 양쪽 날개라 여긴다.
5) 선인법(성자) : 배고픈 사람에게 밥 먼저 주는 것
6) 도를 깨치는 법 : 괴로운 것이 괴롭지 않고 좋고 싫은 분별심만 없으면 된다.
7) 초심을 잃지 않는 법 : 항상 마지막이라 생각한다.

8. 머리로 하는 불교, 가슴으로 실천하는 불교

제 삶에 먹구름이 끼여 불안하고 비바람 불 때 불교라는 우산이 있어

오늘도 평안합니다. 세상 인연 좋거나 나쁘거나 약하거나 선하거나 모든 인연을 사무량심(捨無量心)으로 사랑하려고 수행합니다. 왜냐하면, 하늘 아래 모든 것은 한 몸이라는 것이 살아가면서 느껴지기 때문입니다.

불교를 먼저 한 선배 거사님이 제게 물어보시더군요. 자신은 한국불교를 알수록 믿음이 떨어지는데 아직도 불교가 좋은지 물어보시더군요. 제가 조심스럽게 말씀드렸습니다. 선배님은 머리로 이해하는 불교 공부를 하셨고, 저는 무식하게 머리는 모자라도 가슴으로 했기에 역경을 만날수록 부처님 가르침이 삶의 진리라는 것을 깨달았기에 부처님에 대한 사랑이 깊어갑니다.

수행은 불심의 키를 키우고, 봉사는 불심의 뿌리를 깊게 하기에 6바라밀이 불교 수행의 지름길이라 여깁니다.

9. 잡초 제거법

인도 동화에 어느 농부가 잡초와 자갈 똥 밭에 소가죽으로 덮으려고 하니 불가능하여 자기 발을 소가죽으로 감쌌다 합니다. 세상 전부를 사랑으로 감싸기에는 역부족하다면 제 마음에 사랑의 가죽을 싸고 가려고 합니다. 잡초 제거법은 잡초를 뽑는 것이 아니라 소나무를 심는 것이라 합니다. 자꾸 뽑아도 올라오는 잡초와 걱정은 우리 삶의 일상임을 인정하고, 사랑과 감사라는 긍정적 마음으로 대치하는 방법이 최고입니다. 아랍의 격언에 "푸른 무화과는 빨간 무화과를 보며 익어간다."-는 말처럼 후배와 자식에게 작은 발자국을 남기고 싶을 뿐입니다.

10. 제 삶의 지표 ABC

Aid 도와주고
Body 몸을 잊고
Chief 즐겁게 살다 가자

천상에 가면 먼저 간 그리운 지인들과 반갑게 마주 앉아
한바탕 웃는데요
지상에서— 너무— 심각하게— 살았다고^^

11. 가을 예찬 - 인생 예찬

온산에 단풍이 나이만큼 짙어지니
삶의 진실이 낙엽 되어 마음에 떨어집니다

다람쥐 쳇바퀴 돌리는 현실 속에서
인생의 행복을 열심히 찾아보지만

생사의 출입구는 어둠 속 문고리처럼 희미할 뿐입니다.

선사의 가르침에 문득 눈을 뜨고
내 안의 빛을 찾아보니 온 세상이 밝아지네요.

이번 생 소풍 마치고 고향으로 돌아갈 때

아낌없이 태워 가벼운 깃털처럼

미소 띠우며 훨훨 날아가고 싶네요.

12. 전단향 나무처럼 - 인도 시

나 아닌 것을 위해 마음을 나눌 줄 아는 사람은

아무리 험한 날이 닥쳐오더라도 스스로 험해지지 않는다.

부서지면서 도끼날을 향기롭게 하는 전단향 나무처럼 마음이 맑은 사람은

아무리 더러운 세상에서라도 그 마음은 흐려지지 않는다.

뱀들이 온몸을 칭칭 휘감아도 가슴에 독을 품지 않는 전단향 나무 처럼

13. 여련화보살 불자로서
　　제삶의 마무리

20년 전 사랑하는친구를
하늘로 보내면서
봉사가 시작되었습니다
처음에는
고성 보리수동산 고아원과
마산 여교도소 의료봉사를
시작으로
의료 오지나 어둡고 외로운 곳에서

세상의 등불이 되기를
결심했습니다

제 스스로
저를 감동시킬만큼
열심히 진심으로 하면
하늘이 감동되고
하늘이 타인을 움직여
저를 도와주더군요

간디 말씀처럼
세상은 탐욕하기에는
부족하지만 나누기에는
충분하다는 진리를
깨닫게 되었습니다

20년 간 해외봉사 70회
국내봉사 천 회를 마치면서
사랑과 나눔의 행복을
이웃과 나누고 싶습니다

희망이란 한 사람이
가다가 언젠가 길이 되는 것처럼

저의 봉사의
 작은 발자국을 통해
후배와 이웃들에게
봉사의 즐거움을 알려
고마운 이웃과 부처님께 은혜를 갚겠습니다

제가 잘할 수 있는 일
좋아하는 일로
세상의 꽃이 되고 싶습니다

마음 관찰, 그리고 자유로움

김 신 욱
무문관 수행자

 2000년 가을학기는 좀 바쁘게 지나갔다. 경상대학교 평생교육원에서 개설한 마음공부 강좌에 등록하였기 때문이다. 서울에서 공부하여 마음공부 원리를 터득한 박영훈 선생님이 당시 합천의 원경고등학교 교감으로 특별초빙 되어 와서 대안학교인 그 학교 학생들을 대상으로 마음공부 강의를 하였는데 경상국립대학교 평생교육원에서 마음공부 강좌를 개설한 것이다. 처음 몇 시간은 이론 공부로 마음공부의 원리와 방법 등을 강의로 듣고 나머지는 모두 마음공부를 체험한 것을 기록하여 제출하고 그 제출된 내용을 강의자가 점검하는 방식이다. 처음 얼마 동안은 내 마음을 들키는 것이 좀 쑥스럽기도 하였지만, 시간이 갈수록 서로 마음을 공유한다는 생각들을 하기 때문에 점차 자연스럽고 오히려 대담해지기까지 하였다.
 마음은 다스리는 것이 아니라 효과적으로 잘 사용하는 것이 중요하다. 이것을 원불교에서는 용심법이라 한다. 용심법은 자신의 마음을 잘 사용하여 진정 내가 원하는 삶, 내가 나 자신다워질 수 있고 내가 내 마음의 주인이 될 수 있는 법이다. 우리는 일을 하고 돈을 받고 그 돈으로 필요한 것을 산다. 그러면 우리는 돈을 쓰는 것인가 마음을 쓰는 것인가. 칼이 요리사에게 주어지면 맛있는 음식을 만들지만, 강도에게 주어지면 해악을 주고 사람을 해친다. 결국 그것을 가진 사람의 마음이 칼을 쓰는 것이다. 마음에 요란함, 어리석음, 그릇됨이 있으면 그것을 잘 살피고 평상심과 대조하는 공부방법이다. 마음에 요란함, 어리석음, 그릇됨이 있으면 안 되는 것이 아니라 그런 것이 일어나는 모습을 잘 살피라는 것이다. 그런데 마음은 움직이는 속성이 있으며 이를 알고 잘 사용하면 비로소 우리 스스로가 마음의 주인이 되어 대자유인이 될 수 있다.

1. 마음이 작용하는 속성

마음은 사람이 살아있는 동안 어딘가로 향하여 있다. 마음은 언제나 어떤 대상으로 향하는 특성을 가진다. 현상학의 창시자 Edmund Husserl은 이것을 "지향성"이라고 한 바 있다. 우리가 무엇인가를 인식할 때 우선 마음이 그 대상에 향하게 되는데 그러한 특성을 지향성이라고 하였다. 이와 같이 마음이 어딘가로 향하게 되는데 좋은 곳으로 향하면 좋은 영향을 받게 되고 나쁜 곳으로 향하면 나쁜 영향을 받게 된다. 또한, 마음은 한 번에 한 곳에만 가는 특성을 가진다. 우리가 한꺼번에 두 가지 일을 동시에 하지 못하는데 우리가 흔히 동시에 두 가지를 하는 것 같지만 그것은 착각에 의한 것으로 만약 두 가지 일을 동시에 하였다면 마음이 두 군데 번갈아 가면서 왔다 갔다 하였다고 할 수 있다. 마음은 어떤 대상으로 자주 가다 보면 그곳으로 길이 나게 된다. 우리가 무엇인가 간절히 바라면 그것이 실현되는 것은 마음이 끊임없이 그 원하는 방향으로 가서 실현의 가능성을 높여온 것이라고 할 수 있다.

그렇다면 마음이 어디에 머무는 것이 가장 좋은가? 마음이 현재 상태에 머무는 것이 가장 바람직하다. 금강경에 이르기를 과거의 마음도 얻을 수 없고 현재의 마음도 얻을 수 없고 미래의 마음도 얻을 수 없다고 한 바와 같이 마음은 한 곳에 잡아 놓기 어려운 것이다. 그럼에도 불구하고 마음은 현재 이 순간에 머무는 것이 가장 바람직하다. 흔히 상담기법에서 연구되고 있는 바와 같이 상담자가 내담자에게 항상 현재에 집중하여 과거의 일을 현재와 관련짓고 현재 내가 하고 있는 일에 집중하라고 가르치는 것도 이와 관련이 있다고 보면 된다. 과거에 대한 생각이 떠오르는 것은 대체로 불건전한 것에 대한 생각들이 많다. 후회되는 일이나 아쉬웠던 생각, 혹은 화났던 일 등이며 혹시 즐거웠던 추억도 떠오르기는 하지만 좋지 않은 과거가 많이 떠오르는 것이 마음의 특성이다. 미래에 대한 생각도 마찬가지이다. 미래에 대한 생각들은 대체로 앞으로 닥칠 일에 대한 걱정이나 불안감이 대부분이다. 물론 미래에 대한 좋은 희망이나 상상이 있을 수 있지만, 과거나 미래의 일들은 현재의 일을 보다 충실히 하는 데 참고로 할 정도로만 떠올리는 것이 정신건강에 좋다. 과거와 미래는 우리의 생각 속에 있을 뿐이다.

생각이라는 것에 대해 고찰해보면 생각은 나의 의지와는 상관없이 그냥 떠오를 뿐이다. 생각에는 앞선 생각이 존재하지 않는다고 하듯이 생각은 만들어 내는 것이 아니라 그냥 생각의 탱크와 같은 곳에서 불쑥

마음 관찰, 그리고 자유로움 **155**

나타날 뿐이다. 생각의 탱크는 우리가 6근이라고 하는 여섯 가지 경로(眼耳鼻舌身意)를 통하여 입력되어 약간의 계기만 되면 불쑥불쑥 튀어나오는 경향이 있다. 따라서 생각만 줄여도 행복해질 수 있다. 어떤 사람이 숲속에서 생활하던 붓다께 다음과 같이 물었다. "숲속의 비구가 하루에 한 끼만 먹어도 어떻게 그렇게 얼굴이 맑고 깨끗합니까?" 그러자 붓다께서는 다음과 같이 대답했다. "숲속에 사는 비구가 하루에 한 끼만 먹고도 얼굴이 맑고 깨끗한 것은 지나간 것에 마음을 애태우지 않고 앞으로 올 일을 바라지 않고 이 순간을 잘 지키기 때문이다"라고 대답하였다고 한다.

이와 같이 마음을 늘 현재에 집중하기 위해서는 약간의 훈련이 필요하다. 훈련하는 방법을 간단히 소개하면 다음과 같다.

첫째로 무엇을 하든 현재의 그 일에 집중한다. 서거나 앉거나 걷거나 눕거나 잠자거나 간에 모든 순간에 자신이 무엇을 하고 있는가에 유념하고 정신을 집중하는 것이다. 현재의 순간에 살고 있는 사람만이 실제 살고 있다고 할 수 있다. 이는 생각으로 하는 것이 아니라 훈련에 의해서만 가능하다.

둘째로 몸과 마음을 관찰한다. 몸과 마음에 움직임이 일어나면 거기에 마음이 가면 된다. 어떤 생각이 떠오르면 그것을 알아차리면 된다. 이것을 '알아차림'이라고 한다.

셋째로 생활할 때 소리가 안 나게 행동해 보는 것이다. 매우 천천히 행동하면서 그 행동하는 모습에만 집중하는 것이다. 예를 들면 매우 천천히 걸음을 걸으면서 걸음에만 마음을 집중하는 것이다. 이 방법은 보다 쉽게 연습할 수 있으며 매우 효과적이라 할 수 있다.

2. 마음을 관찰하여 본래 마음과 경계에 의한 마음을 대조하며 공부하기

마음 일기 기재는 다음과 같은 원리를 이용하여 마음이 일어나기 이전의 마음과 마음이 일어난 이후의 느낌을 대조하여 결국에는 일어난 마음이 헛된 망상에서 비롯되었다는 것을 알아차리게 하는 것이다. 그 원리는 다음과 같다.

마음공부 원리(공식): "심지(心地)는 원래 요란함이 없건마는 경계를 따라 있어지나니
그 요란함을 없게 하는 것으로서 자성(自性)의 정(定)을 세우자"

마음에는 원래는 요란함, 어리석음, 그릇됨이 없었는데 경계를 따라 아집이 세워지는 것이므로 그 아집을 세우지 않는 것으로서 마음에 평화와 지혜와 올바름을 세우는 것이다. 경계가 왔을 때 그 순간을 놓치지 않고 경계에 끌리는지 안 끌리는지 대중만 잡는다(지켜본다). 경계 따라 짜증이 났을 때 바로 마음공부 원리를 외우고 일어난 마음을 원리에 대입해 본다. 경계가 있기 바로 전 마음, 그때는 짜증이 난다 안 난다 하는 마음이 없다는 것을 깨닫게 된다. 이것이 바로 원래의 마음이라는 것을 깨닫는 것이다. 오직 경계를 따라 있을 뿐이다. 자신의 마음이 요란해진 원인이 자기중심적인 "나"를 내세우기 때문이며 나의 자존심, 선입견, 고정관념들을 내세우지 않으니 경계가 나의 상대가 아닌 객관

적 사실로 보이고 마음에 평화가 세워진다. 경계 따라 일어난 요란하고 어리석고 그릇된 마음을 성가셔하거나 탓하지 말고 그대로 흘려보내면 되는 것이다.

스트레스는 참으면 병(病)이 되고 터뜨리면 업(業)이 되며 바라보면 사라진다.

마음을 대조하는 방법은 다음과 같다.

① 앗! 경계다. — 일단 멈추자

② 마음에 걸리는 문제가 생기는 순간 그 순간을 놓치지 않고 마음공부 할 기회로 맞이한다.

③ 경계인 줄 알아차린 사람은 정신 차린 사람, 깨어있는 사람이다.
   나를 화나게 하고 슬프게 했던 상황을 "경계"로 대체하는 순간 나의 싸움의 상대, 간섭의 상대였던 경계가 객관화되는 효과가 있다. 경계에 계속 끌려가지 않고 요란함, 어리석음, 그릇됨이 일단 멈추는 효과가 있다.

④ 평화롭고 차분하고 냉정한 마음 갖기 : 원래 마음에서 일어난 마음 비춰보기(대조하기)

⑤ 일어난 마음이 경계에 계속 끌리는지 안 끌리는지 지켜보기(대중잡기)
   원래 마음에서 일어난 마음을 바라보니 자기중심적 아집에 빠져있는 "나", 즉 내가 왜 화를 내고 어리석은 행동을 해야 하는지 냉정하게 살펴보게 된다.
   마음의 주인이 되어 마음을 지켜보는 자가 된다. 경계 따라 일어난 마음 상황을 인정하고 수용하게 된다.

⑥ 지혜롭게 있는 그대로 보자 — 평가나 계산하지 않고 인식만 한
다. 결과만 보지 않고 이 결과에 이를 수밖에 없는 과정을 살핀다.
경계를 있는 그대로 보니 바르게 보인다. 상대가 이 상황까지 이
르게 된 과정의 사실들과 당위성이 이해가 되고 수용이 된다. 독
단과 편견을 내려놓고 경계를 객관적으로 전체적으로 봄으로써
경계가 왜곡되지 않고 사실 그대로 보인다.

3. 마음 일기를 기재하여 내 마음을 자유로이 사용하기

경계 따라 일어난 마음들을 마음 공부법으로 해결한 과정을 일기로
기재한다. 경계를 만났을 때 내 마음의 모습들, 그리고 공부하면서 일
어난 마음의 흐름 변화 등을 그대로 일기로 기재하여 전문가에게 감정
을 받아서 경계마다 더 깊은 깨달음을 얻음으로써 마음공부가 더욱 성
숙해지도록 하는 방편이다. 마음은 잡으면 있어지고 놓으면 흔적도 없
어서 마음을 챙기지 않고는 마음공부를 할 수 없으므로 마음 일기는 마
음공부가 성숙되어 가는 징표가 되고 단련이 되게 한다. 마음을 챙기게
하는 방편이 된다. 마음 일기가 없다면 마음공부는 허전한 공부가 되고
말 것이다. 마음 일기는 그날의 마음공부의 결산이요 정리이며 또한 내
삶의 행복과 불행의 결산이요 정리이다.

마음 일기를 기재한다는 것은 잘 보이려고 꾸며서 쓴다거나 생각으
로 흘러가거나 하지 않고 일어난 일, 일어난 마음, 느낌을 그대로 기재

하는 것이다. 그러할 때 내 마음을 잘 살필 수 있게 되고 내 마음을 공부한다는 것이 무엇인지 깨달을 수 있다. 일기를 기재한다는 것은 일을 잘하였는가 못하였는가를 밝히려는 것이 아니다. 일기 기재를 통해 마음을 보고 마음의 원리를 알아 마음을 잘 사용하려는 것이다. 내 마음이 끌려간 줄을 아는 것도 공부이다. 마음은 자신을 살피는 조명이다. 나의 몸, 나의 생각, 나의 감각 등 나에 관한 모든 것들을 살피는 가장 밝은 조명이다. 예를 들면 나를 비난하는 사람이 있다고 한다면 그가 왜 나를 비난할까 하는 생각을 쫓아가면 나는 내 마음에 끌려다니는 노예가 된다. 그러나 즉시 내 마음을 돌이켜 보고 내 마음이 끌려간다는 것을 자각하는 순간 나는 내 마음의 주인이 된다. 내가 나의 마음의 주인이 됨으로써 비로소 나는 자유인이 된다. 내 경계가 나의 스승이고 내 인생이 나의 최고의 스승이다.

끝으로 한 가지 사례를 들면서 글을 마무리하고자 한다.
모 고등학교에서 근무할 때이다. 나는 영어를 가르치는 일 외에 학교 폭력 예방 업무를 담당하게 되었다. 퇴학 위기에 처한 학생 7명을 선발하였다. 그리고 학생지도부 교사들 7명이 함께 마음공부를 하자고 제안하여 시작하였다. 먼저 강의를 하고 다음으로 마음 일기를 기록하게 하여 서로 공유하면서 마음공부 점검을 하였다. 처음에 나는 학업을 거의 포기한 학생들이기 때문에 성공하리라는 기대는 별로 하지 않았다. 그러나 학생들의 반응은 의외였다. 모두가 정말 진지하게 참여하였고 오히려 흥미를 느끼고 쉬는 시간에 개별적으로 찾아오는 학생들도 있었다. 학생들은 빠르게 변화되었으며 특히 학생지도부 교사들에 대해

늘 반감을 가졌던 학생들이었기 때문에 함께 공부하면서 서로 많은 공감대를 형성하게 되었다. 교사들도 함께 발표하게 하였는데 교사들도 진지하게 참여하는 바람에 교사와 학생들의 유대가 돈독해져 갔다. 그러던 얼마 후에 여름방학이 시작되었는데 학생들에게 자신의 마음일기를 기록하여 나의 메일로 보내게 하여 소통을 이어갔다. 개학이 되어 2학기가 되었다. 학생들은 모두 학교생활에 잘 적응하게 되었고 모두 정상적인 생활을 하게 되어 한 명의 퇴학자도 나오지 않았다. 이것은 또 다른 프로그램으로 이어졌는데 마침 도 교육청에서 주관하는 학생지도와 관련된 프로그램 공모가 있어서 나의 이 프로그램을 응모하였는데 당선되어 지원금도 받게 되었다. 나는 거기에 따른 강의료를 반납하고 다른 교사들도 자신에게 배당된 비용을 절감하여 그 자금에 개별로 약간의 비용을 더하여 겨울 방학 기간 동안에 일본 단체여행을 다녀오기도 하였다. 마침 그때가 삿포로 눈 축제일이 겹쳐 일본 여행도 의미 있게 이루어졌다. 몇 년 후에 또 다른 학교에서는 경상남도교육청에서 주관하는 연구 시범학교 프로그램에 필자가 응모하여 당선되어 마음공부 프로그램을 운영하게 된 적도 있다. 불교 공부를 하다 보면 상구보리(上求菩提) 하화중생(下化衆生)이라는 말을 많이 듣게 되는데 나는 늘 별로 한 것도 없다는 생각을 하다가도 이런 것도 이에 해당될 수 있겠구나 하는 생각을 하게 되면 약간의 위안이 되기도 한다.

나에게 가르침을 주신 선지식

김 용 진
경상국립대학교 생물교육과 교수

　어려서부터 절에 다니기는 했지만, 법문을 접한 것은 군에 입대하면서부터였다. 예비역사관후보생(석사장교, 11기)이라는 6개월 장교훈련이라 일반 사병들에 비해 용이한 군 생활이었겠지만 교직에 있다가 군대를 가서 그런지, 훈련 중심이라 그런지 나름대로 무척 힘이 들었던 것 같다. 그래도 다른 동기생들에 비하면 잘 적응된 편이었는데, 주말마다 법회에 참석하는 것이 큰 도움이 되었다. 빵이나 과자도 주고 졸려서 책상에 엎드려 자도 야단치지 않고 자유스러웠다. 그런 중에 군법사님이 간간이 설해주시는 법문을 듣게 되고 불교 경전도 접하게 되었다. 어려서부터 절에 다니긴 했지만, 경전을 읽어보고 법문을 듣는 기회는 많지 않았기에 불교에 대해 조금씩 눈을 뜨기 시작했다.

　제대 후(1988년)에는 직장의 다른 선생님을 따라 서울의 교대역 근처 서초상가에 있던 강남포교원에 다녔다. 일반적인 사찰 모습이 아니라 건물 2층을 세내어 한 칸짜리 법당과 공양간으로 포교 활동을 하시던 '성열' 스님께서 일요일마다 아함경 법문을 현시대의 일상생활과 연계하여 설하셨다. 스님께서는 젊은 학생들의 포교에도 관심을 많이 기울이셨다. 청소년 법회팀의 사물놀이를 하는 학생들이 연습 공간이 없자, 법당에서 장구와 꽹과리를 치면서 연습하도록 하셨다. 법당에서 그런 것을 하도록 허락하신 스님이 그 당시에는 충격적이면서도 깨어있는 생각을 하신 스님이 존경스러웠다.

스님께서는 현대 불교의 발전을 위해 고심하던 분이셨던 것으로 기억된다. 스님께서는 청소년들에게 포교를 하는 것이 미래의 불교를 위해 매우 중요하다고 강조하셨고, 매월 장학금으로 적은 금액이지만 규칙적으로 보시금을 내도록 권선하셨다. 학생들이 공부에 전념할 수 있도록 장학금을 주는 것이 진정한 방생이라고 강조하셨다. 어린이날과 크리스마스 때 어린이들에게 장난감을 선물 해주신 것도 인상 깊었다. 지금은 역삼동에 여법하게 현대식 건물로 포교 활동을 하고 계시기에 마음으로나마 찬탄드리고 있으며, 그때의 가르침이 최근에 내가 우리 대학에 불교학생회를 창립하도록 의지를 심어주신 밑거름이라고 여겨진다.

이후 집 근처에 있는 서울 양재동의 '구룡사'에 인연이 닿았다. 첫 딸이 태어나고 어린아이 시절엔 자가용이 없어 일요일이면 가끔 걸어서 절에 갔다. 지하 공양간에서 신도님들이 봉사하며 배식해 주는 국수를 먹으면 맛이 참 좋았다. 처음에는 맛있는 국수 먹는 맛에 집사람을 설득하여 함께 다녔다. 그런데 간혹 갈 때면 항상 큰 스님들이 오셔서 법문을 하셨다.

한 번은 구룡사 국수가 먹고 싶어 가족이 함께 갔는데, 티벳에서 링린포체(당시 7세) 스님께서 오셔서 법문을 하는 행사가 있었다. 1959년

달라이라마 스님과 눈 덮인 설산을 넘어 인도로 망명해 티베트인들의 정신적 지주가 됐던 전대 링 린포체 스님이 환생한 분으로 전생에 쓰던 물건 골라내기 등 108가지의 링 린포체 선정 시험을 통과하여 달라이라마존자의 스승이었던 분으로 인정되는 분이었다. 이때 내가 티벳 스님을 처음 뵌 것이었다.

구룡사에서는 화엄경 백고좌 법회가 매년 열렸는데 여기서 큰스님들의 법문을 접할 수 있었다. 법문을 하시다가 법사 스님들이 '나무아미타불'을 송하시고 참석한 불자들이 함께 따라서 하는 소리를 들으면 온몸에 전율이 울리곤 했다. 법회를 열어주신 주지 정우 스님께 늘 감사한 마음이 들었다. 그때 감명 깊게 가르침을 주신 분이 종범스님이시다. 당시에는 한 달에 1~2회 종종 오셔서 법문을 해주셨는데 설법 제일 부루나 존자라 칭할 정도로 법문을 잘하신다. 내가 청주에 있는 대학으로 직장을 옮긴 후에는 종범스님의 많은 법문들을 인터넷으로 수집하고 녹화하여 들은 후 복사한 CD를 주변 사람들에게 전해주었다.

스님들의 법문을 듣는 것은 특별한 수행이 없더라도 깨달음으로 가는 불도에 큰 도움이 된다고 생각한다. 요즘은 유튜브와 불교TV로 많은 법문을 접할 수 있어 불자들이 마음만 먹으면 불교 공부를 하기 좋은 시대가 되었다. 다만 관심을 갖는 불자들이 많도록 포교를 하는 것이 필요한 시점일 것이다.

청주에 있는 사립대학에 근무하게 되면서 충북 교수불자회에 가입하게 되었고 총무로 활동하였다. 나중에 보니 공채 면접을 하셨던 김정기 총장님도 교수불자회 회원이셨다. 불교와 인연이 있다 보니 이 대학에 오게 되었나 보다라는 생각이 들었다. 교수불자회의 훌륭한 교수님들과 함께 한 달에 한 번씩 1박 2일로 사찰 순례를 다녔다. 속리산 법주사, 공림사, 제천 정방사, 충주 석종사, 화엄사, 천은사, 연곡사, 송광사, 쌍계사 등을 비롯하여 적멸보궁으로 알려진 통도사, 법흥사, 정암사, 상원사 등을 교수불자회원들과 함께 순례하였다. 개인적으로는 큰마음을 내지 않으면 방문하기 힘들고, 가더라도 주지 스님과 대화 한 번 하기 어렵지만, 교수불자회 명분으로 가게 되면 주지 스님을 친근하기 좋았다. 마침 불교미술(조소)을 전공하신 한국교원대학교의 이성도 교수님께서 사찰 문화재에 대한 설명들을 해주시어 매우 의미 있는 시간이었다. 당시에 도반으로서 불도를 이끌어주신 이성도, 성기서, 오세호 교수님 등은 수행이 깊은 큰 선지식들이기에 참으로 고마운 분들이다.

청주에 살면서 처음 방문한 절이 용화사였다. 역사가 깊은 사찰인데 매주 월요일 저녁마다 참선반을 운영하였다. 거기서 만난 청정행 보살 내외분은 수행이 깊었다. 내가 진주로 이사 온 후 현재 다니고 있는 지리산 수정사에서의 법회 때 우연히 다시 만났으니 참으로 인연이 깊은 도반인 것 같다.

개인적으로 어려운 일이 생겨 한겨울에 청주 용화사의 대웅전에서 108배를 시작하였다. 공양물로 올린 과일들이 꽁꽁 얼을 정도로 추운 날씨에 차가운 마룻바닥에서 절을 하였다. 처음에는 어려운 고통을 준 사람들이 원망스러웠지만, 나중에는 그들의 마음을 헤아리지 못한 나 자신을 참회하게 되었고, 고통을 준 사람들이 나를 수행하게끔 이끌어

주는 보살이라는 확신이 들었다.

　이후 5년 동안 하루도 빠짐없이 108배를 했다. 출장을 가서도 하고 집에서도 하고 하루도 거르지 않고 꾸준히 하다 보니 절의 횟수보다는 1배를 하더라도 정성껏 하는 것이 중요하다고 느껴졌다. 또한, 절을 하여 몸을 바닥에 낮추는 것처럼 하심(下心)하는 마음을 가지는 삶을 살아야 된다는 것을 체달하였다.

　교수불자회 도반들이 고명하신 스님이 계신다면서 인근의 수도원(신용화사)으로 인도하였다. 동진 출가하여 통도사에서 경봉 스님께 공부하고 해인사에서 성철스님과 지월 스님을 모셨던 분이며, 성철스님의 백일법문을 직접 녹음하셨다는 '재문' 스님이셨다. 대만과 영국에서 20년 가까이 생활하시면서 미술 공부를 하시던 스님인데, 당호는 '설곡'이시다. 설곡 스님께서는 수도원(신용화사)에 계실 때 매주 화요일 저녁마다 2시간씩 함께 참선을 해주셨다. 중국에 오래 계셨기에 한자를 많이 아셔서 그런지 유명한 선시를 화이트보드에 쓰시며 소참 법문을 꼬박꼬박해주셨다. 그 덕분에 선사들의 시를 접하게 되었고, 함께 정진한 청정행 보살은 선시를 줄줄 암기하기도 하였다. 매월 초하루 법회면 몇백 명이 들어갈 수 있는 큰 설법전에 불자들이 가득 찼었다. 법문을 잘하시니 통도사 화엄산림법회에도 법문을 하러 가시면 인기가 좋으셔서 법문 테이프가 가장 많이 팔린 분이셨다. 한국불교에서 유명하신 종범 스님, 혜국 스님과는 통도사에서 같이 공부하신 동기이신 것으로 알고 있다. 설곡 스님은 내가 친근하면서 직접 가르침을 받았던 은사 스님이시며, 내게 불교에 대한 체계적인 지식과 수행의 힘을 키워주신 고마우

신 분이다. 설곡 스님께서 설해주신 법문은 듣기만 하여도 수행에 큰 도움이 되고 깨달음의 길로 인도해 주셨다. 나는 법문만 잘 듣고 스스로 성찰하면 그 자체가 깨달음의 길로 가는 큰 수행이라고 여긴다.

설곡 스님은 성철 스님과 지월 스님을 비롯한 큰스님들을 친근한 일화들을 종종 법문으로 해주셨다. 성철 스님 당시, 해인사 주지이셨던 지월 스님의 자비심과 하심(下心)하는 실천행을 설해주신 법문은 지금도 잊혀지지 않아 소개하고자 한다.

지월 스님은 주지 소임을 하면서도 낡은 승복 하나로 생활하시고 구멍난 양말을 기워 신으려고 전구에 양말을 끼워 바느질을 직접 하셨다. 어느 날 통도사에서 젊은 수좌가 거만한 자세로 해인사에 들어오다가 허름한 모습의 지월 스님을 만나게 되어 누군지도 모르고 얕잡아 보며 험한 말을 하였지만 지월 스님은 겸손하게 맞이하였다. 저녁에 젊은 수좌가 주지 스님을 찾아 인사드리러 갔다가 '낮에 만났을 때 자신이 무시했던 초라한 분'이 주지 스님이라며 반갑게 맞이하자 젊은 스님은 몸 둘 바를 몰라하며 크게 각성했다고 한다.

재문 스님은 성철 스님과 지월 스님이 거주하시는 처소의 중앙에 머무르면서 두 분의 시봉을 들었다. 재문 스님이 성철 스님 처소를 청소하러 갔다가 실수를 하면 '수행은 제대로 못 하고 절밥만 축내는 도둑'이라며 꾸지람을 들을 때가 많았다고 한다. 성철 스님 방에서 나와 지월 스님 방을 청소하러 들어가면 지월 스님께서는 어린 재문 스님의 손을 잡아 따뜻한 아랫목 이불 속에 넣으며, "장차 한국불교를 이끌어갈 큰스님이 되실 분이니 용기를 내시라"고 하시면서 "청소는 내가 할 테니 쉬었다 나가세요!" 하시며 자비로움을 보여주셨다고 한다. 설곡 스님의 법문을 통해 들은 관음보살과 같은 지월 스님의 자비행과 하심(下心), 문수보살과 같은 성철스님의 엄격한 수행지도 등은 지금까지도 내 가슴에 큰 가르침으로 남아있다.

'수도원'을 종종 방문하던 중 어느 날 설곡 스님께서 사찰의 소식 알림과 법문 내용으로 한 달에 한 번씩 사보를 발행하는데 혼자 하시기에 힘들다며 도움을 요청하셨다. 스님의 청에 얼떨결에 허락했지만, 사보의 내용을 채우는 데 내 불교 지식으로는 어려움뿐만 아니라 시간도 많이 소요되었다. 초안을 작성하고 기본 편집을 하여 보내주면, 인쇄소에서 최종 편집을 하고 내용 확인을 해야 했다. 연구와 강의 등 직장 업무를 하면서 틈틈이 준비를 하려니 20페이지 정도의 구성이지만 쉽지 않았다. 한 달이 무척 빨리 돌아왔다. 중간에 너무 바쁘고 힘이 들 때도 있었지만 사보 발행을 위해 여러 불교 교리와 훌륭한 법문들을 수집하고 공부하게 되었다. 그러다 보니 나의 불교 공부와 수행에 큰 도움이 되었다. 어느 날, 연세가 드신 거사님을 만났다. 그분은 그동안 수도원에서 발행하여 배송해 준 사보들을 모두 모아두고 있으며, 내용을 몇 번이고 읽어 불교 공부에 큰 도움이 되었다고 하였다. 나의 작은 정성이 누군가에게 큰 도움이 되고 있으며, 지켜보고 있는 사람이 있다는 생각에 책임감과 보람이 컸다. 어려운 여건 속에서 부족하지만 약 5년 이상을 꾸준히 사보 편집을 했지만 진주에 있는 대학으로 직장을 옮기게 되면서 중단하게 되었다.

훗날 스님은 새로운 사찰(청주 내원사)을 창건하여 옮기셨고, 인사차 방문하였더니 수도원에서의 사보 발행에 큰 의미를 두고 계셨고 감사해하셨다. 사보 발행을 통해 오히려 내가 불교 공부를 꾸준히 하게 되었으니 내가 감사할 일이었다.

경상국립대학교에 전근 온 뒤 교수불자회의 총무를 맡게 되고, 회원 교수들과 사찰 순례를 다녔다. 불국사와 석굴암도 다녀오고, 청주에 계신 설곡 스님께도 방문하며 법주사에도 다녀왔다. 그러던 중 하동 칠불사에 4명의 교수가 함께 방문했다. '아자방'이라는 유명한 선방이 있다며 주지 스님의 특별한 허락으로 1시간 정도 앉아 참선도 하였다. 일반인에게는 개방하지 않는 스님들의 선방 뒤쪽 산길을 함께 산책하기도 했다.

돌아오는 길에 최주홍 교수님께서 자신이 다니던 절이라며 하동의 지리산 수정암에 들렀다. 대웅전과 스님의 처소, 공양간 겸 작은 요사채가 있었다. 요사채에서 뵌 장우 스님과 공양주 보살을 하면서 수행을 하고 있는 금우 보살님을 뵌 순간 매우 낯이 익고 친근감이 들었다. 처음 보았는데도 나는 농담도 하며 함께 사진도 찍고 어울렸다. 마치 전생에 함께 살았던 가족이 아닌가 싶은 생각이 들었다.

장우 스님은 청화 스님의 상좌이셨다. 청화 스님의 존함은 들은 바 있지만, 자세히 알지는 못했다. 경상국립대학교의 교수불자회원들 중에는 청화 스님의 유발상좌도 있고, 청화스님께서 주창하신 염불선을 통해 수행하는 분들이 많았다. 염불이 단순히 소리 내거나 마음속으로 '나무 아미타불' 하며 타력신앙으로만 생각했던 나는 처음에 관심이 없다가 장우 스님을 만나면서 관심이 커졌다.

40년간 장좌불와(長坐不臥) 하셨다는 청화 스님 일화와 청화 스님의 스승이신 금타존자에 대해서도 알게 되었다. 금타존자께서 작성하신 '수능엄삼매도'를 백양사 암자에서 보신 청화 스님께서는 일본에서 공부를 많이 하고 오셨음에도 불구하고 자신의 수행과 공부가 아직 멀었음을 느꼈다고 한다. 그래서 이미 입적하여 계시지도 않은 금타 스님을 은사로 삼고 수행 정진하셨다고 했다. 석가모니 부처님처럼 수행하고 싶어 장좌불와 하셨다는데, 인자하시고 수행이 깊은 큰스님이라고 하셨다.

나는 장우 스님을 통해 청화 스님께서 제시한 '보리방편문'의 설명을 듣고 내 나름대로 요약하여 참선할 때 활용하였다. '우주가 허공같이 무한히 넓으며(청정법신 비로자나불), 맑고 밝은 빛의 물로 가득 찬 우주 속(원만보신 노사나불)에서 자신의 몸과 마음을 포함한 일체 현상을 물거품(천백억 화신 석가모니불) 같이 여기어, 일체가 하나이며 광명으로 가득 찬 '아미타불'임을 관하는 것이다. 즉 본래면목의 자리에 마음을 둠으로써, 자신이 본래 부처임을 기억하는 참선(염불선)이라고 여겨진다.

장우 스님께서는 "이번 생은 없는 것이라 여기고 탐착하지 말고 오로지 정진하라!"고 하시면서 부처님께서 수행하신 방법대로 호흡관과 사념처관에 따라 정진하는 것도 중요하며, 이 방법이 부작용 없는 수행법이라고 강조하셨다.

2019년에는 지리산 수정사의 신도회장을 맡았다. 신도가 많지 않은 상황에서 모두가 회장 맡기를 꺼려하였다. 혼자 애쓰시는 스님과 공양주 보살님을 생각하여 수락은 했지만, 재력이 부족한 회장이 무엇을 해야 하나 고민되었다. 참선을 하던 중에 신도들에게 아침마다 밴드에 불교 교리와 경전의 글을 올리고, 카톡으로 부처님 말씀의 글 그림 카드를 보내는 것이 좋겠다고 생각했다. 아침마다 왔지만, 그 시간을 활용하여 참선 대신에 이렇게 법을 전하는 실천행을 하는 것도 참다운 수행일 것이라는 생각이 들었다. 처음에는 직접 만들어서 보냈는데 역시 매일 2시간 정도나 시간이 많이 소요되었다.

그러던 중 수정사에서 우연히 만난 비구니 스님(무여)께서 아침마다 문자로 부처님 말씀의 글을 아름다운 꽃 사진에 담아 보내주셨다. 노보살이나 시력이 안 좋은 사람들은 사진 속의 작은 글자를 읽기 어려울 것 같아서 사진 속의 문장을 다시 작성하고 어려운 용어는 해설을 붙여 보내고 있다.

무여 스님은 고교 시절에 출가를 결심하고 출가 전에 청화 스님의 상좌이신 수정사의 장우 스님을 찾아뵈러 왔었다고 한다. 그 인연으로 수정사에 다시 들르셨는데, 마침 우연히 만나게 되었다. 스님은 유튜버로서 전국의 유명한 사찰을 탐방하여 방영하고 계시는데, 바쁜 중에도 매일같이 부처님 말씀의 글 그림 카드를 문자로 보내주시니 매우 고마운 분이시다. 덕분에 나도 아침마다 부처님 말씀을 약 200명의 사람에게 전달하고 있다. 글 그림을 보내면서 마음속으로 '나무아미타불'을 염송하며, 이 글 그림을 받는 분들이 오늘도 건강하고 지혜롭고 자비롭게 생활하시기를 기원한다. 나로부터 글 그림을 받은 사람들은 또다시 지인들에게 부처님 말씀을 전하기도 한다. 이렇게 매일매일 부처님 말씀을 접하게 할 수 있는 것은 현대의 정보화 문명을 활용한 포교로서 유용한 방법이라고 여겨진다.

부처님 법을 전하는 포교는 승속을 막론하고 불자들에게 중요한 책무이다. 그것이 부처님 은혜에 보답하는 길이며 모두가 함께 지혜롭고 행복하게 사는 불국토를 이루고자 하는 실천행의 첫 걸음일 것이다. 최근의 불자들은 젊은 층이 매우 부족하여 불교의 위기라고도 한다. 따라서 대학생을 대상으로 한 포교 활동이 이 시대에 절대적으로 필요하다고 생각한다. 최근에 많은 분의 도움으로 우리 대학에 불교학생회를 창립하고 지도교수 역할을 맡게 되었다. 진주 지역은 성철 스님, 청담 스님과 같은 훌륭한 고승들이 출현한 곳이기에 그분들의 가르침과 수행 정신도 우리 젊은 학생들과 시민들이 계승하도록 하고 싶다. 경남의 거점대학인 경상국립대학교에서 해인사, 옥천사 등 주변의 사찰과 연계하여 명상 센터도 조성하여 많은 시민과 학생들이 체계적이고 꾸준하게 정진할 수 있는 공간과 조직도 갖추고 싶다.

참고로, 경상국립대학교 불교학생회 '연화'의 창립 배경과 운영에 관련하여 불교 TV 'BTN'의 '지대방' 프로그램에 방영(2022. 10. 26)된 바 있습니다. 불교학생회 창립이나 운영 등의 포교에 관심있는 분들께서는 참조하시기 바랍니다.

회향(廻向)

김 형 점
죽향차문화원장

가을이다. 자연의 변신은 마술처럼 사람을 유혹시킨다. 주말이어서 사람들이 산으로 들로 가을을 찾아 나서니 차실은 한가롭다. 참으로 오랜만에 경상국립대학교 교수불자회장인 김용진 교수님이 왔다. 이런저런 차담을 나누다가 아득히 8년 전 초파일 날 '다솔사' 봉축 법요식을 소환하며, 교수님은 사회자로서 나는 육법 공양 시연자로 법당에 함께 했던 인연을 떠올렸다. 이유 있는 만남이기에 차담이 달아졌다. 자연적으로 현재 맡고 계시는 불교학생회 창립 소식들을 듣다가 원고 청탁을 받기에 이르렀다. 거절할 사이도 없이 수용할 수밖에 없는 상황이 되었다.

수행이라니, 체험담이라니, 아무리 생각해도 차만 따르고 마신 사람이 무슨 수행이며 특별히 드러낼 체험담이 있을 수 있겠는가 싶다. 평상심이 일체의 법(法)이요, 도리(道理)임을 알고, 불·법·승 삼보에 귀의한 일상의 소소한 순간들이 곧 수행이요 기도임을 아는 그 마음을 그냥 붙들어 내어 보기로 했다. 들쳐 보지 않고 저장된 지난 경험들과 만난다는 것은, 현재의 존재성과 개연성을 보게 하는 인(因)이므로 지금 순간을 더 섬세하게 볼 수 있겠다는 생각도 들었다. 지나간 일들과 생각들을 낱낱이 소환하고 흩어진 편린들을 다시 모아 의미 붙여서 회향시키는 작업이 될 것 같다.

나는 정서적 성향뿐 아니라 의식까지 어려서부터 불교적이었다. 일년에 꼭 한 번 초파일에 엄마의 치마폭을 잡고 따라나선 절집 도량은 별세상으로 각인되어 있다. 종이 연등들이 쭉 늘어선 시골길을 따라 끝없이 걸었던 기억은 훗날 고등학생이 되어 진주의 연화사로 향했고, 불교학생회 활동으로 기웃거렸다. 시골에서 자라 초등학교를 졸업하고 시내 중학교에 입학하면서 시내 언니네 집에 얹혀살게 되었다. 시골의 작은 학교에서 여학생을 대표하며 교단에 서서 호령하며 선생님들과 전교생으로부터 주목받았던 아이는 도시로 나오자 환경이 바뀌면서 일시에 존재감이 상실되었다. 집안의 경제 사정도 점점 나빠지는 등 어쩔 수 없는 외부의 조건들에 의해서 상처받으며 자꾸만 위축되어 갔다. 아무런 걱정 없이 편안했던 시골 생활과 매사에 자신 있었던 초등학교 생활을 그리워하며 현실은 피하고 싶은 마음뿐이었다. 정말 우울했던 중 · 고등학교의 학창시절이었다.

현실이 내면 그대로였으니 극한 환경의 변화들로 답답하고 우울한 마음은 영적 방황으로 이어졌고 그 원인을 나름 해결하고자 찾아 나선 곳이 연화사였고 불교학생회였다. 구체적인 기도며 수행에 대한 지식 없이 막연하고 답답한 현실들을 불상에 고하면서 매달렸던 것 같다. 믿음이 강했던 것인지 불연(佛緣)이 깊어서인지 무엇을 하든 어디를 가든 부처님께서 항상 지켜보고 계시는 듯하여 무엇을 하든지 반듯하게 하고자 했다. 누구에게도 터놓지 못했던 답답한 마음을 불보살님의 명호를 부르며 위로받았다. 귀의와 믿음으로 의지처가 되어 주셨던 연화사 법당의 부처님은 밝고 환한 의식으로 이제는 내 안에 빛으로 상존해 계신다. 일체를 비추어 알게 하시며 늘 항상 함께하시니 나의 세존이시다.

지중한 불법과의 인연은 시집의 시어머님과 시외숙모님의 신앙생활과 함께 본격화되었다. 신혼여행 후 시집에 도착하자 수곡면에 있는 한산사로 데리고 가서 법당 참배며 스님께 예를 올리도록 하셨다. 시어머님은 부처님과 스님이 가장 높고 소중한 분으로 당신의 며느리 또한 부처님을 모시고 섬기기를 본보기로 보여주셨다. 집안 분위기며 어머님 덕분에 절에 가는 횟수가 늘어가고 예불 등 의례들이 익숙해지기 시작했다.

어느 날 스님께서 일과를 주시고 다라니 다독을 권하셨다. 시키는 대로 틈틈이 다라니 독송에 집중했다. 금방 마음은 집중되고 고요해지고 편안해져서 주력하기를 즐겨 했다. 어느 날 지하상가의 매장에서 다라니 주력을 하고 있었다. 홀연히 몸 주변이 밝은 빛으로 감싸듯 둘러쳐지고 허공인 듯 몸이 가벼워지고서는 아무것도 들리지 않고 말도 할 수 없는 현실과 전혀 다른 차원의 텅 빈 곳에 혼자 격리된 경험을 하게 되었다. 혼자라는 두려움과 무서운 생각이 울컥 들었다. 벗어나려고 허우적거리자 서서히 들리고 보이는 것이 그대로가 되었다. 잠깐 사이 다시 보이고 들리면서 현재로 돌아왔지만, 신기했던 그때의 경험이 어떤 상태이며 왜 일어났는지 지금도 모른다.

그 이후에도 다라니 주력과 사경은 계속되었다. 첫 아이를 출산하고 작은 선물 가게를 확장하여 유아복 브랜드매장으로 바꾸자 사업이 불일 듯했다. 전국 200여 개의 대형 매장에서도 올리지 못하는 매출을 계속 기록하자 전국의 점주들이 수시로 매장을 방문했다. 지하상가 6평의 좁은 매장은 늘 손님들로 북적거렸다. 감사한 마음으로 싹싹하고 친절하게 손님을 대한 것뿐인데 그것이 가장 특별한 능력이라며 전국 매출 1위의 성공 사례를 요청했다. 경영 활성 세미나에 쌍방울 그룹의 임원이며 전국의 점주들과 사원들이 무주리조트 대회의실에 모였고 그 자리에서 성공 사례를 발표했다.

가게가 성장하고 이름이 전국으로 알려지고 이러한 일련의 결과는 지금 생각해도 다라니 주력과 사경 등 간절했던 기도 덕분이었지 싶다. 매사가 감사했다. 임신한 산모들과 나이 드신 할머니 할아버지들이 지하상의 가파른 계단까지도 마다하지 않고 가게로 빨려들 듯 들어오시는 것이 그때는 기적 같았다. 특히나 주변에 즐비한 다른 가게들을 다 지나면서까지 우리 가게만 찾아 주시니 고맙고, 감사한 마음이 사무치듯 했다. 감사와 존경을 담아 진심으로 마음을 다해 한 분 한 분을 대했다. 처음 오시는 분들도 꼭 오랫동안 알고 지낸 사람처럼 친숙하게 느껴져 편안했고 무엇이든지 믿고 맡겨주시며 단골이 되었다. 이 일이 감사하고 저 일이 고맙고 모든 일은 감사의 연속이었다. 일생 가장 뜨겁게 감사하며 절절하게 보냈던 시기였다.

기도와 일을 과한 열정으로 했던 시기였다. 쉴 틈 없이 마음을 몰아붙였다. 늘 몸은 과로 상태였고 마음은 바빴다. 그러면서 5년을 지하상가에서 생활했더니 습하고 냉한 공기 때문인지 옷 먼지 때문이었는지

심한 비염 등 몸에 갖가지 부작용이 드러나면서 온몸이 아프기 시작했다. 마음은 훤한데 몸의 일탈은 급기야 바람 빠진 풍선처럼 축 처져 아무것도 할 수 없는 상태가 되었다. 일순 모든 일상의 일들과 기도마저 할 수 없게 되었다.

집에서 얼마를 늘어져 쉬었다. 대학 시절부터 마시기 시작한 지리산 녹차만이 목으로 넘어갔다. 임신 중의 우울증에도 차가 생각나더니 참으로 묘했다. 아무리 바빠도, 아무리 늦은 귀가에도 혼자 물 끓이고 차를 마시고야 하루를 마감했으니 차 마시기 일은 그냥 일상이었다. 집에 머물면서 차 마시는 시간을 틈틈이 오래 가졌다. 그것만이 유일하게 할 수 있었고 차의 맑은 향과 감미로운 맛은 명상하듯 편안하고 좋았다.

서서히 시간이 지나자 건강이 점차 회복되었다. 차를 마시자 몸과 마음은 집중되고 깨어나면서 서서히 무력증도 벗어나게 되었다. 신묘한 차 덕분이었다. 어느 날 늦은 밤이었다. 귀가하여 씻고 집안을 정돈한 후 하루의 마무리로 차를 마시기 위해 앉았다. 지치고 힘든 몸이 '아! 살겠다.'며 좋아했다. 조용히 혼자 차를 마셨다. 세상은 잠들고 혼자 깨어있는 듯했다. 순간 뜨거운 눈물이 주루룩 흘러내렸다. 뭔지 모를 서러움들이 눈물로 왈칵 쏟아졌다. 주체가 되질 않았다. 급기야 흐느끼며 펑펑 울었다. 아무런 이유도 없었고 그냥 그렇게 울게 되었다. 무엇이 무너져 내리는 듯했고 막혔던 뭔가가 툭 터지는 듯한 느낌만 들었다. 꺼억꺼억 한도 없이 울었다. 얼마나 울면서 차를 마셨을까? 맑고 정갈하기가 이슬 같았고 몸과 마음이 가벼워지고 환해졌다. 전생의 일처럼 언제 울었냐는 듯 밝고 환한 마음 하나가 또렷이 나를 비추고 있는 것이 보였다. 환희로웠다.

다신(茶神)이 내린듯했다. 그동안 앞만 향해 달려온 지친 심신을 치유하고 순수한 내면 의식을 환희 드러내 보여준 것이었다. 차를 마시면서 실컷 울고 난 다음, 맑게 드러난 선연한 그 마음을 본 그날 이후, 차는 나의 또 다른 신앙이 되었다. 지금까지 차를 마시는 이유이며 찻집을 열어 업으로까지 하게 된 동기가 되었다. 차 마시는 일이 곧 수행이라는 확신과 부처님 법을 증장시키는 도반으로 차의 길을 선택했다. 몸에 무리였던 지하상가를 정리하고 차를 신앙하며 30대 초반인 1997년 8월 8일 한여름, 죽향(竹香)이라는 당호이자 상호를 걸었다.

차(茶)는 부처님 법을 사유하며 깨닫도록 돕는 특별한 기질의 물질이자 정신 그 자체이다. 타고난 차나무의 성품이 그러하다. 실화상봉(實花相逢)의 거룩한 모습은 영적인 신령함을 가졌고, 심직근성(深直根性)의 곧은 뿌리는 그대로 명상적 기질을 보인다. 맑히고 깨어있게 하니 그대로

선(禪)이다. 인류는 일찍이 상고시대에 차를 발견하여 약용으로 활용하면서 점차 기호로 발전시켰다. 타고난 귀한 성품의 기질과 유익한 성분으로 동양 3개국을 비롯하여 전 세계 모든 인류가 차를 마신다. 음료로서는 가장 긴 역사와 문화를 가졌다. 오랜 시간 동안 시대와 공간을 넘나들며 다양한 형태의 차 문화를 만들었고 인류의 유·무형 자산이 되었다. 우리나라에서도 고대국가부터 차를 활용해 오늘에 이르기까지 성쇠를 거듭하면서 음차 문화를 지속시켜왔다.

죽향 또한 26년째 현재의 자리에서 하루도 쉬지 않고 문을 열었다. 지하상가에서 지친 심신은 차와 기도 수행으로 치유되었다. 찻집은 대중 차 문화의 요람으로 의식의 상향을 위한 공부 공간으로 자리 잡아갔다. 그리고 한때는 결제나 해제하는 스님들의 바랑을 놓는 곳으로도 유명했고, 만남의 공간으로, 휴식과 성찰의 찻자리로, 법 공부를 위한 설법의 자리로 인연 따라 차석(茶席)과 법석(法席)이 수시로 떠들썩 열렸다. 시중(市中) 차실 죽향은 차와 차 도구 전시 판매 및 서예, 그림까지 아울러 전시하는 등 복합 문화 공간으로 자리 잡았다.

지난 세월 죽향에서의 일들은 생각만으로도 환희롭다!

천상처럼 아름다운 찻자리를 수없이 가졌고 설법의 법회 자리도 많았다. 차석과 법석의 자리는 언제나 맑고 선연하며 아름다웠다. 지금은 입적하신 화림사의 대종사이셨던 '원효' 스님께서 펼치신 소참 법회의 찻자리는 특히 잊을 수 없다. 열흘에 한 번씩은 꼭꼭 하산하시어 몇 년에 걸쳐 차담과 법담의 자리를 펴셨다. 평생 수좌로서, 선방의 선원장으로 계셨으니 명료하고 반듯하기가 뵙는 것만으로도 환희로웠다. 곧

장 선(禪)의 그 자리를 일러 주시고자 여러 비유와 법문들을 인용하며 일러주셨지만, 그때는 귀도 눈도 밝지 못했으니 큰스님의 마음이 얼마나 수고로웠을까 싶다.

매주 목요일 저녁 7시는 '오여 김창욱' 교수의 '논어 및 중용'의 강의 시간은 고전의 매료에 빠져들게 했다. 유학의 경전을 통해 대승 경전의 원문을 읽게 하는 힘을 길러 주시고자 했다. 오전엔 차 공부의 자리로, 저녁이면 불법을 펴는 자리로 죽향의 공간은 깨우침을 향한 열정들로 넘쳤다.

바쁜 일상 속에서도 명상이나 불법 수련회의 동참은 늘 간절하였다. 2013년 1월 7일부터 서울 동국대에서 주최한 '아잔브람' 스님 초청 명상 수련회에 8박 9일의 긴 일정에 참가하여 초기 불교의 교리와 수행을 접하게 되었다. 기존과는 좀 다른 공부법으로 구체적이며 실질적이어서 이해가 빨랐고 수행도 재미있었다. 수식관이나 화두 대신에 호흡으로 표상과 선정을 추구하는 아나빠나삿띠(들숨 날숨 알아차림: 호흡집중) 명상은 깨어있는 알아차림에 효과적이었다. 실참수행 덕분에 호흡은 금방 고요해져서 명료해진 의식을 챙길 수 있었다.

진주에 막 인연을 두셨다는 '원담' 스님을 그 자리에서 뵙고 청하여 죽향(竹香)에 모셨다. 초기 불교 이론과 수행을 익히고자 집중 공부 자리를 만들었다. 원담 스님께서는 한때 심장 수술로 경상대학 병원에 계시게 되었다. 그때 불자 간호사들과 인연이 되었으며 의성의 고찰인 '수정사' 주지 소임을 끝내고, 병원 법당에서 간호사들 몇 분에게 명상 지도를 하고 계신 터였다. 그분들 또한 심장병 돕기 일일 찻집을 후원하면서 이미 알고 계시던 분들이라 죽향의 법석에 권선하여 동참하게 되었다. 불교 수행에 관심을 두고 차 공부에 한창이었던 죽향 차문화원 회원들을 주축으로 죽향 명상 법회를 시작했다.

원담 스님의 남다른 수행력과 명료한 교리 해설이 소문나면서 법회는 3층 큰방을 가득 채웠다. 만 2년 동안 스님을 모시고 부처님의 출가 동기와 수행의 과정 과정들, 깨달으시고 법을 펼치시고 열반에 드시기까지의 부처님 일대기를 상세히 공부했다. 대승불교에서 간과했던 기본들에 충실하며 공부에 집중했다. 초기 경전 '니까야'를 독송했고 사성제와 팔정도, 연기법 등의 중심 교리를 배우고 사유하면서 틈틈이 호흡명상(아나빠나삿띠, 사마디) 실참에도 주력했다. 서서히 관념적이며 모호한 개념들이 분명해졌고 불법의 요체가 정립되었다. 줄탁동시(啐啄同時)라 했던가? 그동안의 공부와 경험은 스님께서 해주시는 법문을 통해 줄줄이 엮이어 정립되었고 알아차리는 힘도 강화되었다. 의식은 정화되고 몸과 마음은 깃털처럼 가벼워졌다. 차실의 모든 일은 자동적으로 수행과 연결되었다.

명료한 의식의 실체는 삶을 변화시켰다. 손님을 맞이하고, 찻자리 행사를 하고, 강의를 하고, 차실 안팎에서 일어나는 일련의 일들이 크게 힘들지 않고 자연스럽게 진행되었다. 가끔 무료하고 지치기도 했던 몸과 마음은 한결같은 흐름으로 유지되었다. 정해진 일과를 하지 못하면 스스로 불편했었는데 그 마음도 없어졌다. 좋아하는 포행과 설거지를 할 때의 마음이 하나임을 알게 되니 끌리고 집착하던 마음들이 일체로 쉬어졌다. 신기하게도 무엇을 하든지 상관없이 마음이 하나로 여여(如如) 했다. 차를 마시는 일도 과정이나 형식보다 차라는 물질과 그 순간에 집중되었다. 차의 종류나 맛들이 섬세하고 온전히 느껴졌지만 비교하지 않고 차가 가진 고유의 성질들과 특징들을 즐기게 되었다. 사람도 차처럼 있는 그대로 받아들여졌다. 복잡하게 생각하던 버릇도 없어졌다. 일어나는 일들은 흔쾌히 수용하고 최선을 다할 뿐, 다시 찾고 만들지 않고 해야 할 일에 집중했다. 생각이며 행위들이 너절하지 않고 단순 명료해졌다.

해왔던 그대로 아침이면 차실 문 열고, 불 밝히고, 향 피우고, 차 다려서 손님 맞을 것이다. 코로나로 많은 것들이 바뀌어 차실 또한 예전 같지 않아졌다. 법회며 차 공부의 방식도 달라지고 애써 모여 함께 할 일들이 적어졌다. 모든 것들이 일어나고 사라지고 또 새롭게 일어나는 것임을, 일체가 무상하다는 것을 글을 쓰면서 더 보게 되었고 알게 되었다. 여전히 세상의 일들은 형태와 이름을 달리하며 쉼 없이 일어날 것이다. 이것이 법계의 존재 방식이므로….

나의 존재 이유와 원력은 세세상행보살도(世世常行菩薩道)'이다, 당장 오늘은 깨우친 만큼의 실행이다. 지금의 의식과 행위로서의 나는 오로지 부처님의 은혜요, 차 한잔의 공덕이다. 매일 맑은 차 한잔 부처님께 올리는 이유이다.

내 인생 최고의 만남: 부처님의 가르침

성 기 서
서원대학교 영어교육과 명예교수

　배우고 가르치는 일을 평생의 업으로 삼다 보니, 자연스레 나를 가르치신 선생님들로부터는 가르치는 사람의 태도를 배우게 되고, 30대가 되어서는 대학에서 학생들에게 영어를 가르치기 시작하면서는 가르치는 사람의 삶이 학생들에게 얼마나 큰 영향을 끼치는지를 조금씩 더 잘 알게 되었다. 30대 중반 무렵 부처님의 가르침을 만난 것은 무엇과도 바꿀 수 없는 소중하고 뜻깊은 생애 최대의 사건이었다. 나이 70줄에 접어드는 지금 "내가 만일 부처님의 가르침을 만나지 않았더라면 내 삶은 어떠할까?"라는 질문에 답한다면, 단연코 그것은 폭풍우 몰아치는 캄캄한 밤, 천 길 낭떠러지 옆에서 방황하는 사람의 그것과 조금도 다르지 않을 것이다.

　초등학교부터 대학까지는 지식을 얻는 데 초점을 맞추었다면 대학원에서 공부하고 교직에 몸을 담은 이후로는 "지식을 어떻게 얻고 전달할 것인가?", "내가 알고 있는 지식은 과연 진리나 진실에 부합하는 것인가?", "나에게 배우는 학생들은 내가 가르치는 것이 진리나 사실에 부합하는 것인지를 스스로 검토하고 확인해서 자기 것으로 만드는가?"

로 초점이 옮겨졌다.

　그 첫 번째 동기는 1987년 여름 같은 학교에 근무하던 교육철학 전공의 한 교수님으로부터 남전선사와 조주선사 사이에 있었던 '남전참묘(南泉斬猫)'[1]에 관한 일화가 준 정신적 충격이었다. "살생을 엄금하는 불교의 선승이 설사 제자들을 가르치기 위해서라도 살생을 하는 것이 정당화될 수 있을까?"라는 의문에 대한 저자의 해설은 고양이에 대한 수행자들의 집착을 단칼에 끊어버리기 위한 것이라 하지만, 부처님께서도 똑같은 상황에서 남전선사와 같은 처신을 하셨으리라고는 전혀 상상할 수 없었기 때문이다. 이분은 아는 것 또는 믿는 것을 실천하는 데 늘 최선을 다하는 개신교의 장로이신데, 지금도 가끔 안부를 전하며 서로 절차탁마하는 나의 훌륭한 선지식이다. 이제 와 생각하면, 우리는 1980년대 중반에 종교다원주의를 대학에서 실천했던 것 같다.

　두 번째 동기는 한 졸업생에게서 들은 "대학 시절에 배운 것이 전혀 기억나지 않는다!"라는 충격적인 고백이었다. 이것은 "내 딴에는 정성을 쏟아 열심히 가르쳤으니, 학생들이 아는 것도 많아지고 정신적으로

---

1) 한 번은 절의 동쪽, 서쪽에 따로 거처하는 승려들이 고양이 한 마리를 놓고 서로 갖기 위해 말다툼을 벌인 적이 있었다. 남전이 이 광경을 보고 고양이를 움켜잡고는 그들에게 말했다.
「너희들 중 누구든지 바른말 한마디를 하면 이 고양이를 살려주고 그렇지 않으면 죽여버리겠다.」
대중들이 아무런 대답도 못하자 그는 들고 있던 칼로 가차없이 고양이를 두 동강 내었다. 밖에 나가고 없던 조주가 저녁나절에 돌아오자 스승은 그에게 사건의 전말을 들려주었다. 말을 듣고 나서 조주는 아무 대꾸도 않고 신발을 벗어 머리 위에 이고 밖으로 걸어 나갔다. 그러자 스승이 말했다.
「그때 만일 자네가 그곳이 있었더라면 고양이를 살려 주었을 텐데!」 (吳經熊 지음, 류시화 옮김. 『禪의 황금시대』. 경서원, 1986.)

도 성장했을 것!"이라는 순진하고 오만한 나의 자신감이 한순간에 무너지는 참혹한 경험이었다. 이 덕분에 가르치는 일에 있어서 일방통행이 아니라 같은 눈높이에서 함께 생각하고 고민하는 자세가 필요함을 뼈저리게 느꼈다. 선사(禪師)들의 일화에서 자주 나오는 줄탁동시(啐啄同時)를 머리로만 알았지 행동으로는 옮기지 못했던 것을 뒤늦게나마 깨달았던 것이다. 소크라테스와 그 제자들이나 공자님과 그 제자들의 대화, 부처님과 제자들의 대화가 곧 참 교육의 모델이었음을 나는 왜 일찍 알아채지 못했을까?

세 번째는 1988년 12월 어느 날 내게 영어를 배우던 한 남학생이 집으로 찾아와 "교수님, 명상을 배워보시지요!"라며 책 한 권을 건넨 사건이다. 지금까지는 내가 '가르쳐 주는' 일을 하는 선생으로 자부하고 있었는데, '내게 배우는' 학생으로부터 오히려 '내가 배우는!' 상황이 된 것이다. 명상에 대해서는 아는 것이 없으니, 어찌 학생에게 배우는 것을 마다할 수 있으랴! 그날로 그 책을 반쯤 읽고 난 후 '책에 쓰인 내용이 참인지 거짓인지 확인하기 위해' 실습으로 들어갔다. 책의 내용이 거짓이 아님을 몸과 마음으로 즉시 확인할 수 있었다! 명상이라고는 했지만, 뒤에 알고 보니 단전호흡이었다.

호사다마(好事多魔)인가? 이 학생이 가르쳐 준 명상을 아침저녁으로 매일 4시간 정도 하다 보니, 몸과 마음에 일어나는 변화가 가히 놀라울 정도였다. 10년 넘게 괴롭혀 오던 불면증과 강박증으로부터 불과 1주일 안에 해방된 것은 명상의 명백한 장점이었으나, 한편으로는 명상이 가져다준 '내 몸과 마음에 대한 새로운 시각과 변화'가 늘 긍정적인 것만은 아니었다. 예컨대, 사람들과 말을 하게 되면 "그 속마음을 꿰뚫어 본다."든지, "이 사람은 앞으로 얼마나 더 살 수 있겠다"든지, 심지어 "마음만 먹으면 지금이라도 하늘을 날 수 있다!"라는 등의 망상에 사로잡히는 경우가 꽤 여러 번 있었다.

마장(魔障)! 두어 달 이런 상황에서 방황하다 보니, "명상의 목적이 이렇게 허무맹랑한 생각에 사로잡혀 헤매는 것은 분명히 아닐진대, 정신 차리지 않으면 미치광이가 되겠구나!"라는 생각에 눈앞이 캄캄했다.

이런 망상에서 벗어날 길을 여러 날 궁리한 끝에, '탐욕 · 분노 · 어리석음'의 소멸을 목적으로 하는 부처님의 가르침이라면 충분히 나의 어려움을 극복할 수 있을 것이라는 확신이 들어, 당장 단전호흡 중심의 수련을 그치고 「반야심경」을 호흡에 맞추어 암송하는 방식으로 수련을 계속했더니 채 1주일도 안 되어 나를 괴롭히던 망상들이 슬그머니 사라졌다. 돌이켜 보면, 단순히 단전호흡을 해서 건강증진이나 특별한 능력을 계발해야겠다는 마음 자체가 나도 모르게 탐욕이라는 악성 암세포로 발전되었던 것이다.

길은 찾았는데, 전에 감명 깊게 읽었던 서산 대사의 『선가귀감』에 "음란하면서 선을 닦는 것은 모래를 쪄서 밥을 짓는 것과 같고, 살생하면서 선을 닦는 것은 제 귀를 막고 소리를 지르는 것과 같다. 도둑질하면서 선을 닦는 것은 새는 물동이가 가득 차기를 바라는 것과 같다. 거짓말하면서 선을 닦는 것은 똥으로 향을 만드는 것과 같다. 이런 것들은 비록 많은 지혜가 있더라도 모두 마도(魔道)를 이루는 것일 뿐이다."[2] 라는 말씀은 완벽한 도덕성을 요구하는 것과 같아 매우 부담스러웠다.

---

2) 청허휴정 지음, 박재양·배규범 옮김. 『선가귀감: 언해본과 산문본을 아우른 교감과 상주』. 예문서원, 2006, 287.

게다가 담배를 16년간 피우고 때로 술도 마시던 내게 이러한 계율은 진지한 수행에 찬물을 끼얹는 것 같았다. 그러나 하루 3시간 이상 정진을 했더니, 3여 년 후에는 술과 담배는 자연스럽게 끊어졌고, 계율을 지키는 것도 나의 수행에 큰 도움이 된다는 것을 일상생활 속에서 많이 느낄 수 있었다.

부처님께서 계율을 중시하신 이유를 지금은 처음 수행을 시작했을 때보다 훨씬 더 잘 이해하고 불교 수행을 시작하는 분들에게 더 잘 설명할 수 있게 되었다. 계율이 무너지면, 선정에 들 수 없을 뿐 아니라 최상의 지혜를 얻는 것은 아예 꿈도 꿀 수 없다는 것을 확신하게 되었기 때문이다. 계율을 지키면 불편한 것이라는 생각은 사라지고, 계를 지키면 나도 편안하고 남도 편안하다는 것을 생활 속에서 확인한 것이다.

1992년 봄 청주에 있는 서원대학교에 부임하면서, 청주 지역에 있는 불자 교수들과 함께 매월 속리산 법주사에서 1박 2일의 정기법회에 참여함으로써 수행에 많은 도움을 받을 수 있었다. 특히 충북대학교의 김용환 교수님은 고교 시절부터 명상을 해서 그런지 수행 중 일어나는 여러 현상에 대해 질문했을 때 막힘없이 대답해 줌으로써 안심하고 좌선에 매진할 수 있었다. 그리고 1993년부터인가 여름·겨울 방학을 이용해서 범어사, 국사암, 속리산 중사자암 등의 사찰에서 1주일간 10여 명의 불자 교수들과 (이 가운데는 서원대학교 독문과에 외국인 교수로 있던 훼를레 前 교수님이 적극 동참하였으며, 지금은 숭산 스님이 설립한 관음선종 베를린 선원장을 맡고 있음) 참선 집중수행도 가졌는데, 때로는 묵언 수행, 때로는 경전 공부도 하였다. 회향하는 날은 근처 사찰의 선지식을 친견했는데, 동화사 옆 비로암에 계신 범룡 큰스님을 친견했을 때의 감회는 지금도 엊그제처럼 새롭다. 노 선사께서 손수 끓여주신 차를 마시면서, 김용환 교수가 "스님께서 출가하신 후 가장 기쁜 일이 무엇입니까?"라고 여쭈었더니, "없습니다! 깨달음이나 얻었다면 모를까…"라고 즉답하시는 모습에서 역시 대단한 선지식의 풍모를 엿볼 수 있었다.

이 당시 함께 신행하던 교수들 가운데 2003년에 영국 연수에서 돌아오니, 생물교육과에 새로운 교수님이 한 분 오셨는데, 대단한 신심으로 열심히 정진하는 분으로 소문이 나 있었다. 그분이 바로 지금 경상국립대학교 사범대학장으로서 경상대 불교학생회를 부활시킨 김용진 교수님이다. 새로운 도반이 생겼다는 그 반가움과 기쁨도 잠시! 매월 있던 법회를 겸한 사찰 순례와 매주 한 번씩 저녁마다 함께 부지런히 정진함으로써, 충북불교교수회와 내게는 천군만마 같았던 도반이 얼마 지나지 않아 경상국립대학교로 가셨으니 얼마나 가슴이 아팠는지 모르겠다. 늘 함께 공부하지는 못하지만 지금도 가끔 하동에 있는 선원으로 정진하러 가면 늘 만나 서로 공부를 묻곤 하는데, 이번 겨울에는 김 교수님이 신도회장으로 있는 지리산 수정암에서 몇몇 교수님들과 함께 집중수행을 할 예정이다. 이 자리를 빌려 도반 김용진 교수님께 그리고 불연(佛緣)에 감사드린다.

이렇게 여러 교수와 함께 불교 공부를 하다 보니, 부처님의 가르침에 대한 적은 경험이지만 이에 관심 있는 시민들과 함께 공부하여 작은 것이라도 함께 나누면 좋겠다는 생각이 들었다. 1993년경 교수회에서 명상을 주제로 콜로키움을 이끌어달라는 부탁을 받고 발표한 결과, 그 자리에서 여러 교수가 교직원 대상으로 명상교실을 여는 것이 좋겠다고 하여, 2년여에 걸쳐 매주 수요일 오후 2시간씩 참선 시간을 열었다. 물론 종교와 관계없이 참가할 수 있는 수식법(數息法)을 중심으로 했다. 여기서 용기를 얻어, 평생교육원에서 참선 강좌를 열어 200여 명의 시민과 함께 부처님의 가르침을 체험하는 기회를 2001년까지 가질 수 있었다. 그 가운데는 불자는 물론 목사님을 비롯해 기독교와 천주교의 신자들도 꽤 있었고, 출가한 분도 있었다. 어쨌든 부처님의 가르침 덕분에 내가 삶의 나침반을 얻었고, 이 은혜를 조금이라도 갚을 수만 있다면, 명상반을 열어 인연 닿는 분들에게 전하고, 종강할 때는 부디 훌륭한 선지식을 찾아 스승으로 모셔서 최상의 행복을 찾으라는 당부를 잊지 않았다. 재직 시에는 지도를 맡은 학생들에게 반강제(?)로 수식법 보고서를 제출하게 해서 집중력과 마음 다스리는 공부를 함께 하도록 했는데, 몇몇 학생은 참선을 일상과 학업에 적용하여 큰 효과를 본 것으로 알고 있다.

지금은 한국교원대학교에서 퇴임한 동년배이며 고교 시절부터 정진해온 이성도 교수님, 서원대, 충북대, 청주대 교수님들 몇 분과 중등교장선생님들이 모여 참선과 초기불교 중심의 경전 읽기를 10여 년째 해오고 있다. 교학과 수행이 함께 해야만 온전하게 불자의 길을 갈 수 있다는 생각에서다. 전공이 영문학이라는 핑계를 댈 수는 있겠지만, 그래도 아쉬운 점은 재직 시에 더 많은 학생에게 종교와 관계없이 실천할 수 있는 '마음 챙김 명상'을 보급하지 못한 것이다. 그래서 학교에서 명상 관련 프로그램이나 동영상 강의를 요구해 오면, 평범해서 보잘 것은 없겠지만, 능력껏 만들어서 보내고 있다. 성냥개비 하나로 넓은 세상을 밝힐 수 있듯이, 나의 작은 정성이 주변에 있는 사람들에게 작은 등불이라도 되어주었으면 한다. 재직 시에는 학생들을 대할 때, "내가 비록 교수로서 여러분들을 가르친다고는 하지만, 실제로는 여러분들과 함께 공부하는 것입니다. 내가 여러분들에게 존댓말을 사용하여 여러분을 존중했던 것처럼, 여러분들도 교육현장에 나갔을 때 여러분들에게 배우는 학생들을 존중하며 가르쳐 달라!"라고 부탁하곤 했다. 이 또한 부처님께서 강조하신 "천상천하유아독존"의 정신을 교육 현장에 적용한 사례이다. 그래서인지는 몰라도 가끔 제자들의 결혼식에서 그들의 학생들이 선생님을 존경하고 사랑하는 모습을 볼 때 기쁘고 자랑스럽다. 이제는 누가 뭐래도 부처님의 가르침 없는 나의 삶을 상상할 수 없게 되었다. 아직 목적을 이루지는 못했지만, 이것이야말로 이제껏 내가 발견한 최상의 보배라는 것을 확신하게 되었으니 말이다.

누가 뭐래도 불자라면 가족들에게 훌륭한 불자로 인정받고 함께 불자의 길을 걷는 것이 제일 기쁜 일일 것이다. 아이들과 함께 1년 반 정도 수식법을 중심으로 참선을 했지만, 아직은 나의 능력 부족으로 인해 부처님의 가르침을 온 가족이 공유하고 생활화하지 못한 것이 늘 마음에 걸린다. 내 건강을 지켜준 고마운 아내에게 조금이라도 보답하고, 좋은 인연으로 아들로 와 준 아이들에게 내가 줄 수 있는 최고의 선물이 부처님의 가르침인 것만은 분명히 보인다. 그저 나의 수행이 무르익어 가족들이 함께하고 싶은 경지로 빨리 가는 것이 최선일 거라는 생각에 갈 길이 멀어도 한참 멀어 보인다.

보리[보살]-보리밭-보리쌀과 대승불교

손 병 욱
경상국립대학교 윤리교육과 명예교수

—

우리 민족의 주류를 형성하였던 원선조(元先祖)들은 한반도에 들어와 정착하기 전 오랫동안 쌀농사가 불가능한 한반도 북쪽, 혹한의 건조지대에서 반농반유목(半農半遊牧) 생활을 영위했다. 이때 밭농사를 통해 보리를 작물로 재배하여 얻은 보리쌀을 유일한 주곡으로 삼아온 오랜 역사가 있었다. 그러던 차에 북방불교인 대승불교가 들어오니까 이들은 깨달음을 지칭하는 핵심 용어를 이 작물의 이름 그대로 '보리'라고 부르기 시작했다.

깨달음으로서의 보리를 작물로서의 보리와 연결시킨 흔적은 신라 진흥왕의 이름에 잘 남아 있다. 《삼국사기》에 따르면 진흥왕은 그 이름이 삼맥종(三麥宗)이었다. 아마도 불교의 '(아뇩다라)삼먁삼보리[(無上)正等覺]'를 염두에 두고 그 음을 최대한 취하여 한문으로 표기한 듯하다. 주목할 것은 삼맥종에서 '보리맥(麥)'자를 쓰고 있다는 사실이다. 이는 삼맥종으로 표기하면서 이것이 '삼먁' 뿐 아니라 '삼보리'임을 동시에 나타내려는 의도를 지녔던 것으로 보인다. 따라서 삼맥(三麥)이라는 말은 삼먁삼보리, 나아가 아뇩다라삼먁삼보리의 의미를 지니는 말이라고 해야 할 것이다. 실제로 진흥왕을 어떻게 불렀을까? 황종(荒宗)을 실제로는 거칠부로, 태종(苔宗)을 이사부로 불렀듯이, 삼맥종은 '삼보리' 내지 '삼맥부'로 불렀을 것이다.

신라가 처음 불교를 수용하였을 때 신라인들은 보리와 삼보리를 구분하여 사용하였고, 그리하여 보리를 얻으면 보살이 되지만 삼먁삼보리를 얻으면 이는 성불(成佛)의 부처 경지라고 여겼던 듯하다. 그렇다면 우리는 진흥왕의 이름에서 그가 이미 부처가 되기로 예비되어 있었음을 알 수 있다. 호국불교의 왕즉불(王卽佛) 논리에 따르면 왕은 부처일 수밖에 없다. 실제로 《삼국사기》에서 진흥왕은 그가 세운 황룡사의 주불인 장육존상(丈六尊像), 곧 석가모니불의 화신(化身)으로 간주된다. 장육존상이 흘린 눈물이 발꿈치까지 차오르는 징조가 곧 그의 죽음을 예고한 것임이 밝혀지는 데서 이 점이 잘 드러난다.

보리라는 이름은 신라에서 귀족의 이름으로 사용된 사례가 있다. 바로 진평왕 때 12세 풍월주(風月主), 곧 대표화랑이었던 보리(菩利)가 그다. 《화랑세기》에 따르면 그는 진흥왕의 어머니 지소태후와 이사부 사이에서 태어난 숙명공주가 4세 풍월주 이화랑 사이에서 낳은 아들이었다. 보리는 원광법사의 손아래 동생이기도 하였다. 당시는 '선과 불의 길은 하나다'는 '선불일도야(仙佛一道也)'의 관념이 지배하던 시기였다. 여기서 선(仙)이란 화랑을 가리키는 용어이다. 따라서 그의 부모는 보리공의 외삼촌이기도 했던 진흥왕의 이름인 삼보리를 염두에 두되, 왕족이 아닌 귀족임을 감안하여 삼보리가 아닌 보리로 작명했을 것으로 여겨진다. 여기서 우리는 신라인들이 작물인 보리를 한문으로 음역하여 '菩利'로 표기했음을 유추하여 알 수 있다.

깨달음을 의미하는 산스크리트어 'bodhi'의 한문표기 보제(菩提)를 우리 선조들이 '보리'로 읽었음에 주목할 필요가 있다. 이는 깨달음을 작물 이름 보리와 연관시키려고 한 시도의 흔적이라고 할 수 있다. 그리하여 깨달음을 구하는 수행자를 보리라고 하면서 한문으로 아예 보제 대신 보리(菩利)라고 표기하였던 것이다.

수행자를 보리라고 부른 사례는 《금강경》의 수보리(須菩提)에서 엿볼 수 있다. 석가의 10대 제자 중 해공제일(解空第一)이라는 '수부티'는 한문으로는 수보제(須菩提)라고 쓰지만, 발음은 '수보리'라고 읽는다. 왜 우리 선조들은 한문 발음대로 읽지 않고 발음을 변형하였을까? 수보제의 보제라는 발음에서는 작물 보리를 연상하기는 어려웠을 것이다. 이에 보제(菩提)를 보리라고 발음하거나 아니면 아예 발음대로 보리(菩利)로 표기하였다고 할 수 있다. 그리고 보면 보리라는 발음은 작물 보리의 중요성을 자각한 우리 선조들의 독특한 체험의 소산이었던 것이다. 다만 사람을 가리킬 경우 보리는 남성에게만 적용되어 왔고, 여성을 보리라고 부른 사례는 아직 발견하지 못하였다.

《화랑세기》, 12세 보리공(菩利公) 조에 따르면 보리는 이러한 이름에 걸맞게 만년에 불문(佛門)에 귀의하여 백씨(伯氏)인 원광법사를 도왔다. 보리공의 만년의 사적은 김대문이 지은 《고승전》에 나온다고 하는데, 현재 《고승전》은 실전(失傳) 상태라 여기에 나온 그의 행적을 확인할 수는 없지만, 그가 드디어 깨달음[보리]을 얻어서 고승 대덕의 반열에 올랐음을 알 수 있다.

二

이제 이 보리를 보리밭, 보리쌀과 연계시켜 살펴보자. 그랬을 때 보리란 무엇인가? 이는 보리 씨에서 싹튼 '보리싹'으로서, 깨달음을 희구하는 수행자를 가리키는 보통명사로 볼 수 있다. 보리밭은 어떤 곳인가? 곧 선지식(善知識)의 도량이다. 보리쌀은 무엇인가? 보리의 낟알을 도정(搗精)하여 얻은 수확물로서, 이는 선지식의 도량에서 수행을 통해 깨달음의 성취를 이룬 사람을 가리킨다고 할 수 있다. 결국, 보리가 보리쌀이 되기 위해서는 보리밭이 필요한 것이다.

이 보리쌀을 얻는 과정을 대승보살도의 실천에 견주어 생각해 보자. 수행자가 선지식의 도량에서 그의 보살핌 속에 스스로 모진 인고(忍苦)의 노력을 다하여 일단 깨달음의 성취를 이루면, 이제 선지식의 점검과 스스로의 오후보림(悟後保任)을 거쳐서 어엿한 한 사람의 보살, 곧 대승보살인 보살마하살이 되는 것이라고 하겠다.

보리밭에서 한 톨의 보리쌀이 나오는 전체 과정은 대승불교에서 선지식이 6바라밀의 실천으로 수행자를 보살마하살로 만듦으로써 스스로는 성불(成佛)을 지향하는 것에 비겨볼 수 있다. 보리밭에 보리 씨를 뿌림은 선지식의 입장에서는 될 성싶은 수행자를 선택하는 것이지만, 수행자의 입장에서는 자기를 보살마하살로 만들어 줄 보리밭, 곧 선지식의 도량을 스스로 선택한다는 의미를 지닌다고 하겠다.

이런 해석이 불교적으로 유의미한 것이라면, 필자는 그동안 한국불교에서 많이 사용해온 '보살'이란 말 외에 앞으로는 '보리쌀'이라는 말도 같이 사용할 것을 제안하고자 한다. 언제부터인가 한국불교에서 보살은 재가불자 가운데 여성 신도를 지칭하는 말이 되고 말았다. 이 용어는 너무나 오랫동안 이런 의미로 사용되어 왔기에 바로잡기가 쉽지 않다. 그렇지만 보리쌀이라는 말을 사용하면 보살과의 혼동을 피할 수 있고, 그러면서 보살마하살을 보다 간단하고 부르기 쉽게 지칭할 수 있을 것이다.

보리쌀 역시 보살 본래의 의미처럼 '깨달음 속에 있는 중생'인 보리살타(bodhisattva)를 줄인 말로 볼 수 있기 때문이다. 뿐만 아니라 대승불교의 정신이 배어 있는 보리-보리밭이라는 용어와 자연스럽게 연결된다. 보리로 지칭되는 수행자가 선지식과 도반이 있는 도량인 보리밭에서 신·해·행·증(信解行證)의 신행으로 깨달음의 결실을 얻으면 그가 곧 '보리쌀'인 것이다.

이 지면을 통해서 필자는 '보살'의 두 가지 의미 중, '깨달음을 구하는 중생'으로서의 보살 중 재가 남성 수행자는 '보리'로, 재가 여성 수행자는 그대로 '보살'로 부를 것을 제안한다. 나아가 '깨달음 속에 있는 중생'으로서의 보살은 승속의 남녀 불문하고 다 같이 '보리쌀'로 바꾸어 부를 것을 제안하고자 한다. 보리와 보살은 각각 재가 남녀 수행자이고, 보리쌀은 승속의 남녀 불문하고 선지식을 가리키는 명칭이 되는 셈이다. 곧 보리쌀이란 출가승 가운데 선지식에 속하는 큰스님과 재가불자 가운데 선지식에 속하는 법사를 통칭하는 용어가 될 수 있다.

이처럼 보리와 보리쌀이라는 용어를 새롭게 쓰게 되면, 보살이 갖는 두 가지 상이한 의미로 인한 혼동도 피하고 재가 여성 불자를 지칭하는 보살과의 충돌도 피할 수 있을 것으로 여겨진다.

　한국불교에서는 앞으로 이런 보리쌀이 많이 나올 수 있도록 보리밭을 잘 관리하는 노력이 필요하다. 그러나 오늘의 한국불교는 이런 바람과는 상당한 거리가 있다. 막대한 예산을 투입한 외형 불사로 전국 도처의 이름난 사찰에는 그럴듯한 이름을 단 크고 많은 건물군(建物群)이 즐비하게 늘어섰지만, 막상 출가자들이 급속도로 감소하고 있다. 이대로 가다간 조만간 사찰이 텅텅 비게 될지도 모른다. 이제 이런 외형 불사는 그만두고 내면을 충실하게 채우는 노력이 뒤따라야 한다. 그렇지 않고 현재와 같은 행태가 계속된다면 그 미래는 비관적일 수밖에 없다. 앞으로의 불사는 무엇보다도 소프트웨어적인 '인재 키우기'에 집중되어야 한다. 그러자면 참다운 대승보살도에 입각하여 근본을 바로잡는 노력이 절실하다.

　한편으로, 보리밭은 산중에만 있을 필요가 없다. 세속의 도심(都心) 가운데도 얼마든지 있을 수 있다. 앞으로는 재가 불자들 가운데서 제대로 발심한 보리[보살]와 깨달은 보리쌀이 많이 나와야 한다. 그래야만 출가자들이 더욱 자극을 받을 것이고, 전체적으로 한국의 불교가 침체를 벗고 다시금 재도약할 수 있을 것이다. 이런 측면에서 재가 불자의 수행 도량인 도심 속의 보리밭은 많을수록 좋다. 이런 도심 속의 재가 수행자들을 위한 도량, 곧 선지식과 도반을 갖춘 보리밭 가운데 가장 대표적인 보리밭이 있다면 그것은 바로 사단법인 선도성찰나눔실천회(이것을 줄여서 禪道會라고 부름)라고 하겠다.

　초대 지도 법사였던 종달(宗達) 이희익(李喜益: 1905~1990) 선사가 창도한 이래, 지금은 2대 지도 법사인 법경(法境) 박영재(朴英才: 1955~) 법사를 중심으로 3대 핵심 가풍[1] 중 하나인 입실점검(入室點檢)의 전통을 되살려서 왕성한 포교 활동으로 많은 보리쌀 법사들을 배출해 오고 있다. 아마도 선도회는 앞으로 한국 사회에서 생업과 수행을 함께 하는 생수불이(生修不二)의 전통을 이어서 불법(佛法)의 저변을 획기적으로 확대하는 신기원(新紀元)을 열어나갈 수 있으리라고 확신하며 많은 기대를 갖는다.

보리쌀 법사가 입실점검을 통해 수행자 보리[보살]로 하여금 불법의 본령인 '절대의 경지'에 도달하고 이를 바탕으로 통찰과 나눔이 둘이 아닌 '통보불이(洞布不二)의 실천적 삶'을 이어가도록 교화(敎化)한다. 이와 함께 '지금 여기의 생활현장에서 철저하게 생수불이의 삶을 영위'하면서 각자의 전문성을 심화시키고 자기 분야의 선두주자로 우뚝 서도록 자극과 도움을 아끼지 않는다. 바로 이런 사람들이 많아질 때 우리 사회의 영적(靈的) 성장(成長)은 한 차원 높게 진보·발전할 것이며, 이는 불교의 효용성을 가장 설득력 있게 전파하는 첩경이 될 것이다.

현재 선도회는 보리[보살]-보리쌀이 잘 어우러져 이 길을 제대로 가고 있는 이 시대 한국의 대표적인 도심 속의 보리밭이라고 할 수 있다.

---

1) 이것은 '세 분의 스승께 귀의하기[歸依三師]', '화두참구로 얻은 경계를 선지식에게 獨參하여 점검받기[入室點儉]', 그리고 '하루 2시간의 數息觀으로 기른 아랫배 힘을 활용하여 깨어있는 14시간 동안 자기의 생업에 전념하기[坐一走七]'이다.

포교와 수행

유 동 숙

진주 선우선방 선원장

1. 포교라는 이름으로

별로 내놓을 것도 없고 수행도 행원도 어정쩡한 사람이 이렇게 글을 쓰고 있다는 게 죄송하다는 게 저의 심정입니다. 경상국립대학교 사범대학장님이신 김용진 교수님께서 선우 선방과 불교 포교를 위하여 권유하셔서 용기를 내어 적어 봅니다. 포교라고 할 것도 없지만 끊지 않고 흐르다 보니 그것이 포교였던 것 같습니다.

저는 고교 시절 친구의 권유를 따라 종로 2가에 있는 Y 써클에 가입하게 되었고 처음으로 성경을 배우게 되었습니다. 신약, 구약을 공부하면서 자꾸 합리적으로 생각이 되지 않았기에 영 찜찜한 것이 남아 있었습니다. '만약에 내가 천국에 가면 행복할까?' 생각했더니 지옥에 있는 사람이 생각나서 행복해질 것 같지 않았습니다.

결혼 후에도 시댁의 종교를 따라 교회에도 나가게 되었습니다. 그러던 어느 날, 우연히 시아버님 서재에서 '선문촬요'라는 책을 보게 되었고, 왠지 거기에 답이 있을 것 같았습니다. 아버님도 선물을 받아 그냥 꽂아 두신 것이었습니다.

그러다가 지장보살의 존재를 알게 되었고, 왠지 떳떳하게 생각이 되었습니다. 나만이 아닌 지옥 중생도 함께 간다는 것에 가슴이 펴지는 것이었습니다. 그리고 성불을 모르지만 홀로 생각하고 생각했습니다. 스승도 도반도 없이 오직 한 권의 책만 가지고 답도 없이 막연히 그냥 그러고 있는데, 어느 날 모르는 분이 저를 찾아와서 1주일만 자기와 같이 며칠만이라도 앉아주면 안되겠느냐고 했습니다. 권유에 의해서 1주일 간 매일 1시간씩 함께 앉았습니다. 그러다가 청화 큰스님을 뵙게 되었습니다. 왠지 지극한 겸손함이 느껴져서 겸손을 배우려고 귀의하게 되었습니다. 도(道)는 모르겠고요.

그러던 중 좁은 방에 사람들이 자꾸 찾아와서 오시지 말라고 해도 자꾸 오셨습니다. 그때 왕인 스님(큰스님 상좌)께서 "부디 오는 사람을 막지는 말아주세요!" 하시어 유지하다 보니 지금의 '선우 선방'이 되었습니다. 그리고 부처님의 제자로서 타 종교에 비해서 청년들에게 너무 무성의한 것 같아서 군 법당에 초코파이라도 하나씩 주려고 했습니다. 그런데 법당이 너무 쇠락해서 어쩔 수 없이 100평 가까운 법당을 짓게 되었습니다. 어느새 30년이 넘었는데, 누군가 받아줄 사람이 없어서 매주 간식과 법문을 준비해서 지금도 가고 있습니다.

어느 날 어디에도 아이들과 갈 곳이 없다는 엄마의 하소연과 친구 따라 교회에 보낸다는 이야기에 또 어쩔 수 없이 2명에서 어린이회를 시작하여 70명으로 어린이회를 이어갔습니다. 템플스테이도 60명 정도씩 10년을 운영했습니다. 서경 방송에서 우리 템플스테이를 촬영해서 방영을 했습니다. 그때는 우리가 드론을 띄워서 촬영해달라고 하여 유료로 찍었습니다. 어린이들이 커서 중학교 학생회, 고등 학생회, 대학 생회가 되어 템플스테이의 간사로 잘 지도해 주고 있습니다. 모든 게 저 스스로 하지도 못하고 합창단도 청년회(정진회)가 하자고 해서 이루어 졌고 전국 도솔합창단(B.B.S)에서 동상도 수상했습니다.

이 모든 것이 지금까지 묵묵히 저를 믿고 도와주신 도반들이 없었다면 아무것도 할 수 없었을 것입니다. 저의 공부도 또한 어정쩡하게 깊어가지도 않으면서 어설프게 포교라고 하는 제가 부끄러운 것이 사실입니다. 가장 큰 봉사는 제 공부가 올바르고 크게 성취되어야 하는데 여러 가지로 부끄러움이 일어납니다. 그러나 공부가 완전히 올바르게 성취되고 나서 하겠다는 것은 봉사나 포교를 회피하는 핑계일 뿐이라

는 생각에 위안을 합니다. 이렇게 밀려서라도 포교라는 이름으로 부처님의 법을 이어감에 부끄러우면서도 누군가 해야만 해야 할 것 같아서 여기까지 왔습니다.

밤낮으로 열심히 수행하시고 틈틈이 봉사하시는 우리 법우님들께 항상 감사드립니다! 저도 법우님들 따라 함께하다 보니 근 30년이라는 세월이 흘렀고 한 도량을 이루었습니다. 더 많은 수행자가 오셔서 원통적인 부처님의 정법을 수행하시고, 우리 모두 행복의 근원을 알아가시면 좋겠습니다.

2. 회통 염불

자력을 모두 품은 모든 수행의 총 대명사, 나무아미타불 관세음보살!

옛날 할머니들께서는 이 말을 외우시면서 힘든 가사와 시집살이의 마음고생을 달래곤 하셨을 것입니다. 힘들고 외로울 때 가만히 "나무아미타불 관세음보살!" 이렇게 불러보면 두 분이 한 분 되어 나의 님이 되고, 나의 기둥이 되고, 나의 울타리가 되고, 위로의 음악이 되고, 재충전의 발전소가 됨을 느끼곤 할 것입니다.

기복이면 어떻고, 의지하면 어떠하냐? 이 인생의 고해 속에서 나의 등대가 되어주시는데 열심히 의지하다 보면, 확실히 믿어버리면 유심조의 이치로 이루어지고, 또 열심히 하다 보면 그 자리가 나의 자리임

을 아는데~

   요즈음 염불선과 간화선에 대하여 논쟁을 하시는 것으로 알고 일개 여신도로서 망설여지기도 하지만 저의 경험을 한 말씀 올리고자 합니다.

   그저께 부산에서 보살님 한 분이 찾아오셔서 '청화' 스님의 법문을 접하고 2년 전 타 종교에서 불교로 방향을 바꾸었다고 하시면서 염불선을 했는데 자꾸 의심이 일어나서 화두로 공부하였으면 하는데, 청화 스님께 대한 죄스러움이랄까? 화두선 사이에서 갈등이 일어나서 괴롭다고 하시면서 상기가 일어나 머리가 깨어질 듯이 아프다고 했습니다.
   그래서 저의 경험을 회상하여 말씀드린 내용을 소개해 봅니다.

   제가 처음 선(禪)을 생각했을 때 환경상으로 시댁은 불교가 아니었습니다. 그래서 불교를 공부하기 힘든 상황이었고, 본인의 공부 복도 부족하여 살아계신 스승도 만나지 못했습니다. 공부는 하고 싶었기에 마음으로 '책도 스승이다!' 책이 나의 스승이라 믿고 선문촬요(禪門撮要)를 스승으로 삼았습니다. 다 놓고 즉입하여 지키면서 혼자 기뻐하고 혼자 힘들기도 할 때, 그때가 화두와 묵조가 함께 공부의 방법이 되고 있었습니다. 지난 후 보니 간절한 마음이 바로 염불이 되어 있었습니다.

   깨달음을 생각하는 마음, 무아를 알고자 하는 그 마음이 바로 '염불'인데, 왜? '화두선, 염불선, 간화선' 하면서 편 가르기를 하는지 모를 일입니다. 깨닫기 전까지는 의심이 붙지 않을 수 없고, 염불하지 않을 수 없고, 묵조하지 않을 수 없는 것 같습니다.

즉 간화함과 동시에 염불하고, 염불하면서 묵조했는데, 왜 그렇게 갈라지는지 모르겠다는 생각을 하게 됩니다. 청화 큰 스님께서도 "나무아미타불이 곧 화두입니다."라고 말씀하셨는데도 꼭 송불의 염불을 서방정토 아미타불의 염불로만 편집되게 생각하여 진리의 본이름인 아미타불을 왜소하게 만드는 분들도 있습니다. 부처님의 가르침을 편 가르기함으로써 타 종교조차도 회통해야 하는 불교의 큰 바다를 좁게 만드는 것 같습니다. 이러한 논쟁은 오히려 교의를 왜곡하고 편협하게 만들기 때문에 서로 다투는 것이 안타깝습니다.

화두가 마음에 더 맞으면 화두 공안 공부를 하세요. 아니면 아미타불을 화두로 잡으세요. 그리고 훌륭하신 선지식을 찾아서 열심히 하셔서 깨치세요. 그게 바로 또한 염불선입니다. 선재동자는 53 선지식을 찾아가서 법을 배웠는데 내 스승, 내 문중, 내 종파를 따져서 이 짧은 생애에 머뭇거리지 마시길 당부합니다. 우리는 모두가 석가 문중입니다. 큰 스님의 뜻은 근본불교에 뿌리를 두셨고 석가모니 부처님의 가르침에 뿌리를 두셨지, 큰스님 자신을 세우신 적이 없습니다.

저의 예를 들어보면, 청화 큰스님을 서너 번 뵌 후에 스님께 "스님! 많은 분이 평생을 저렇게 열심히 수행하시는데 저 같은 환경(층층시하 대가족)에서 공부가 되겠습니까?" 하고 말씀드렸더니, 스님께서 대답하시기를 "삼일을 수행해도 평생 수행한 사람보다 나을 수 있습니다."라고 하셨습니다. 또 제가 말씀드리길 "저는 나무아미타불을 하지 않습니다." 하였더니, "보살님은 바르게 가고 있습니다." 하고 짧게 답해주셨습니다.

그리고 "무명이 왜 생깁니까?" 하고 말씀드렸더니 "무명은 본래 없습니다." 단 한마디만 해주시고 설명은 한 말씀도 없으셨습니다. 그때 저는 스님의 지극한 격려를 받았다고 생각했습니다. 목적지까지 여러 갈래 길이 있고 어느 길로 가더라도 자기가 선택한 길로 가면 될 것입니다. 그 길에서 인연 있는 분께 여쭈어보고 가는 것이 온전한 부처님의 뜻이며, 원통적인 불교를 주장하시는 청화 스님의 가르침이라고 알고 있습니다.

"간절히 깨달음을 생각하는 염불이 없이 어떻게 깨칠 수 있겠습니까? 저는 불교 공부를 시작함(초발심)이 염불이라고 생각합니다. 좁은 의미의 염불을 벗어나 화두 공부한다고 청화 스님께 죄송해하는 것은 오히려 스님께 누를 끼치는 것이라 생각합니다."라고 말씀드렸습니다. 며칠 후 그분은 상기되는 것도 식고 마음도 지극히 편안하다고 했습니다.

청량한 깨어있음의 바로 지금, 존재 자체로 살 수 있을 때 모두를 내려놓고 그냥 그대로 나무아미타불, 나무아미타불, 나무아미타불!

간화선 체험기

오 윤 택
세무법인 정암 대표

내가 처음 접했던 수행은 2003년 간화선 수행이었습니다. 스님들이 몇십 년씩 들고 있는 화두 참구와는 다른 가장 단순하면서 엄청난 폭발력을 가진 활구 참선입니다. 상당수가 일주일이면 되지만 스승이 함께해야 가능합니다. 간화선의 기본서인 선요(禪要)에서 고봉원묘 스님도 돈오체험을 할 수 있는 기간을 7일이면 충분하다 했습니다.

체험의 강도도 사람마다 다 다르겠지만 제 경우는 조금 특별했던 경우입니다. 돌이켜 생각해 보면 화두참구를 통해 에고의 임계점을 넘는 경험은 모두 고도의 집중력을 발휘할 때 체험할 수 있었습니다.

공직에 근무할 때 자격사 시험을 준비하느라 7년 동안 건강도 최악이고 스트레스로 인해 정신도 피폐해 있었습니다. 그래서 그해 여름 일주일 간 휴가를 내서 부산 XX 선원에서 하고 있는 '간화선 수행' 프로그램에 합류했습니다.

첫날, 화두를 받은 후 지도하는 스님의 채찍 같은 법문을 시작으로 화두 참구에 들어갔습니다. 우리 몸의 한 부분의 움직임에 집중하는 것입니다.

이것을 움직이는 놈이 누굴까요?

마음이 움직이는 것도 아니고, 몸이 움직이는 것도 아닙니다. 누가 움직이는 것일까요?

이것을 참구하는데 온몸을 던지는 것입니다.

저의 경우 6일이 걸렸지만, 그동안 참기 힘든 경계가 왔습니다.

가부좌를 하고 앉아있는데 졸음이 오기 시작했습니다. 그런데 이 졸음은 상상을 초월한 졸음이었어요. 전날 충분히 쉬고 숙면을 했는데도 왜 그럴까? 이해가 되지 않았습니다. 아무리 정신을 차리려고 해도 세 번의 호흡을 넘기지 못하고 꾸벅꾸벅 졸음이 쏟아졌습니다. 첫날은 하루 종일 그러했습니다. 훗날 알게 된 사실이지만 이것이 '수마(睡魔)'라는 마장이었고, 공부를 방해하는 첫 번째 에고의 저항을 만났던 것입니다. 밥을 먹는 둥 마는 둥 잠을 자는 둥 마는 둥, 그렇게 하루가 지나갔습니다.

다음 날, 가부좌를 틀고 앉아있는 시간만도 하루 15시간이 넘었습니다. 어제의 졸음은 사라졌는데 또 다른 현상이 일어났어요. 내 안에서

강한 망상이 올라왔습니다.

'나는 이미 모든 것을 다 알고 다 이루어서 더 이상 배울 것이 없으니 그만두고 내려가자!'

'지도하는 저 스님은 나보다 한 수 아래라서 배울 게 없어!'

귀에서 이런 환청이 들리는 듯하고 하루 종일 이런 망상과 씨름을 하면서 '화두'는 온데간데없고, 오로지 그만 중단하고 싶은 생각밖에 없었습니다. 훗날 알게 된 사실이지만 이것은 '아만(我慢)'이라는 마장이었습니다.

다음에 다가온 것은 육신의 고통이었습니다. 하루 15시간 이상 가부좌를 하고 있으니 무릎 관절이 아파서 10분도 견디기 힘들고 허리가 아파서 몸을 지탱하기 어려웠지요. 늘 앉아있는 직업이라 허리가 좋지 않는데 이러다가 허리 병신이 될 것 같은 두려움이 밀려왔어요. 정말로 그만두고 싶었지만, 주변의 만류로 다시 눌러앉았습니다. 신기하게도 그 다음 날은 이런 통증과 두려움이 씻은 듯이 사라졌습니다.

5일째 되는 날 휴가 기간이 이틀밖에 남지 않는데 화두 타파는커녕 아침부터 머리가 빠개지는 것처럼 아프고 거울에 비치는 내 눈은 붉게 충혈되어 있었습니다. 답답함이 극에 달해 나 자신이 무슨 일을 저지를지 알 수 없는 지경이 되었지요.

지도하는 스님은 밤낮으로 불을 뿜는 듯한 법문으로 화두 의심으로 몰아가고 있었고, 먹느냐 먹히느냐 하는 에고와의 생존게임 같았습니다. '조사록'에서는 이런 현상을 밤송이가 목에 걸려 삼키지도 뱉지도 못하는 답답함에 비유하기도 하고, 이런 현상은 화두가 타파되기 직전에 오는 전조현상이라는 사실을 훗날 알게 되었습니다.

시간은 기다려주지 않고 밤이 깊어갔습니다. 이대로 끝인가 하는 절망감이 밀려왔어요. 찬물을 한 번 뒤집어쓰고 나니 이때가 자정이 다 되었어요.

'지금부터 이대로 앉아서 잠도 자지 않고, 밥도 물 한 모금도 먹지 않고, 안되면 차라리 이대로 죽어버리자'라는 오기가 발동했어요. 새벽 5시 정도였을까?, 나도 시간도 없어지는 깊은 경계에 들었습니다. 시간의 흐름을 감지하지 못했던 것 같습니다. 앉아있는 나도 인식하지 못했던 것 같습니다. 나도 시간도 함께 사라졌던 것 같습니다.

어느 순간 갑자기 벽이 꿈틀거리고 방바닥이 파도치듯 출렁이면서 내 몸 회음혈에서 가슴 쪽으로 거대한 전류 다발이 치고 올라오는 것 같기도 하고 수백 마리 벌레떼가 꿈틀거리면서 치고 올라오는 것 같기도 했습니다. 그리고 가슴에까지 올라와서 꽝! 하는 어마어마한 굉음(폭발음)이 들리면서 폭발해 버렸어요. 순식간에 일어난 일이라 너무 놀라서 나는 괴성을 질렀고, 잠시 동안 내 의식의 모든 것들이 멈춰버렸습니다.

잠시 후 정신을 차리고 보니 내가 놀라서 지른 괴성이 얼마나 컸던지 다른 방에서 잠자던 사람들이 모두 뛰어나와서 내 주변에 모여 지켜보고 있었습니다. 가슴이 송두리째 날아가 버린 것 같고 텅 비어서 빈 통에 들숨 날숨만 들고 나는 것 같았고, 이마에는 뜨거운 불 댕기를 메고 있는 것 같았어요. 몸은 발작을 하듯이 진동을 하면서 허공으로 튀어 올랐다가 떨어지기를 반복하고 있었습니다.

아! ~ 이러다 죽는 게 아닌가 하는 두려움이 밀려왔습니다. 이때부터 온종일 온몸이 튀어 오르는 진동이 왔습니다. 전류가 흐르는 것처럼 엄청난 기운의 흐름과 함께 요동치는 경계는 하루가 지나서 멈추기 시작했습니다.

가슴과 머리가 날아 가버리고 없는 것 같아서 자꾸 만져 봤습니다. 몸에는 뜨거운 기운이 계속 돌고, 혀 밑에서는 단침이 샘 솟듯 했습니다. 저녁 공양으로 먹은 밥과 나물은 내가 이 세상에서 먹어본 어떤 음식과도 비교할 수 없는 경이로운 맛이었습니다. 6월의 푸른 나뭇잎 모두가 나를 향해서 반짝반짝 빛을 발하고, 몸은 날아갈 것처럼 가벼웠습니다.

세상의 모든 것이 나를 위해 존재하고 있었습니다. 그 중심에 내가 있었습니다. 의식도 있고 과거의 기억도 있는데 나는 빈껍데기만 있는 것 같았습니다. 한없이 여유롭습니다. 그냥 무지하게 좋기만 합니다.

피부는 뽀얗게 변하고 얼굴이 훤하게 변했습니다. 오장육부는 어린 애처럼 변해서 짜고 매운 것이나 자극성 있는 음식은 입에 댈 수도 없었습니다. 이런 지복의 상태가 2개월이 넘도록 지속되었습니다. 날마다 좋은 날, 환희심 그 자체였습니다. 포행길에 피어있는 풀 한 포기 꽃 한 송이, 이 모두가 나와 둘이 아님이 확연하게 느껴졌습니다.

'생각이라는 의식의 벽이 가로막고 있어 단절되는구나'라고 중얼거리기도 했습니다.

첫 체험 후 1년쯤 지났을 무렵 갑자기 회음혈에서 강한 에너지가 분출되면서 진동이 오기 시작했습니다. 처음과는 비교가 되지 않을 정도로 강한 것이었습니다.

시작하면 탈진될 때까지 내버려 뒀습니다. 삼일 밤낮을 이렇게 반복했습니다. '죽이든지 살리든지 마음대로 해라!' 하고 맡겨 두었습니다.

삼 일째 밤에는 특이한 현상이 일어났습니다. 내 손이 내 의지와는 상관없이 온몸을 두드리고 다니면서 특히 안 좋은 부위를 집중적으로 두드리는 것입니다. 내 의지와는 상관없이 호흡을 시키는 것입니다. 한 호흡에 정확하게 2분이 소요되는 복식호흡이 저절로 되었습니다. 그 외에도 기이한 동작들이 계속 나왔습니다. 먼 훗날 그 동작들이 수행에 유익하게 쓰였지만, 그때는 알 수 없는 동작이었습니다.

그리고 나에게 의사표시를 했습니다. 나와 내 안의 또 다른 내가 소통이 되는 것입니다. 빙의가 된 줄 알고 겁도 나고 무서워서 중단을 했습니다. 그로부터 며칠 동안 희귀한 체험들의 연속이었습니다. 꿈과 현실이 중간상태에서 몸을 감고 있는 구렁이를 처치하고, 수없이 달려드는 새까만 동물들을 다 해치우기도 하고, 온몸에 박힌 유리 조각을 제거하기도 하고, 어떤 보살로부터 온몸의 피를 다 뽑아내고 새로운 피를 수혈받는 체험도 했습니다.

이 모두가 가면 상태에서 이루어졌습니다. 그리고 마지막에는 거대한 태양이 떠오른 광명을 보면서 이 모든 상황이 끝났습니다.

이후, 나는 필요하면 언제든지 나의 몸 어느 부위든지 마음대로 자율진동을 시킬 수 있었습니다. 오장육부를 부위별로 진동시킬 수 있고 혀, 눈동자까지 마음대로 진동시킬 수 있었습니다. 그리고 얼마 지나지 않아 눈앞에 수정체를 수십 개 엮어 놓은 것처럼 생긴 투명체가 보이기 시작했습니다. 살아있는 생명체처럼 모양이 수시로 변합니다. 그리고 몸에 있던 모든 잔병이 치유되었습니다. 수십 년 된 피부병, 고질적인 오십견, 요통 등등… 10년 이상 쓰고 다니던 다초점 렌즈 안경도 이때 벗게 되었습니다. 좌우 0.4 0.6이던 시력이 1.5 정상으로 되었습니다.

그 후로 지금까지 항상 나를 보호해주는 수호령이 있다고 생각했습니다. 위험한 상황에서도 항상 믿으면 되었습니다. 수행과정에서 오는 극심한 육체적 통증이 올 때, 어김없이 이 염체의 자동 발공이 일어나

온몸을 두드려서 치유를 해주었습니다.

그렇지만 이런 현상을 아는 사람은 아무도 없었습니다. 삿된 것으로 치부되기도 하였습니다. 훗날 알고 보니 아무런 문제가 없었습니다. 수행과정에서 일어나는 자연스런 현상이었습니다. 모두 지나가는 경계였습니다.

이런 체험 이후에 삶이 달라진 것은 일상에서 내 몸의 변화나 생각의 일어나고 사라짐을 알아차리고 이를 비추어보는 주시자의 관점이 저절로 작동되어 지면서 업식(業識)에서 오는 습관을 쉽게 바꿀 수 있었고 부정적인 생각이나 번뇌에서도 어렵지 않게 벗어날 수 있었습니다. 날이 갈수록 점점 더 가벼워지고 편안해지는 느낌이었습니다.

고향과 꿈의 인연 이야기(夢과 望, 그리고 願)

윤 정 배

경상국립대학교 건축공학과 명예교수

들어가며

한평생 산 것이 한바탕 꿈이라는 말을 많이 듣는다. 기억으로서 몽(夢)이라는 이야기이기도 하고, 이것저것 찾아 헤맨 꿈을 이루지 못한 한(恨)을 표현한 것일 것이다. 또, 꿈을 이루기 위해 산다는 바람으로써 망의 일생도 널리 권하는 일이다. 더욱이 불자로서 삶의 궁극적 지향점은 일체가 다 망상이니 오직 원력(願)의 삶, 보살의 길을 가도록 제시하고 있다. 이 세 가지의 꿈은 단어는 같지만 어떤 삶을 살아가야 할까에 대한 좋은 기준을 내포하고 있다.

이런 의미에서 꿈에 관한 나의 이야기를 소개한다. 그 첫째는 고향에 인연된 "몽(夢)과 망(望)" 이야기이다. 두 번째는 오랜 유네스코 활동으로 이어진 인연으로 "유네스코 미래교육전환"을 위한 단상을 소개하면서 늦게나마 세운 삶의 기준인 "일일일생"의 꿈을 소개하고자 한다. "일일일생"의 삶을 지금이라도 알게 된 것이 고마울 따름이지만 젊었을 때

이를 새겼더라면 하는 아쉬움도 남는다.(물론, 과거-미래의 모든 인연과 삶의 흐름이 오로지 지금 순간의 마음가짐과 행동에서 동시적으로 상호 연결되고 상보(相補)적인 관계 속에 있다는 연기적 측면에서 큰 위안을 삼기도 한다) 세 번째 이야기는 고향과 관련한 꿈을 꾸고 난 뒤 아미타 극락정토와 현재가 어떻게 보면 동기(同期, synchronizing)적으로 연동되어 있지 않을까 하는 생각에서 "극락과 고향" 이야기를 소개하였다.

첫째 이야기
고향과 못 다한 꿈, 고향에 인연된 몽(夢)과 망(望)이야기[1]

어릴 적 학교에서 우리 집 주소를 적을 때면 "경남 창원군 상남면 용지리 미공보원 관사 내"라고 하였다. 또 올해 2022년이 개교 100주년이 되는 창원상남국민학교(초등학교)를 항상 생각하면서 "웅장한 장복산…" 교가를 오랫동안 잊지 않고 노래 부르고 다녔었다. 이제 정년을 앞두고 건축인으로서, 안전 전문가로서, 지역과학기술인으로서 그동안의 고향 창원과의 인연을 돌아보고 그 인연이 다시 누군가에게로 이어져 나가기를 꿈 꾸어본다.

창원의 지역재난의 특성과 대응능력

경남과 창원 일대의 도시화를 직간접적으로 경험하고 참여한 건축

---

1) 창원광장, 발언대(창원시청 홈페이지), 2021년 3월

및 구조분야, 재난안전 전문가로서 볼 때 창원은 우리나라 산업화의 첫 삽을 뜬 곳이기도 하기에 개발로 인한 자연재해의 취약함이 날로 커져가고 있다. 특히, 동쪽으로는 낙동강을 끼고 있고, 서남쪽으로는 바다와 긴 마산만을 안고 있으며, 낙남정맥을 중심으로 이루어진 높은 산을 끼고 있는 분지형인 까닭으로(이 이유로 창원공단이 만들어지고 많은 고향사람들이 떠밀려서 이주하게 되었지만) 의외로 급류와 바다에 이르는 시간이 짧은 하천의 특성을 가지고 있다. 또한, 모두가 기억하다시피, 태풍 매미 때는 마산 만에서 태풍과 조위현상이 상승작용을 일으켜 엄청난 인명피해와 재산손실의 아픔을 당한 기억을 가지고 있고, 우리 연구팀(故 배기성교수님과 박재현, 윤종성 교수님을 중심으로)에서 해안 및 연안재해 분야에서 그 원인을 추적한 바가 있다.(마산만, 진해만 인근에 바다를 매립하는 일은 매우 심각한 해안재해를 일으킬 수 있음을 명심하면 좋겠음) 요즘 들어 문제가 되는 것은 경남도청과 창이대로 위쪽 주변의 개발로 정병산, 불모산 주변의 많은 소류지들이 없어지면서 개발되고 있다는 것이다. 이로 인해 하류 쪽에 미처 빠져나가지 못하는 하천급류가 창원대로 쪽, 남천 합류지점에서 범람하게 되는 것은 피할 수가 없다. 이에 대한 대책으로 인공 저류조(평시에는 체육공원 등으로 사용할 수 도 있다)를 넉넉히 설치하고, 상류 쪽 개발에서는 홍수량과 유속증가에 대한 유발 방지 대책을 강력하게 시행할 필요가 있다. 또한, 창원시 전체로 재해위험지도와 시뮬레이션 별 대피시스템을 미리 준비하고 특히, 마산만 인근의 태풍 및 침수위험지도를 상세히 수립하고, 특정 건물이나 지역에 둑이나 차수벽 설치뿐만 아니라 인접 지역의 영향까지를 고려하는 종합적인 재해대응 시스템을 광역 및 지역 지자체 차원에서 서둘러야 할 것으로 생각된다. 낙동강 본류의 문제는 더욱 심각하다. 여기서 낙동강 본류의 문제를 다루기는 어려우나, 여러 번 본류의 둑이 위험한 상황에 이르렀으나 신속한 발견과 대응으로 위기를 잘 대처하여 왔다. 문제는 근본적인 문제를 그대로 둔 채 앞으로 얼마나 잘 버텨낼 수 있는가이다.중앙정부에서는 남강수계와 낙동강 유역의 복합적인 문제를 알고 있고, 나름의 대책을 세우고는 있지만, 유감스럽게도 지자체 차원의 대응은 미약하고, 국가차원의 대응에는 큰 그림을 그릴 역량이 거의 없다. 최근의 기후변화의 속도를 감안하면, 언제든 큰 재난이 닥쳐올 수 있음을 알아야 하며, 산지, 해양, 해안 및 하천을 막론하고 최소한의 지역규모의 자연재해대응시스템이라 하더라도 구축하는 데도 시간이 너무 부족하다. 사용자 중심의 시뮬레이션과 시나리오를 포함하는 최근의 고도화된(version 4 차원의) 대응에 이르기는 아직도 할 일이 태산 같다. 특히 아래에 언급할 전 세계적인 이슈인 CoE(Community of Excellence) 측면에서 안전을 눈여겨 볼 일이다. 어디라도 우리가 살고 있는 그 자리인 지역을 더욱 안전하게, 살기 좋은 곳으로 만들어 나가자.

창원과 경남의 ICT 융합과 디지털 트윈, 스마트 플랫폼

필자의 세대는 우리나라의 IT역사에서 컴퓨터 교육과 훈련을 체계적으로 받은 1세대이다.(컴퓨터 하면 성기수소장님과 KIST를 이야기 하며, 나 역시 그 당시 거기서 훈련을 받았다. 돌아보면 우리 세대는 컴퓨터 말고도 여러 측면에서 체계적 시스템 교육을 받고 또 이를 이어서 관련되는 여러 분야에 체계적 시스템을 구축하는 데 일익을 담당해

온 세대이기도 하다) 그 인연으로 2002년부터는 지역재난안전 플랫폼 구축에 많은 노력을 쏟아 왔고, 아직도 여러 면에서 이를 발전시켜 나가는 데는 많은 어려움이 있다. 최근에는 경남도의 디지털 트윈사업에도 간접적으로 관여하였다. 특히, 경남의 산업 및 제조 인프라는 지역의 거버넌스를 잘 구축하고 이를 잘 활용할 필요가 있지만, 이니셔티브를 쥐고 나갈 힘이 많이 부족하고 경남과총이 학연관부분에서 애를 쓰고 있다. 그 경험으로 볼 때, 수도권이 아닌 지역에서 ICT 관련 혁신을 이끌어 내기란 무척 힘든 과제이다. 따라서 과문한 탓이겠으나 신재생에너지 혁신, 스마트 시티, 스마트 플랫폼 및 디지털 트윈사업 등 분야에 최근의 국가적 이슈나 타 지자체의 선점 노력과 비교해 볼 때 창원과 경남이 가지는 전체적인 이슈 선점이 두드러져 보이지 않는다. 지역대학의 역량도 힘을 합쳐서 분발하기에도 벅찬 느낌이다(경남발전연구원, 창원산업진흥원 등이 이를 도와주면 좋겠다.)

최근에는 전 세계적인 관심이 인프라, 안전, 에너지, 환경 및 모빌리티(수송) 등을 따로 보지 않고, 우리의 생존 체인(chain)으로 접근하고 있으며, 개인과 공공영역을 아우르면서 지역의 수월성(CoE, Community of Excellence) 의 측면에서 바라보게 되었다. 특히, 경남의 과학기술혁신역량은 타 광역지자체에 비하여 자원과 조직은 보통수준이지만, 지역혁신 네트워크와 성과부분은 매우 낮고 갈수록 격차가 커져가고 있다. 세밀히 들여다보면 창원은 경남의 GRDP(지역내 총생산)의 거의 1/3을 차지하며, 안전, 에너지, 모빌리티의 잠재력과 역량이 매우 우수하다. 앞에서도 이야기 했지만 각 네트워킹 주체들의 거버넌스가 조금만 더 힘을 내고, 기존의 역량에 조금 더 열린 자세로 손을 맞잡고, 세계적인 흐름을 파악하면서 해나가다 보면 국내 전체적으로 아직 고도화 단계에 못 미치므로 따라가기 어렵지 않다, 특히, 창원의 지역적 강점에 거버넌스 역량이 결합되기를 간절히 염원해 본다. 처음에는 가능하면 창원을 매개로 여러 activity가 일어나가도록 적극적으로 도와주는 자세가 긴요하다. 가만히 두면 인근 부산에서 일을 벌려 나가려고 할 것이다. 잘 안 되는 이유는 알기는 쉽다. 그러나 이를 넘어서기는 어렵다. 지역의 애쓰는 분들을 도와주고, 하고 싶은 게 있으면 적극적으로 협력해서 함께 해보자. 왕왕 지자체 차원의 지원을 받으면 지자체가 과실을 가져가려는 경향이 있다. 그냥 과실을 민간이 가져가도록 하여 이러한 일들이 융성해질 때 저절로 지역발전은 따라오게 될 것이다. 늘 주장하는 것인데, 이런 노력들이 지역별로 모여서 경남이 독일의 NordRhein Westfalen 주와 미국의 캘리포니아 주를 능가하는 날이 올 때를 꿈꾸어 본다.

고향과 문화기술융합세계로의 꿈

　누구나 고향에 대한 그리움은 순수하다. 또한, 그 시절이 모두 힘들고 어려울 때였기에 더욱 그렇다. 불교에서는 최상의 고향을 극락으로 표현하기도 한다. 나이 드신 분들이 "한평생 꿈"이라고 늘 말씀하셨지만 이젠 그 말씀들이 와 닿는다. 돌아보면 다 꿈속이면서도 이러한 사람들의 꿈을 직간접적으로 보여주는 것이 영화이고 드라마이자 다큐멘터리가 아닌가 한다. 창원은 한때 우리나라의 할리우드라고 창원대학교 이성철 교수님은 이름 하였다. 멋진 표현이다. 특히, 오늘날의 스마트폰과 ICT 기술과 맞먹는 종합 첨단기술로서 그 시절에는 영화기술이 오디오 기술과 함께 한 시절을 이끌어 나갔지 않은가 말이다.

 아래의 사진은 1960년 3월 10일 단체로 찍은 상남영화제작소(리버티 뉴스) 가족들의 사진이다. 제 선친과 친구들의 부친들의 얼굴이 담겨 있는 추억의 사진이다. 오른쪽 맨 아래 황의순 선생님이 잘 간직해 주신 사진을 여기 소개한다.(이름만 알려지신 분들의 사진이 소개되기는 처음일 것이다. 사진의 저작권은 황의순, 사진 속 분들의 가족, 미국 공보원에게 있다. 연락처: 윤정배 jbyoon@gnu. ac.kr) 언젠가는 여기 계신 한분 한분의 성함과 하신 일을 정리해서 알리

〈사진 설명: 자신들의 이야기를 소재로 "상남공보원의 사람들"이라는 영화를 만들 정도로 정체성이 큰 팀이었던 같음. 1960년 3월에 단체 사진을 찍었으며, 우리 집에도 오랫동안 보관돼 있다가 없어진 것으로 보아서는 아마도 많은 분의 가족들이 이 사진을 보관하거나 기억할 것으로 보임. 본 사진은 아래 줄 맨 오른쪽에 계신-공보원 이후 주한 미국대사관에서 오랫동안 근무하셨던-황의순 선생님이 잘 간직해 주신 사진을 여기에 소개함.(사진의 저작권은 황의순, 사진 속 분들의 가족, 미국 공보원에 있을 것으로 생각됨.
연락처: 윤정배 jbyoon@gnu.ac.kr)〉

리버티뉴스 시작 및 로고 사진

리버티뉴스 필름현상실에서 필자의 선친과 김형환 선생님(친구 재순의 부친)의 모습
(단편영화 "상남공보원 사람들" 중에서)

고자 한다. 이 글에서는 1952년부터 1967년간 창원에서 일하신 분들의 일들이 지나간 꿈속의 일이 되었다는 것과 그 꿈은 다시 누군가에게로 이어져서 다시 새로운 이 시대의 꿈으로 다시 태어나기를 바라마지 않는다는 것이다. 그래서 다시 창원의 50여년 후의 또 다른 이야기로 이어기를 염원한다.

이 뿐만 아니라 많은 분들이 열정적으로 창원과 마산, 진해의 과거를 현재에 이으려는 일들을 해 오셨다. 지금의 창원이 문화 융합적인 일을 벌려 나가는 장소가 되려면 창원이 더욱 매력적으로 발전해야 한다.

문화융합의 경우, 옛 추억에서 이어 나가는 새로운 이슈들을 발굴하자. 최근에 와서 경남도립 미술관의 여러 활동은 매우 참신한 기획이라고 생각된다. 필요하다면 우리 지자체와 국가기관 뿐만 아니라 유네스코 한국위원회와도 손을 잡자. 유네스코 창원협회도 있으니 말이다. 미래의 주인인 유네스코 창의 학교도 찾아서 교육청과 함께 해보자. 기존의 활동가들을 적극적으로 알리고 도움을 주자. 캐나다에서는 동네의 서점을 살리는 운동도 일어나고 있지 않은 가 말이다.

문화의 3대 요소는 여러 측면에서 말 할 수 있지만, 김영기 전 계원 대총장님은 디자인, 콘텐츠 및 스토리텔링이라고 항상 말씀하신다. 바야흐로 세계가 한국의 이야기를 들으려고 열심히 찾고 있다. 이웃 나라 일본뿐만 아니라 나라가 크다고 하는 중국도 시샘과 열등감을 드러내고 있을 때가 올 줄 누가 알았겠는가? 이 모두가 지금까지 이 땅에서 살아오셨던 앞선 분들의 노고와 우리 모두의 덕택이라고 생각하자.

바라건대 지금이라도 독일의 프라운호퍼에 맞먹는 새로운 시대의 창원의 공작소를 만들고 싶은 꿈이 나에게는 있다. 상남영화제작소를 이은 이 시대의 공작소. 마침 경남창조경제혁신센터에서 최상기 전(前) 센터장님이 노고를 아끼지 않고 초석을 닦아 놓은 바탕이 있기에 더욱 기회가 보인다. 어떻게 해야 길을 만들 수 있을까?

해답의 큰 범주는 창원의 산업적 특성과 인재에서 답을 찾아야 한다. 새로운 소통을 위한 정신을 찾고, 앞장서서 이러한 정신을 나누는 온라인 장을 만들고, 기업이 함께 참여하면 다른 지역에서는 찾아 볼 수 없는 창원만의 길이 보인다. 서울과 대전하고는 다른 길. 실리콘 밸리하고는 다른 길. LG가 앞장을 서고 두산, 한화, 효성 등이 나서고, 지역 기업들이 전면에 나설 수 있도록 뒤를 받쳐주는 장을 만들어 나가자. 지금이 기회이다. 전기연구원과 재료연구원도 사람과 장소, 교류의 마중물을 할 것이다.

그래서 문화와 과학기술, 산업이 어우러진 창원. 새로운 꿈과 하고 싶은 일들이 마음껏 이루어져서 창원의 기업들이 세계적인 기업이 되는 창원만의 기업가 정신(엔터프뢰너쉽, Entrepreneurship, 창업역량)이 살아 숨 쉬는 곳. 창원을 고향으로 둔 나 같은 사람들이 나선다면 더욱 좋겠다. 창원이든 경남 어디든 누군가에게 제안한다. 내가 모교인 창원상남초등학교 후배들과 나설 테니 TV에서 보는 "배틀봇"을 한번 시도해보자. 이미 지역 중고등학교 선생님들께서 오래전에 판을 깔아 놓으신 바가 있다.(이 자리를 빌려서 그 때 로봇경진대회 준비하신 선생님들께서 다시 한 번 나서주시기를 부탁드리고, 경남교육청에도 부탁드린다) 아니면 유튜브, 온라인 뉴스라도 만들어 보자. 이름은 '상남영화제작소'라 해도 좋다. 그래서 지금은 잠시 쉬고 있는 김재한 새 상남영화제작소 감독이 다시 나설 자리를 창원의 거버넌스가 힘을 모아 만들어 주자.

이상을 정리해 보면 이렇습니다.

첫째, 창원은 안전도시로 나아가야 한다는 것입니다.
둘째, 융합도시로 나아가면 좋겠다는 것입니다. 그 목표는 창원에 위치한 기업이 세계적인 기업으로 나아가도록 하기 위해서입니다. 기업을 통해서 융합도시의 모습을 갖추어 나가는 것이야말로 창원다움이라는 것입니다. 남을 벤치마킹하되 절대로 추종하지는 맙시다, 숨을 고르고 차분히 미래를 내다보고, 사람들의 생각을 소통하면서 길을 모색하면 됩니다. 당장 일을 벌이기보다는 그러한 모임의 장을 먼저 만드는 것이 더욱 중요하다는 것이 제 생각입니다.

셋째, 문화와 과학기술, 산업이 어우러진 창원이 되는 꿈을 이루기 위해서는 거버넌스와 기업가 정신의 고양이 필요하다는 것입니다. 혁신의 각 주체들이 구심점이 되어 나설 수 있도록 지자체가 적극적으로 나서면 좋겠습니다. 문화와 과학기술, 산업이 어우러진 창원이 되는 꿈을 이루기 위해서는 돈보다는 열정이 우선입니다. 열정은 돈으로 절대 살 수 없음을 깊이 명심합시다. 열정을 나누는 이야기의 장을 만드는 데부터 시작합시다. 묵묵히 맡은 바 일을 해 오신 분, 지금까지 하고 싶은 일이 있었던 분들을 모시고 도와주면서 함께 해 봅시다.

결언

지역의 수월성, CoE는 구성원들이 어떤 꿈을 가지고 있느냐에 달렸습니다. 더구나 꿈이 가득한 세상은 말로나, 구호로서는 절대로 얻어지지도 않고 얻을 수 가 없습니다. 더욱이 대한민국 산업화가 시작된 곳, 실사구시의 현장인 창원에서 꿈이 가득한 세상을 거저 얻고자 할 분은 없을 것이라 믿습니다.

돌아보며

2021년 3월 '창원광장 발언대'에 쓴 글을 소개하였습니다. 짐작하시 겠지만 아주 특별한 인연으로 저는 창원과 인연을 맺고, 지금까지 고향 을 멀리 떠나지 않고 경상대학교에서 미약하나마 제 일을 해 왔습니다. 어릴 적부터 오늘의 제가 있기까지 연기적 드러남으로 인연된, 세상의 모든 스승님들과 함께 길을 걸어주신 모든 도반님들께 깊이 감사드립 니다.

둘째 이야기
유네스코 활동으로 이어진 인연과 "일일일생(一日一生)"의 꿈

한국의 미래 교육 전환 방향에 대한 단상[2]

(질문) 한국의 미래 교육 전환은 어떠한 방향으로 나아가야 할까요? 미래 교육 전환의 핵심은 무엇이어야 할까요? (여러분의 의견을 자유 롭게 적어주세요. 유네스코한국위원회)

(1) 배경
인류의 미래 교육에 대한 역사적 맥락을 살펴봅니다. 시대와 장소에 따라 미래 교육의 목표가 다양하지만, 미래의 지속 가능한 세계를 내다

---

2) 유네스코한국위원회, "미래교육전환을 위한 국회 포럼" 및 "세계미래교육회의"를 위한 의견수렴에 따른 의견 제출, 2022. 9

본 안목을 가진 사람들이나 집단들이 내세운 것이 "청년의 육성"이 아닐까 합니다.

a. 한국에서의 '청년의 육성'은 고구려, 백제, 신라에서 그 연원을 찾을 수 있으며,특히 신라 화랑(花郞)이 기록에서 찾을 수 있는 청년의 뿌리로서 삼국사기 등 현존 자료로 보아 1500여 년 전부터 시작된 이슈이다.

b. 글로벌하게 보면, 그리스 고대 올림픽을 기준으로 하면 2700여 년 전부터 고민하였고 실행에 옮긴 이슈이다.

c. 근대에 와서는 1922년 지식인협조국제위원회(CICI)를 시초로 1925년 IICI, 1925년 국제교육국(IBE)이 국제교육발전을 위한 비정부기구로서 출범하였다. 지금까지 100년에 걸친 근대 세계 인류의 간절하고도 화합된 발걸음이었고, 세계대전과 오늘에 이르기까지 수많은 도전과 혜안으로 헤쳐 나온 역사이다.

d. 이후 2차 대전과 그 후의 유네스코의 활동은 전 세계인들이 아는 바와 같다. 한국에서는 유네스코 한국위원회의 '청년'을 위한 활동은 1960년대에서 1980년대 까지만 해도 대학생 활동 이니셔티브(KUSA), 국제야영교육(IYC)을 비롯한 국제청년활동 이니셔티브, 해외봉사단파견사업(2기부터는 KOICA(한국국제협력단)설립으로 이관)[3] 활동 등이 있었으며, 이번 기회에 유네스코한국위원회 내의 협회

---

3) 1989년 한국정부, 한국청년해외봉사단 창설계획 발표. 1990년 유네스코 한국위원회 아시아 4개국 44명 최초 파견. 코이카는 1991년 창립과 함께 UNESCO 한국위원회에서 파견하던 한국 해외봉사단파견사업을 인수, 1991년 KOICA 봉사단 7개국 37명 최초 파견(교육해외봉사, 국가기록원)

과(協會課) 선생님들의 노력이 있었음을 기억해주면 좋겠습니다.

(2) 반성

한편, 이러한 한국을 비롯한 전 세계적인 청년 활동 이니셔티브에도 불구하고, 또한, 훌륭한 이상과 방향에도 불구하고 그 실천의 방법이 행동하는 각자의 일상과 삶에서 유리되어 왔음을 반성하고 있으며, 이런 점을 깊이 고민하고 있습니다.

(3) 제언

a. 이런 점에서 미래교육이 담아야 할 사상으로서 "청년 사상"의 지속적인 탐구와 일상에서의 이런 사상의 실천을 주창하는 모임이 활성화 되어야 한다. 더욱이 한국에서는 유네스코 한국위원회가 60년 가까이 지원하고, 키워온 유네스코학생회(KUSA)의 현재 졸업생이 수만 명 활동하고 있다. 이러한 인적자산을 바탕으로 앞에서 말한 "청년 사상"의 탐구와 일상에서의 실천을 미래교육과 연결한다면 좋을 것 같다. "오래된 미래"인 우리 자신(시간과 공간이 변함에도 언제나 변하지 않는 우리 자신의 자리)으로서, 인류 공통의 이 시대에 맞는 "영원한 청년"을 고양할 필요가 있다.

b. 한편으로는 전쟁을 막는 사상으로서 "마음으로의 부터의 평화"를 주창하는 국제기구로는 앞에서 언급한 100년 가까운 근대 국제교육발전 운동에서 알 수 있듯이 유네스코가 처음이자 지금도 여전히 핵심국제기구이다. 이런 점에서 최근의 각종 전쟁과 재난, 전지구적인 위기, 복잡한 현대사회의 생활양식으로부터 등장한 세

계적인 명상 트랜드와 관련 지워 볼 때, 유네스코의 가치에 공감하는 모든 인류는 "마음"에 관한 탐구와 "내적 체험"에 바탕으로 한 "평화로운 마음의 나눔 실천"에 시급히 나서야 할 필요가 있다.

(4) 단체 소개

"새물결 청년사상 연구원"은 이러한 취지를 고민하면서 "오래된 미래로서 청년 사상"을 탐구하고 "평화로운 마음의 나눔과 실천"을 하는 단체가 되도록 노력하고자 합니다.

요약하면,

(1) 유네스코의 노력, 특히 교육 분야의 훌륭한 이상과 방향에도 불구하고 그 실천의 방법이 행동하는 각자의 일상과 삶에서 유리되어 왔음을 반성하면서, 이런 점을 해결하기 위해 깊이 고민하면 좋겠습니다.

(2) 이런 점에서 미래 교육이 담아야 할 사상으로서 "청년 사상"의 지속적인 탐구와 일상에서의 실천을 주창하는 모임이 활성화 되고 지속적인 운동과 구심점이 되는 기구가 다시 일어나야 합니다. 이러한 탐구와 실천을 미래교육과 연결한다면 "오래된 미래"인 우리 자신으로서 "영원한 청년"을 고양하면 좋겠습니다.

(3) 한편으로는 전쟁을 막는 사상으로서 "마음으로의 부터의 평화"를 주창하는 국제기구는 앞선 근대 국제교육발전 운동에서 알 수 있듯이 유네스코가 처음이자 지금도 여전히 핵심국제기구입니다. 이런 점에서 최근의 세계적인 명상 트렌드에 맞추어, 미래 교

육이 담아야 할 사상으로서 유네스코의 가치에 공감하는 모든 인류는 "마음"에 관한 탐구와 "내적 체험"에 바탕으로 한 "평화로운 마음의 나눔 실천"에 나서면 좋겠습니다.

돌아보며(유네스코 활동으로 이어진 인연에 붙여)[4]

지금 2022년 이 시점을 돌아보면, 우리는 일제 식민지 치하와 내전을 거쳐, 공업화 및 세계화, 탈근대와 신자유주의를 거쳐 다극체계의 성립과의 신세계 질서로 가는 전쟁의 와중을 보고 있고 겪고 있습니다.

---

4) 1977년 어느 날 친구를 따라 KUSA(한국유네스코학생회)의 지회 써클(동아리)에 가입하여 새물결운동, 조국순례대행진, 졸업 후 동문회 활동 등 오늘에 이르기까지 인연 따라 활동하였습니다. 그 시절은 때마침 '유네스코청년원'의 설립과 함께 대학생을 중심으로 새로운 청년운동이 시작되는 때였으며, 조국이라는 관점, 청년으로서 그리고 미래 리더로서 필요한 자질과 체험 등을 훈련하는 계기가 되었습니다. 헌장을 낭독하고, 실천 강령을 선서하고, 공동활동목표를 정하는 것까지 아직 준비되지 않은 청년들이 '친구들을 만나고, 자신이 누구인가를 고민하고 내가 세상에 어디쯤에 있는지'[5]와 세상을 보는 법을 고민하게 되었습니다. 또한, 그때의 유네스코는 한마디로 "유네스코 꾸리에"의 한글제목처럼 제게는 "세계로 열린 창"이었습니다. 지금에 와서 돌아보면, 마치 이스라엘의 시몬 페레스 대통령이 말한 "벤쉐멘 청소년 학교"[6]와 비교될 수 있을 것 같습니다. 언제부턴가 우리의 이상(理想)은 우리 사회와 대학에서 서서히 사라져갔지만, 다시 이 시대의 모습으로 인류의 사명을 이루는 길에서 '백범 김구' 선생님이 못다 이룬 이상(理想)을 새기면서, 그리고 유네스코의 이상(理想)을 청년을 통하여 이 땅에 구현하고자 하였던 선생님들의 바람과 더불어 활활 타오르기를 염원해 봅니다. 아직 시작 단계인 '(가칭) 새물결 청년사상연구원'의 기초를 놓는데 늘 함께하는 도반님들께 깊이 감사드립니다.
5) 작은 꿈을 위한 방은 없다, p47, 7번째 줄(시몬 페레스 지음, 윤종록 옮김, 쌤앤파커스, 2017)
6) 벤쉐멘 청소년 학교(Ben-Shemen Youth Village, https://en.ben-shemen.org.il), 같은 책, p 41

우리는 항상 세계적인 이슈와 담론의 한 가운데에 놓였었고, 많은 좌절과 가능성을 거치면서 이를 극복하는 과정에서 그래도 백범 김구 선생님과 같은 큰 사상적 울림이 지금도 전해지는 그런 나라입니다. 또한, 문화적으로도 상당한 힘을 가진 나라로 나아가고 있고, 전통과 현대, 글로벌과의 문화적 조우, 새로운 문화 창조 그리고 '글로벌 측면에서 조화로운 세계문화란 무엇인가?'에 이르기까지, 장래의 지향점과 문제 해결에 이르는 길을 고민하고 제시하면서, 나아가야 하는 특별한 위치에 있음도 알게 되었습니다. 그럼에도 아직도 이런 비전을 내적으로 체계화하지 못하고 있고, 더 높은 단계인 "전략 국가"로 나아가는 데 어려움을 겪고 있습니다.

그렇지만 우리는 상호모순적이고 대립적인 것 속에 전체와 개별의 연계와 포섭의 측면에서 화쟁사상(和諍思想)과 시시각각 지금 여기서 보살의 삶을 산다는 선(禪)의 정신도 품고 있는 그런 나라입니다. 한마디로 말한다면 "지구상에서 살아있는 전설 같은 나라이다"라고 말하고 싶습니다. 그럼에도 나의 행동하는 모든 일상들이 보살로서의 삶과 유리되어 있었으며, 불자로서 매일 일과(日課)를 하면서도 그 속에 일일일생(一日一生)의 삶속에서 생수불이(生修不二)의 삶을 살아가는 깊은 의미가 숨어 있는지를 미처 깨닫지 못하였습니다. 이런 것을 미리 알았더라면! 이런 아쉬움을 늘 새기면서 유네스코 헌장이 지향하는 "마음으로부터의 평화"를 염원하는 유네스코인과 유네스코운동을 하는 한국인들의 꿈이 속히 이루어지기를 염원합니다. 아! 연꽃 속의 보배여! 아제아제 바라아제 바라승아제 보디 스바하! 보리와 염원이 속히 이루어지이다!

셋째 이야기
알 수 없는 이놈의 극락과 고향이야기[7]

(고향에 관한 간밤의 꿈 이야기는 다른 인연에 적기로 하고 꿈을 깨고 느낌을 적습니다)

사람은 누구나 이 세상에서 고향을 가지고 태어나고 살아간다.

그리고 생각해보면 무수한 곳의 고향, 우주공간 아니면 보이지 않는 세계의 어느 곳(금강경에서는 유색, 무색, 유상, 무상, 비유상, 비무상의 세계)의 고향을 가지고 살아왔고 살아가게 될 것이다. 시간적으로도 찰나 찰나, 현재를 살아가고 있지만 생각해보면 무수한 시간의 찰나 찰나를 고향에서 보낸 시간을 생각할 수 있을 것이다.

그러나 생각하기 싫은 기억도 있듯이 누가 지옥을 고향이라고 여기겠는가 말이다. 성인이나 도인, 그리고 보살 분들이야 제집 드나들듯이 하겠지만. 이 세계에 사는 모든 사람은 그곳에 있다가 왔을 수도 있겠지만, 다행히도 기억의 저편에 자리 잡도록 되어 있어서 고향이라고 여기지 않는 행운을 누리고 있다. 지옥만이 아니라 다른 윤회의 그 곳도 마찬가지지만 그래도 우리가 고향으로 삼고 가고 싶어 하는 곳은 있지 않을까? 만일 그곳이 지극한 행복(지복)과 즐거움이 있고 수명이 무한하고, 시간과 공간 경계가 사라지고, 온갖 좋은 것들이 다 준비되어 있는, 온갖 원하는 것이 즉각 이루어진다면 그 곳을 고향이라고 생각해야 되

---

7) 부제 : 극락과 고향(2018. 2. 26,불기 2562.1.11. 아침에)

지 않을까? 사실 우리가 몰라서 그렇지, 그 곳에서 한 번 이상 태어나고 살아온 우리가 아니겠는가? 라고 생각해본다.

그리고 그 곳은 지금도 우리가 생각만하면 바로 응답하는 소위 말해서 동기화(싱크로나이징) 되어 있는 세상이 아니겠는가 하고 이야기해본다. 물론 이를 타력으로 여기는 분도 계시겠지만 이 점은 다 알고 있을 것 같다. 법계, 법신의 자리에서는 일체가 하나인 것을. 그러므로 지금 여기와 극락이 동기화되어 있다고 생각해본다.

그리하여 우리는 그 곳을 진정 고향이라고 말해야 옳지 않을까 생각한다. 그곳의 지금 이시간의 모습은 나의 생각과 동기화 되어 있다는 믿음……. 기억 저편을 이 자리에서 즉각 현실로 나타낼 수 있다는 믿음.

바로 그곳을. 고향을 진정 잊지 못한다면 우리는 가치 없는 생각과 행동을 할 때 그곳에서 일어나는 현상에 관심을 둘 필요가 있겠다.

또한, 진정한 가치의 생각과 행동 역시 동기화되어서 일어나는 현상에 주목하자. 그리고 진정한 가치의 행동은 거기에 머물면 안 된다는 것. 끊임없는 정진은 그 고향에서나 이곳에서나 항상 있어야 하는 성격이라는 것을. 그 내용은 무엇인가를. 아마도 그것은 깨어서 살아가는 일 즉, "자기를 바로 보고 살아가는"이라는 것으로 압축될 것이다.

그리고 이곳이나 고향에서나 언제나 그 정진의 방편은 아마도 시시각각 자신이 처한 자리에서 "알 수 없는" 이놈, "오직 모르는" 이놈, "모르는" 그 자리에서 일체를 바라보고 따뜻한 마음으로 살아가는 것으로 압축할 수 있을 것이다. 그리고 그 자리에서 일어나는 모든 일들은 그것이 생활로서 부딪히는 그 무엇이든, 수행으로서 "염불"이나 "화두"나 "독경"이나 "절"이나 "다라니"나 "선"이나 그 무엇이든, 한결 같이 그 "알 수 없는" 자리에서 가게 되는 고향 가는 길, 가향로(家鄕路)의 초고속 열차의 노래(소식)로 알면 좋겠다.

그래서 우리는 그 곳을 그리워하는가 보다. 날마다 좋은 날, 고향의 노래.

글을 마치면서

이상으로 고향과 꿈에 관한 인연 이야기를 마치게 되었습니다. 많은 불자님들에게 원(願)으로서 꿈의 표준은 "보현의 꿈"이 아닐까 합니다. 저 또한 언제부턴가 보현행자로서 살아가기를 발원하게 되었습니다. 늘 불자로서 살아가기를 바래왔지만 2001년이 되어서야 비로소 인연이 되었던 것 같습니다. 산을 좋아하는 덕분으로 지리산을 찾게 되어 지금까지 성철 큰스님의 가르침에 따라 정진하는 '지리산 길상선사'에 매주 다니고 있고 일과(日課)로서 참선과 108배를 빠지지 않고 하려고 하고 있습니다. 원담 노사의 가르침과 정범, 故 청한거사님, 많은 수련회 도반님들이 있었기에 지금의 불자로서 제가 있게 되었습니다. 특히나, 정범, 故 청한 거사님과의 소중한 인연은 다시 '선도회'와의 인연으로 이어지게 되니 고마울 따름입니다. 저의 스승님 복(福)과 도반님 복

(福)을 짐작하시겠지만, 앞으로 보현보살님의 원력을 따라 더욱 정진하고 이를 널리 회향하는 일만 남았습니다.

한편, 경상국립대학교 교수불자회는 최근 10여 년 동안 인연 따라 많은 분들을 만나고, 더불어 공부도 하고 첫 번째 책도 내고 하였습니다. 이런 희유한 인연으로 두 번째 책을 내는 참에 그동안 글로 적거나 생각한 것을 이번에 소개하게 되었습니다. 서툴고 정리되지 못하였으며 수행도 부족하니 당연히 모자람이 많습니다. 앞에서도 언급하였듯이 일일일생(一日一生)의 삶 속에서 생수불이(生修不二)의 삶을 살아가는 길로 나아가게 된 '선도회'와의 인연을 기회가 되면 많은 분들께 소개할 수 있기를 바라며, 글을 마칩니다.

금강경 제32분 대미(大尾)에 부처님께서는 이렇게 말씀하고 계십니다.

"불취어상 여여부동 하이고 일체유위법 여몽환포영 여로역여전 응작여시관"

일체 유위법(종범스님의 설명에 의하면-기억, 세계, 감정, 의식, 몸 및 현재)을 "몽환포영로전(夢幻泡影露電)이라고 마땅히 "관" 할 것이기에, "불취어상 여여부동" 하게 될 수밖에 없다-로 저는 새기고 있습니다.

끝으로, 경상국립대학교 교수불자회가 2012년 전후에 남해 관음선원 일진 스님과 첫 번째 『서장(書狀)』공부 모임을 마치면서 법구경 계송을 인용하여 회향한 바가 있어, 이 자리를 빌려 다시 소개드리면서 회향하고자 합니다. 세상의 연기적으로 드러난[8] 모든 존재와 삼유(三有)[9]에게 깊이 감사드립니다.

법구경 깨달은 님의 품(法句經 述佛品)[10]

제불흥쾌(諸佛興快)

설경도쾌(設經道快)

중취화쾌(重聚和快)

화즉상안(和則常安)

깨달은 님의 출현도 행복이고,

올바른 가르침의 베품도 행복이고,

참 모임의 화합도 행복이고,

화합한 님들의 수행도 행복이다.

---

8) 재연 스님("초기불교승가대학원" 학장, 하동 북천사 주석)의 도움으로 알게 되었음.

9) 삼유(三有, 三界의 욕유(慾有), 색유(色有), 무색유(無色有))

10) 법구경 제14품, 깨달은 님의 품(Buddhavagga), 제16, 전재성 역주, 한국빠알리 성전협회, 2008

마음 내기, 받아들이기

이 상 호

경상국립대학교 윤리교육과 교수

1. 들어가는 말

어릴 적 부모님을 따라 절에 가서 큰스님을 뵌 것을 시작으로 불교와 인연은 시작되었습니다. 불교 관련 독서를 좋아하여 법정 스님의 글이나 나옹 화상의 시, 『법구경(法句經)』『반야심경』『금강경(金剛經)』을 숙독하게 되었습니다. 본 글에서는 제가 살아가면서 큰 힘이 되어 주었던 불교의 경전인 『금강경(金剛經)』에 나오는 응무소주이생기심(應無所住而生其心), 『반야심경』의 보리살타는 반야바라밀다를 의지하므로 마음에 걸림이 없고 걸림이 없으므로 두려움이 없어서, 뒤바뀐 헛된 생각을 멀리 떠나 완전한 열반에 들어가며.', 나옹 화상의 시 등을 중심으로 살펴보고자 합니다.

2. 응무소주이생기심(應無所住而生其心)

불교의 경전인 『금강경((金剛經)』에 나오는 응무소주이생기심(應無所住而生
其心)은 '마땅히 머무르는 바가 없는 상태에서 그 마음을 내어라.'라는 의
미입니다. 이 말은 초기 경전인 『맛지마니까야』에 나오는 말이기도 합
니다. '머무르는 바'란 것은 집착이나 분별하는 마음을 말합니다. 마땅히
어느 때 어느 곳에서든 마음이 집착이나 분별하는 마음에 머무름이 없
고 걸림이 없어야 하며, 사물이 다가오면 응하고 지나가면 미련을 두지
말아야 합니다. 마음이 모든 일에 머무르는 바가 없기 때문에 얽매이지
않게 되고 자유롭습니다. 자유로운 마음으로 세상일을 하니 스트레스
를 받지 않고 매 순간 즐겁고 만족스러운 삶을 영위할 수 있습니다.

그런데 우리는 이미 지나간 과거에 집착하고 아직 오지 않은 미래에
대해 불안한 마음을 지니고 살아갑니다. 과거에 대한 집착과 미래에 대
한 불안한 마음이 지나치면 스트레스를 받게 됩니다. 스트레스를 잘 받
는 사람의 특징이 '반추(反芻)'이기 때문입니다. 원래 '반추(反芻)'는 소, 염
소 등의 반추동물의 섭식소화 형태로서, 한 번 삼킨 먹이를 다시 입으
로 되돌려 잘게 분쇄한 후에 씹어 삼키는 것을 의미하는데, 사람이 지
나간 일에 대한 후회와 원망, 미래 일어날지 안 일어날지 모르는 일에
대해 끊임없이 걱정하는 것을 말합니다. 과거 경험에 대한 교훈을 얻
고, 아직 오직 않은 미래에 대비하여 차근차근 준비하는 일은 중요합니
다. 이것은 모두 지금 여기에 집중하기 위한 방편입니다. 따라서 지나
간 일에 대한 후회와 원망, 미래 일어날지 안 일어날지 모르는 일에 대
해 끊임없이 걱정하는 반추(反芻)는 멈춰야 합니다. 운전을 하다가 반추

하는 걸 알아채면 지금 여기로 돌아오면 됩니다. 차의 움직임, 전방의 장면, 차 소리, 앞 차와 간격 등 운전하는 지금 여기에 집중하면 반추(反芻)는 멈춰집니다.

마땅히 머무르는 바가 없는 상태에서 그 마음을 새롭게 내면 순간순간이 새로운 날입니다. 지금 손에 쥔 것도 능히 놓을 줄 알게 됩니다. 손을 쥔 것을 놓을 줄 알기 때문에 새로운 것을 쥘 수 있습니다. 지금 손에 쥔 것을 놓을 줄 모르면 그것 때문에 새로운 것을 쥘 수 없습니다. 손에 쥔 것을 놓을 줄 모르는 아프리카 원숭이의 습관을 파악한 아프리카의 어느 부족은 유리병 하나만 가지고도 손쉽게 야생 원숭이를 잡는다고 합니다. 방법은 의외로 간단합니다. 먼저 야생 원숭이가 많이 다니는 곳에, 입구가 가늘고 몸통이 큰 유리병을 가져다 놓고 안에는 원숭이가 좋아하는 땅콩을 넣어둡니다. 그러면 원숭이들이 지나 가다 병 속에 들어 있는 땅콩을 보고 손을 집어넣어 한 주먹 가득 쥡니다. 그때 숨어 있던 원주민 사냥꾼들은 소리를 지르며 뛰쳐나와 원숭이를 향해 달려갑니다. 그러면 원숭이는 땅콩으로 불룩해진 주먹을 빼지 못하고 유리병을 질질 끌며 도망가고, 결국 잡힙니다. 손에 쥔 땅콩을 버리면 그렇게 허무하게 잡히지는 않았을 것입니다.

인간 또한 집착 때문에 괴로워합니다. 남녀가 사귀다 보면 서로 인연이 다해 이별할 수도 있습니다. 가장 좋은 방법은 서로에게 좋은 추억으로 이별하는 것입니다. 비록 인연이 다 해 이별하지만 서로 잘 되기를 바라는 마음으로 정리한다면 다음에 만나도 기분 좋게 만날 수 있습니다. 부부간에 헤어질 때 '감사하고, 그동안 살아줘서 고맙다, 아이를 같이 키워줘서 고맙다'라고 하면서 맞절을 헤어지라고 한 법륜 스님의 법문도 같은 맥락입니다. 지금까지 사귀던 사람과 이별을 잘 마무리했기 때문에 다른 사람을 기분 좋게 만날 수 있고, 나를 사랑하는 사람의 마음을 받아들일 수 있는 여유도 생깁니다.

문제는 상대방은 싫다고 헤어지자 하는데 자신은 떠나보내기 싫어 집착하는 데서 발생합니다. 집착은 피해를 보는 당사자에게는 받아들이기 힘든 일입니다. 뉴스에 보면 자신이 싫다고 떠난 옛 연인을 잊지 못해 찾아 가 협박하거나 살인을 저지르는 일이 발생하는 데 사람에 대한 집착에서 발생하는 일입니다.

우리가 하루하루 살아가는 과정에서도 집착하는 마음에 머물지 않을 때 새로운 마음을 낼 수 있습니다. 이와 연관되는 이야기는 송나라 때 정명도(程明道)와 정이천(程伊川) 형제 사이에 있었던 일화에서도 찾을 수 있습니다. 송나라 성리학자 정명도(程明道)가 하루는 동생 정이천(程伊川)과 함께 어느 잔치 집에 초대되어 갔습니다. 취흥이 오르자 형인 정명도는 기생들과 함께 어울리며 노래를 부르고 춤을 추면서 점잖지 못한 추태를 보였습니다. 형의 이런 행동에 동생 정이천은 매우 못마땅한 표정을 지었습니다. 그는 예(禮)가 아니면 보지 말며, 예(禮)가 아니면 듣지 말며, 예(禮)가 아니면 말하지 않고, 예(禮)가 아니면 움직이지 않는다.'[1]는 공자의 사물잠(四勿箴)을 실천하고 있었기 때문입니다. 집에 돌아온 다음 날 동생 정이천은 술이 깬 형에게 어제의 선비답지 못한 행동을 책망했습니다. 그러자 형 정명도는 '마음이 있지 않으면 보아도 보

---

1) 『論語』「顔淵」第一章 : 顔淵問仁 子曰克己復禮爲仁 一日 克己復禮 天下歸仁彦 爲仁由
己 而由人乎哉 顔淵曰請問其目 子曰非禮勿視 非禮勿聽 非禮勿言 非禮勿動 顔淵曰回雖
不敏 請事斯語矣.

이지 않고 들어도 들리지 않으며, 먹어도 그 맛을 모르는 법이다.[2] 나는 어제 취흥을 그곳에 두고 왔는데 자네는 어제 취한 것을 아직도 깨지 못하고 있네 그려.'라고 했습니다. 정명도는 지나간 일에 집착하지 않고 머무는 바 없이 현재 주어진 마음을 내었지만, 동생 정이천은 지나간 일에 집착하여 현재 주어진 마음을 내지 못했음을 말하고 있습니다. 물론 똑같은 잘못을 하지 않기 위해서는 지난 일에 대한 철저한 반성도 중요합니다. 과거의 경험을 통해 교훈을 얻을 수 있기 때문입니다. 더 중요한 것은 현재 자신에게 주어진 순간순간에 마음을 집중하여 충실하게 일을 처리하는 일입니다. 과거에 집착하지 않고 지금 이 순간 여기에서 행복을 찾는 삶의 지혜가 필요합니다.

'마땅히 머무르는 바가 없는 상태에서 그 마음을 내어라.'라는 가르침은 다른 사람의 변화된 모습을 대할 때도 필요합니다. 종종 우리는 기존에 가지고 있던 그 사람에 대한 선입견이나 편견으로 변화된 지금 모습까지 평가하기 쉽습니다. 사람은 누구나 개과천선(改過遷善)하고 환골탈태(換骨奪胎)할 수 있습니다. 상대방이 과거의 잘못을 뉘우치고 더 나은 모습이 되어 나타났으면 기존에 가지고 있던 그 사람에 대한 선입견이나 편견을 버리고 지금 있는 그대로 모습으로 대하는 마음가짐이 필요합니다. 올 봄에 피는 꽃은 작년에 핀 꽃이 아니며, 오늘 만난 사람은 어제 그 사람이 아니기 때문입니다.

뇌를 연구하는 사람들은 우리 뇌의 모든 피로와 스트레스가 이미 지나가 버린 일에 집착하고, 앞으로 일어날 일에 대해 불안해하는 것에서 시작된다고 합니다. 이미 지나가 버린 일은 지금 내가 어떻게 할 수 없

---

2) 『大學』傳七章 : 心不在焉 視而不見 聽而不聞 食而不知其味.

는 일입니다. 아무리 자책하고 후회해도 이미 때늦은 일입니다. 우리에게 펼쳐질 미래의 일은 어떻게 될지 모릅니다. 내가 걱정하고 불안해하는 것보다 더 좋아질 수도 있기 때문입니다. 우리가 생각하는 것과 사실은 다릅니다. 이미 지나가 버린 일에 집착하고 앞으로 일어날 일에 대해 불안한 마음이 들 때 지금 여기에 있는 나에게 집중해야 합니다. 지금 여기에 있는 나에게 집중하지 못하는 뇌는 잡념으로 쉽게 지치기 때문입니다. 주의 산만, 무기력, 짜증은 뇌가 지쳤다는 신호입니다. 나에게 집중하는 방법으로 호흡에 집중하기가 있습니다. 들어 쉬는 숨과 내쉬는 숨의 깊이와 온도가 다르다는 것을 알게 됩니다. 잡념이 떠 오르더라도 지금 잡념이 떠오르는구나! 그리고 다시 호흡에 집중하면 됩니다. 호흡은 우리 의식의 닻입니다. 바닷가에 있는 배는 바람이 불고 파도가 쳐도 닻이 있으면 파도에 쓸려가지 않습니다. 그 이유는 닻이 물속에 자리를 잡고 있기 때문입니다. 그와 마찬가지로 잡념으로 마음이 요동치는 순간에도 우리 의식의 닻인 호흡에만 집중하여 지금 여기에 있는 나에게 눈을 떼지 말아야 합니다.

3. 걸림없이 살아라

『반야심경(般若心經)』에 '보리살타는 반야바라밀다를 의지하므로 마음에 걸림이 없고 걸림이 없으므로 두려움이 없어서, 뒤바뀐 헛된 생각을 멀리 떠나 완전한 열반에 들어가며.[3]'라는 말이 있습니다. 마음에 걸리

---

3)『般若心經』: 菩提薩陀依般若波羅密多, 故心無佳碍, 無佳碍故, 無有恐怖, 遠離顚倒, 夢想, 究竟涅槃.

지 않으면 두려움도 없습니다. 시각장애인은 보는 것에 집착하지 않습니다. 보이지 않기 때문입니다. 청각장애인도 듣는 것에 집착하지 않습니다. 들리지 않기 때문입니다. 하지만 눈으로 볼 수 있고 귀로 들을 수 있기 때문에 걸리는 일이 많습니다. 눈에 거슬리고 귀에 거슬려도 기분이 상합니다. 눈 앞에 펼쳐지는 상황을 순순히 수용하지 못하기 때문에 언짢은 느낌이 들고, 기분이 상하는 것입니다. 원효 대사가 마신 해골물은 물 자체로 보면 어제 저녁에 갈증이 나서 마신 물이나 오늘 새벽에 본 물은 변함이 없었습니다. 차이점은 해골에 고인 물이 더럽다는 원효 대사의 편견입니다. 그 결과 원효 대사는 구토를 했던 것입니다. 우리가 보는 사물 자체에는 깨끗함과 더러움, 참과 거짓, 옳고 그름이 없습니다. 단지 우리 마음이 모든 것을 지어낼 뿐입니다.

귀에 거슬려도 기분이 상합니다. 다른 사람의 말을 순순히 받아 들여지 못하기 때문에 언짢은 느낌이 들고, 기분이 상하는 것입니다. 우리는 보통 보고 들으면서 분별을 합니다. 진리에 부합되는 것을 보고 들어야 하는데 이해득실이라는 기준을 가지고 보고 듣습니다. 자신에게 이익을 주는 것을 좋아하고 손해 보는 것을 싫어합니다. 이해득실이라는 기준으로 보고 듣기 때문에 보는 것에 걸리고 듣는 것에 걸립니다. 자신도 모르게 이해득실이라는 기준에 걸려 번뇌망상에 빠지게 됩니다. 공자는 어떤 말을 들어도 걸리지 않는 단계를 '이순(耳順)'이란 말로 표현합니다.[4] 다른 사람의 말을 들을 때 사사로운 감정에 얽매이거나 남의 평가에 걸리게 되면 감정의 동요가 일어납니다. 칭찬해 주는 말을

---

4) 『論語』「爲政」제4장 : 子曰吾十有五而志于學, 三十而立, 四十而不惑, 五十而知天命, 六十而耳順, 七十而從心所慾不踰矩.

듣게 되면 기분이 좋아지고, 비난하는 말이나 꾸중을 듣게 되면 기분이 안 좋습니다. 남의 평가에 민감하기 때문입니다. 반대로 다른 사람의 말이 귀로 들어와 내 마음과 통하면 무엇 때문에 그런 말을 하는지 알아차리기 때문에 거슬리는 일이 없습니다. 사사로운 감정에 얽매이지 않고 모든 말을 객관적으로 듣고 이해할 수 있게 되면 어떤 말을 들어도 감정의 동요는 일어나지 않습니다. 살아가는 과정에 보는 것이나 듣는 것에 걸리지 않으면 수행이 필요 없습니다.

4. 수용하고 나아가기

제 생애 처음 새 차로 운전하다가 운전 미숙으로 접촉 사고를 낸 적이 있었습니다. 당시 저는 좁은 골목을 운전하던 중이었고 왼쪽 골목에서 우회전하여 오는 차를 보지 못해 접촉 사고가 난 것입니다. 상대방 운전자도 잘못이 있었습니다. 우회전할 때는 일단 멈춘 후 직진 차가 없는지 살펴본 후 우회전을 하지 않았기 때문입니다. 당시 저는 차를 산 지 얼마 안 된 시점이라 망가진 부분을 보고 화가 났습니다. 순간 경계에 걸린 나를 발견하게 되었습니다. 접촉 사고로 차는 이미 망가진 상황인데, 굳이 화를 낼 필요는 없었던 것입니다. 화를 낸다고 접촉 사고가 나기 전으로 돌아갈 수는 없었기 때문입니다. 눈 앞에 펼쳐진 상황을 담담하게 수용하고 앞으로 나아가는 지혜가 필요했던 시점이었습니다. 저는 화난 마음을 수습하고 보험 회사에 전화하고 견인 조치를 하여 정비를 했습니다. 수용하고 나아가는 지혜가 필요하다는 것을 깨달을 수 있었던 소중한 순간이었습니다.

　수용하고 나아가기와 관련하여 '인생은 동굴이 아니고 터널이더라'
는 이지선 교수의 말이 떠오릅니다. 이지선 교수는 대학생 시절 음주
운전자가 낸 사고로 전신 3도 화상을 입었습니다. 의식이 깨어난 후 이
지선 교수는 자신의 모습을 보고 그냥 죽도록 내버려 두지 않았던 오빠
를 원망하기도 했습니다. 수많은 좌절 속에서 어머니와 오빠의 지극 정
성으로 마음을 바꾸기로 합니다. 이지선 교수는 분명 자신이 살아남은
이유가 있을 것이라 믿게 되었고, 미국에 유학을 다녀온 후 2017년 3
월부터 한동대학교 상담심리사회복지학부 교수로 임용되어 재직 중입
니다. 동굴은 안으로 들어갈수록 어두워지지만, 터널은 계속 걸어 나오
면 밝은 빛이 보인다는 점에서 차이가 있습니다. 터널 안에 있을 때 중
요한 일은 어두운 터널에 머물지 않는 것입니다. 터널 안에 머물러 있
으면 어둠 속에 머물기 때문입니다. 자신이 터널 안에 있다면 밝은 빛
이 보이는 곳으로 뚜벅뚜벅 걸어 나와야 합니다. 뚜벅뚜벅 빛이 있는
터널 밖으로 걸어 나오다 보면 어두운 터널을 통과할 수 있기 때문입
니다. 우리는 살아가면서 수없는 어려움에 봉착할 수 있습니다. 어려운
상황에 봉착할수록 남의 탓으로 돌리거나 자책하기보다는 수용하고 나
아가는 용기와 지혜가 필요합니다. 지금 이 순간에 벌어진 일을 담담하
게 수용하고 어떻게 하는 것이 제일 현명한지 해결 방안과 대책을 마련
하여 난국을 이겨내는 지혜가 필요합니다. 수용하고 나아가는 일에 대
해 나옹 화상(懶翁, 1320~1376)은 다음과 같이 말하고 있습니다.

青山見我無語居　　청산은 나를 보고 말없이 살라 하고
청산견아무어거

蒼空視吾無愛生　　창공은 나를 보고 티 없이 살라 하네
창공시오무애생

貪慾離脫怒抛棄　　탐욕도 벗어 놓고 성냄도 벗어 놓고
탐욕리탈노포기

水如風居歸天命　　물같이 바람같이 살다가 가라 하네
수여풍거귀천명

푸른 산은 사계절의 순환에 따라 변화하면서 말이 없습니다. 그저 묵묵히 자신의 역할만 수행할 뿐입니다. 푸른 산을 보면서 욕심을 버리고 조용하게 사는 법을 배워 봅니다. 티 없이 푸른 하늘을 보면서 세속적인 찌든 때를 벗어 던지고 내 마음도 덩달아 맑아집니다. 우리 인간이 괴로운 이유는 어리석기 때문입니다. 어리석기 때문에 만족할 줄 모르고 탐욕을 부리고, 자신의 욕구대로 성취되지 않으면 자신을 반성하기보다는 남 탓을 하면서 화를 냅니다. 물과 바람은 그렇게 살지 말라고 충고합니다.

물은 욕심이 없습니다. 자연 그대로 흘러가기 때문입니다. 나아갈 때는 나아갈 줄 알고, 멈출 때는 멈출 줄 알며, 돌아갈 때는 돌아갑니다. 지리산 샘물이 바다로 흘러가는 과정에 많은 풍파를 겪습니다. 하지만 물은 지금 여기에 집중할 뿐입니다. 폭포를 만나면 거침없이 쏟아집니다. 바위를 만나면 화내지 않고 바위를 둘러 흘러갑니다. 가다가 저수지를 만나면 안달하지 않습니다. 저수지에 물을 차곡차곡 채워 넘쳐 흘러갑니다. 강물을 만나면 조급해하지 않고 강물의 흐름에 맞추어 느긋하게 흘러갑니다. 바람은 눈 앞에 펼쳐지는 상황을 수용하고 자유롭게 나아갈 수 있기 때문에 장애나 그물에 걸리지 않습니다. 바람은 산을 만나면 산등성이를 타고 흘러갑니다. 아무리 촘촘한 그물을 설치해 두어도 바람은 조그만 틈 사이를 지나갑니다. 우리도 살아가는 과정에 그물에 걸리지 않는 바람처럼 살아갈 필요가 있습니다. 어떤 상황에 직면하면 감정이 자연스럽게 나올 수밖에 없습니다. 슬픈 일이 있으면 눈물을 흘려야 하고, 기쁜 일이 생기면 웃음꽃을 피워야 합니다. 감정이 어느 한쪽으로 지나치게 쏠리면 문제가 발생합니다. 슬픔이 지나치면 몸이 피폐해지기 쉽고, 기쁨과 즐거움이 지나치면 방탕해지기 쉽습니다. 따라서 감정 때문에 몸이 피폐해지고 마음이 방탕해지지 않는 지혜로운 삶이 필요한 때입니다.

5. 마무리

계절은 봄-여름-가을-겨울 순으로 순환을 하면서 변화합니다. 인간은 계절의 변화를 막을 수 없습니다. 인간이 할 수 있는 일은 계절의 변화에 맞게 옷을 입고, 농사를 짓고 생활하면서 계절의 변화에 대처하는 것입니다. 가뭄이 우려되면 저수지를 만들어 대처하면 되고, 홍수가 걱정되면 수로를 정비하여 물이 잘 빠져 나가도록 하면 됩니다. 그와 마찬가지로 지금 우리는 코로나19를 비롯하여 수시로 변화하는 상황에 직면하고 있습니다. 주변 상황은 수시로 변화하기 때문에 억지로 바꿀 수 없습니다. 하지만 변화하는 상황에 대처하는 마음은 수행을 통해 얼마든지 바꿀 수 있습니다. 이런 시대 마음을 다스리는 불교 수행이 필요합니다.

참고 문헌

『論語』『大學』『金剛經』『般若心經』

나의 불교 입문과 공부 인연 이야기

이 정 숙
경상국립대학교 의류학과 명예교수

대학에 부임하면서 남쪽 나라 진주로 이사를 오게 되었다. 어린 시절 학교 다닐 때는 늘 한강을 중심으로 도시를 감싸고 있는 멀리 보이는 산들과 그 안에 흘러가고 있는 큰 강물이 자연스럽게 마음속 고향으로 자리하고 있었다. 진주에 와서는 시내 중심을 굽이굽이 흘러가는 아담한 남강을 보면서 수십 년 출퇴근했다. 나도 모르게 남강에 정이 들었다. 해마다 10월에는 개천 예술제와 유등 축제가 진주성과 남강 인근에서 개최되고 있는데 많은 사람이 진주를 방문하는 대표적인 축제가 되었다.

1. 불교 입문의 계기

1980년대 진주는 지금의 슬로우시티(Slow City)처럼 모든 것이 천천히 흘러가고 여유가 있어서 부임 후 초기에는 학교 동료들과 함께 바람 쐬러 가는 가벼운 기분으로 진주 인근의 사찰들을 다녀오곤 했다.

남쪽 지역에는 한국의 유명한 고찰(古刹)이 많이 있어 불자들도 상대적으로 많았던 것 같다. 서울 조계사 바로 뒤에 있었던 여고를 다녀서 사찰 풍경에는 매우 익숙했던 터라 자연스럽게 불자들인 동료들과 잘 어울렸다. 지금도 소식을 주고받고 있는 친구들과 학교 수업이 끝난 뒤에 조계사 앞에서 얘기하며 산책했던 기억이 있다. 이런 맥락에서 우연히 해인사에서 개최된 한국교수불자대회(1988년 7월, 제1회 행사)에 동료들과 참여하게 되었는데 이것이 내게는 불교 입문의 계기가 되었다.

해인사는 팔만대장경이 보관되어있는 등 문화사적으로도 의미가 커서 일반인들도 많이 방문하는 곳이다. 대학 3학년 때 학교 행사로 단체 버스를 타고 서울서 멀리 대구 지역의 제일모직 업체를 견학하면서 인근의 해인사를 1박 2일로 다녀왔던 기억도 있다. 그때가 70년대 초기여서 해인사 가는 길은 꼬불꼬불 험난했고 일부는 비포장 길이어서 버스가 이리저리 많이 흔들렸던 생각이 난다. 3학년과 4학년 두 학년이 함께 갔었는데 젊은 시절의 낭만과 즐거움이 넘쳤던 때이기도 했다.

제1회 한국교수불자연합회 행사는 주로 해인사 홍제암에서 개최되었는데 2박 3일간 숙박을 하면서 프로그램에 따라 진행되었다. 전국에서 100여 명의 많은 교수 불자들이 참여하여 예불도 하고, 절도 해보고, 공양도 하고, 강의도 듣는 등 모든 일정이 조금은 생소하였지만 무난하게 수용했다. 지금도 가장 인상 깊게 남아있는 것은 새벽 예불이었다. 이른 새벽에 함께 일어나 대웅전으로 가서 참여한 새벽 예불은 매우 장엄하였고 청각적으로 감성적으로 마음에 다가왔다. 평소 신심이 깊은 교수 불자들이 대부분이었겠지만 나처럼 생초보도 있어서 절하다가 넘어지는 분도 생겨서 일동이 함께 웃었던 기억이 난다.

그 당시 성철 큰스님께서 조계종 방장스님이었으나, 해인사를 대표하여 일타(日陀) 큰스님께서 교수 불자들에게 법문을 해주셨다. 그런 연유로 일타 큰스님을 알게 된 나는 잠깐 틈이 날 때 스님이 계신다는 지족암(知足庵)을 가보게 되었다. 오솔길을 따라 작은 암자인 지족암으로 가보니 큰스님께서는 마침 뜰 앞의 작은 정자에 나와 계시면서 상좌들과 함께 미나리를 다듬고 계셨다. 그래서 자연스럽게 인사를 드릴 수 있었는데 큰스님께서 차도 내주시고 붓글씨 한 점도 써 주시는 등 환대해주셔서 불교 입문에 큰 원동력이 되었으니 지금도 감사한 마음이 든다.

그 후 해마다 개최되었던 한국교수불자연합회(교불련) 행사에 여러 번 참석하면서 자연스럽게 교불련 회원이 되었고, 제1회 해인사 하계수련대회가 고준환 초대 회장님을 중심으로 한 교수불자들의 큰 포부와 비전으로 개최된 뜻깊은 행사였음을 알게 되었다.

2. 일타 큰스님과 마음공부

불교에 대해 관심이 생기면서 진주에서 해인사가 가까우니 비교적 자주 일타 큰스님을 뵈러 지족암에 방문할 수 있었다. 일타 큰스님께서는 무슨 말씀을 드려도 언제나 여유롭고 온화하게 답변을 해주셨다. 큰스님께서 반갑게 맞이해주시니 큰스님을 한번 뵙고 싶다는 주변의 지인들과 함께 인연을 많이 만들어 번거롭게 해드리기도 했다.

큰스님의 치열했던 젊은 날들의 수행과 조계종 대율사로서의 공부

등에 대해서는 상좌들과 다른 도반들을 통해서 짐작할 뿐이었다. 큰스님의 모습은 평소 붓글씨로 즐겨 쓰시던 호였던 삼여자(三餘子 : 시간과 일과 마음에서 여유로운 사람)의 글 내용과 오유지족(吾唯知足)이라는 글과 잘 어울리셨다. 특히, 해인삼매(海印三昧)와 정심(靜心)이라는 글을 자주 쓰셨는데 가장 깊은 울림을 주는 깊은 경지라 아니할 수 없다. 큰스님께서는 어떤 내용의 질문을 드려도 언제나 대수용/대관용의 자비로운 말씀으로 화답해 주셨다.

인문학자같이 멋진 표현으로 글도 쓰셨는데, 연비(燃臂)로 네 개의 손가락 없이 뭉뚝해진 오른 손의 엄지 손가락으로 붓을 잡고 쓴 붓글씨는 특유한 필체로 멋진 명필이었다. 예전 스님들과 불자들의 수행 일화를 많이 들려주시기도 했는데 늘 유머가 있으셨다. 후일 출판된 일타 스님의 "생활 속의 기도법" 등의 책에 많은 일화가 소개되어 있다.

일타 큰스님께서는 제자들도 많이 양성하시고 여러 면에서 이미 많은 성취를 하셨는데 그 당시 몸이 좀 안 좋으셔서 미나리도 손수 다듬으셨던 것을 알게 되었다. 그러나 늘 평안한 모습이셨다. 스님의 건강은 주변에서 염려하는 말씀들을 통해 대략 알게 되었다.

카톨릭 신자였던 집안의 언니가 절에서 하룻밤 묵어보는 게 소원이라고 해서 당시 고등학생이었던 조카도 함께 데리고 갔었다. 큰스님께서는 조카에게 기도하는 방법에 대해 예를 들어가면서 안내해 주셨고 "할렐루야~!" 하면서 끝내라고 말씀해 주시기도 하였다. 언니에게도 정심(靜心)이라는 붓글을 멋지게 써주셔서 후일 집안의 가보가 되었다.

바다같이 마음이 넓고 자비로우시고 늘 온화한 미소로 말씀해 주셔서 언제나 웃음꽃이 피었는데 그때 지족암에서 뵈었던 신도분들도 큰

스님 분위기를 닮아 유머가 많은 분들이었다. 지금은 다들 어떻게 살고 계시는지 소식이 궁금해진다. 큰스님 집안에선 친가와 외가를 합하여 41명의 가족이 승려가 되었다고 하니 놀라운 일이다.

큰스님께서 지어 주셨던 법명이 선유(禪裕)인데 내 생에 최초로 받은 불명(佛名)이어서 지금도 감사히 잘 사용하고 있다. 참선을 해서 마음을 넉넉하게 잘 살라는 뜻으로 주셨던 것 같은데 지나온 삶을 돌아보니 그리 살지 못한 것 같다. 이제는 정년도 하였으니 앞으로라도 그렇게 살면서 큰스님 따라 삼여자(三餘子)로 오유지족(吾唯知足)하면서 생을 멋지게 지내야겠다.

3. 박희선 박사님과 참선공부

불교 입문에서 필수적인 참선에 대한 궁금증으로 "과학자의 생활참선기" 책을 접하게 되었고, 또 그 책을 통해 박희선 박사님을 뵙게 되었다. 1989년 1월 겨울 방학을 이용해서 막 시작된 수요회(박희선 박사님 참선공부 모임)에 참석해서 참선 지도를 받았다. 박희선 박사님의 아파트 거실에서 모두들 조용하고 안정된 분위기로 둥그렇게 둘러 앉아서 참선공부를 했다. 공부가 끝나면 도반들과 함께 따로 모여서 여러 가지 얘기꽃을 피웠는데 이미 상당한 수준의 내공이 깊은 얘기들도 접했던 기억이 난다. 멀리 진주에서 참석한다는 점 때문에 박사님께서 각별하게 배려해주셨고, 책에도 소개되어 있지만 일본에서 공부하셨을 때 얘기를 많이 들려주셨다.

또 일타 큰스님과 인연이 있다고 하셔서 함께 뵈러 갔는데 두 무릎을 꿇고 하도 깍듯하게 큰스님께 질문하시는 등 예의를 갖추셔서 두 분이 모두 대단하시다는 생각이 들었다.

박희선 박사님은 여러 가지 면에서 참선에 대해 과학적 탐구를 많이 하셨고, 본인께서 직접 체험을 통해 실증을 많이 하시는 등 매우 창의적이고 실천적인 분이셨다. 또 잠시 동안 뵌 것이지만 정직하고 솔직하게 글을 쓰셔서 신뢰가 가고 존경심이 생겼다.

진주에도 오셔서 경상대학교 교수 불자들에게도 참선에 대한 좋은 말씀을 해주셨다. 조신(調身), 조식(調息), 조심(調心) 등 참선에 대한 단계별 지식을 많이 배웠다. 그때 나도 호기심이 생겨서 여러 가지로 나 자신을 상대로 실험을 많이 해보았다. 가장 많이 해본 것이 호흡에 대한 것이었는데 수식관(數息觀)부터 시작해서 뇌파를 안정되게 해보고자 이모저모로 해보았는데 지금 생각해보면 단기간에 무슨 성취를 해보려고 용을 썼던 것이 웃음이 나온다.

"과학자의 생활참선기" 책을 여러 번 탐독하고 박 교수님께 직접 지도를 받으면서 참선 입문이 초기부터 바르게 된 것 같아서 참선법을 배우려는 분들에게 이 책의 일독을 권유하고 싶다. 박 교수님은 50대 초반에 일본으로 유학하여 박사 학위를 받으셨는데 힘들게 공부하셨던 얘기를 많이 들려 주셨다. 특히, 일본 임제종의 고승이셨던 경산 노사님과의 만남과 가르침을 받았던 얘기를 자주 해 주셨다.

그 후 76세에 히말라야산맥의 메라피크봉(6,654m)에도 오르시고 82세에 킬리만자로 정상(5,895m)에도 오르셨다는 소식을 뉴스로 알게 되었다. 지관타좌(只管打坐)의 모습으로 공부하셨던 박희선 박사님은 인간으로서는 초인적인 성취를 많이 이루시면서 아름다운 꽃을 피우시고 참선을 통한 위대한 실증을 몸소 보여 주시기도 하였다. 배꼽호흡(단전호흡)을 강조하셨는데 내면의 정신세계가 어떻게 더 발전하셨는지 여쭤어 보지 못한 점은 지금도 아쉬움으로 남는다. 누구보다도 과학자의 태도로 탐구하시고, 진솔하게 말씀을 해주셔서 감사했다.

지금은 뇌파 연구도 많이 진행되고 있으니 그 당시보다 더 많은 정보가 축적되었을 것 같다. 그런데 과학자와 불교학자가 바라보는 시각에는 차이가 있고, 고도의 참선 수행자가 체험하는 세계는 차원이 다른 듯하다. 시공에 영향을 받고 있는 현상계에서는 이해하기 어려운 것이 많은 것 같다.

참선에 대한 토의는 그때나 지금이나 많이 하고 있는데 앞으로 좀 더 과학이 인접 학문과 함께 융합 발전하면 제대로 파악이 될 수 있을까 기대해 본다. 표현의 차이가 있겠지만 절대적인 세계와 상대적인 세계 간의 변환 스위치가 바로 수행이 아닌가 싶은데, 여러 가지 수행법이 가능할 것으로 생각한다. 지나고 보니 바른 참선 공부라도 한결같은 마음으로 지속적으로 공부하는 것이 가장 중요하다고 생각한다.

산에 오르는 길은 여러 갈래가 있으나 어느 정도 올라가면 길이 다 하나로 합쳐지면서 산의 정상에서는 다 만나듯이, 모든 강물이 흘러 바다에서 다 함께 만나듯이 정신세계도 그렇게 통합될 수 있다고 여겨졌다. 문득 어떤 인연에 의해서 지금 이 공간에서 불법을 만나 이렇게 살고 있는 것인지 매우 감사한 마음이 든다.

교수불자대회 이후로 불교에 대한 관심이 시작되어 일타 큰스님도 뵙고, 박희선 박사님께 참선 지도도 받으면서 참선을 나름대로 하고 있었는데, 본격적으로 마음 공부가 깊어진 작은 사건이 하나 생겼다.

1990년 1월 하순 즈음 빙판길에 넘어져서 오른 손목 골절상을 당해 깁스를 하게 되었다. 경미한 부상이었으나 오른손을 못 쓰게 되니 모든 일들이 멈추어질 수밖에 없었다. 방학 중 논문 준비용 실험을 해왔는데 깁스로 인해 일을 못하게 되니 자연스럽게 관심이 쏠리는 불교에 대한 책을 탐독하게 되었다.

꼬리를 물고 계속 관련된 책들을 열심히 읽으면서 다양한 마음공부의 길로 접어들게 되었다. 불경에 대한 해설 법문도 테이프로 들었는데 의문들이 수없이 많이 올라와서 그 당시에는 목마른 사슴처럼 스스로 질문도 하고 답변도 하고 정리도 하면서 좋은 글귀들을 적어 놓고 나름 실천해보려고 애쓰기도 하였다.

광범위한 명상법에도 관심을 갖게 되었고. 도반들을 통해 정보 수집도 하였지만 늘 미흡하였으며 체계적이지 못했다. 동서고금에 유명하다는 종교 관련 책들도 읽었는데 지금 생각해보면 여러 가지가 혼합되어 불교, 힌두교, 기독교, 카톨릭교, 도교 등 어디에도 구애받지 않고 인연들이 펼쳐져 나갔다. 이런 경험으로 다문화에 대한 열린 마음이 자연스럽게 생기기도 했다.

4. 청화 큰스님과 염불선 공부

그러던 중 1990년 3월 청화 큰스님의 책(정통선의 향훈, 正統禪의 香薰)을 접하게 되었고 책을 일독 후 그 해 4월 중순 태안사로 청화 큰스님을 찾아 뵙게 되었다. 그때는 한 생각이 일어나면 곧바로 실천했다. 아마도 젊은 시절이어서 운전을 겁내지 않고 다녔던 것 같다.

태안사 경내에서 위쪽에 계셨던 큰 스님의 작은 토굴 앞에 목련 7송이가 피어 있었다. 큰스님께서는 처음 찾아간 나를 반갑게 맞이 해주셨고, 수많은 질문에 대해 답변을 친절하게 해주셨다. 또 "제 생각이 이러한데 이것이 맞는지요?" 여쭈어 보면 "맞습니다!" 하시면서 격려를 많이 해주셔서 큰 힘이 되었다. 두 번째 방문한 날에는 아래의 붓글을 써놓으셨다면서 주셨다.

약중생심(若衆生心)
억불염불(憶佛念佛)
현전당래(現前當來)
필정견불(必定見佛)

이 글을 받으면서 매우 감동하였으며 마음공부의 큰 이정표가 되어 내 인생에서 꼭 실천해야 될 목표가 되었다.(뜻 : 중생의 마음은 본래로 부처이기 때문에 항상 잊지 않고 부처를 생각하면 금생과 내생에 반드시 결정코 부처를 볼 수 있느니라. 능엄경)

그 당시 큰스님께서는 태안사에서 대중들에게 정기적으로 법회를 개최하여 법문을 하셨으며 전국에서 많은 불자들이 참석하였다. 자연스럽게 나는 진주의 유동숙 선배님 등 인연 있는 도반들에게 안내도 하였고 또 새로운 도반들을 태안사에서 만나 공부에 자극을 많이 받았다.

많은 분들과 함께 이모저모로 서로 영향을 주고받으면서 태안사에서 수행 정진 행사에 참여를 하곤 하였다. 유 선배님(여여화 보살)은 후일 진주에 선우선방을 만들어 큰스님 법회도 개최하면서 지금까지 선원장으로 큰 역할을 하고 계시고, 태안사에서 만난 고교 친구 권정자 님(수형보살)은 남편(배광식 교수님)과 함께 큰스님의 책 출판 등 여러 면으로 큰스님의 뜻을 이어가고 있다. 그때 만난 많은 분들께서는 신심이 깊었는데 지금은 다들 어떻게 살고 계시는지 궁금하다.

아마도 1992년 2월 설 연휴 기간 즈음이었을 듯한데 며칠간 태안사에서 지낸 후 서울 부모님 집에 올라가면서 20시간 넘게 고속도로 길위에 갇혀서 고생고생하면서 올라갔던 기억이 있다. 휴게소에도 진입하지 못하니 화장실도 못가고 밥도 못 먹고 정말 난감한 상황이 연출되었던 것이다. 그때 태안사에 많은 분들이 오니 방이 모자라서 어느 보살님과 함께 숙박을 했었는데 그 분께서 먼 길을 간다고 공양간에서 누룽지를 한 더미 얻어다 준 덕분에 참으로 요긴하게 식사를 해결할 수 있었다.

그런데 재미있는 에피소드가 있었다. 그 보살님이 신기(神氣)가 있는데 함부로 말을 해대는 분인지라 아무도 함께 있으려고 하지 않아서 내게 기회가 왔다고 하는 말을 나중에 전해 들었다. 그 말을 듣고 내심 걱정도 되었으나 다행하게도 그런 일들은 생기지 않았고, 신기로 도로 막힐 것을 예견하고(?) 미리 먹거리를 준비해준 고마운 보살님이었다. 태안사에서 만나서 함께 출발한 친구 부부는 고속도로에서 빠져나와 다른 국도를 통해 밤 늦게 서울 도착을 했다는데, 융통성이 없던 나는 생고생을 하여 잊을 수 없는 추억이 되었다.

염불선에 대한 법문과 금타 대화상의 "보리방편문"을 통해 공부에 큰 도움을 받았다. "보리방편문" 공부는 누구나 쉽게 접할 수 있고 꾸준히 지속적으로 공부한다면 매우 좋을 것으로 여겨진다. 무엇보다도 진여불성(眞如佛性)에 대한 청화 큰스님의 힘이 넘치시는 수준 높은 법문을 들으면서 마음에 큰 감동이 생겼다.

큰스님께서는 항상 겸손하시고 온화한 모습으로 사뿐사뿐 가볍게 걸어 다니셨다. 자비심이 깊으셔서 일반 불자들에게 더할 나위 없이 포근하셨지만 제자들에게는 냉엄하셨다고 한다. 또 사부대중들이 함께 공부할 수 있는 장을 마련해주셨으며 까칠한 대학 교수들을 잘 포용해 주셔서 많은 교수들이 큰스님을 따랐다. 대중들에 대한 법문이야말로 스님들께서 베푸시는 가장 큰 가르침이고 법 보시이기에 참으로 많은 은혜를 받았다고 생각된다.

내 생애에서 가장 깊이, 자주 큰 스님 법문을 들으면서 불성(佛性)에 대한 깊은 성찰을 하게 되었다. 도반들끼리 큰스님 법문에 대한 의견도 나누면서 늘 감탄을 했다. 알면 알수록 큰스님께서는 큰 스승님이시고 살아계시는 아름다운 인간이라고 느껴졌다.

청화 큰스님과는 시절 인연이 좋아서 여러 곳에서 뵐 수 있었다. 미국 뉴욕에서 법문하실 때, 또 미국 내 포교를 목적으로 카멜(Camel)의 삼보사에 주석하고 계실 때에도 찾아뵐 수 있었다. 그 당시 미국 코넬(Cornell) 대학교에 있었던 나는 며칠 동안 시간을 내서 뉴욕 주 이타카(Ithaca)에서 아름다운 서부 해안가의 카멜로 찾아 뵈었던 일들이 오래도록 기억에 남는다.

큰스님께서는 편지를 드리면 늘 답장을 보내주셨고, 또 바쁘신 중에도 붓으로 글을 써주셔서 삶의 이정표로 만들어 주시고 격려해주셨다. 마음속 깊이 감사드린다. 나날이 법회 규모가 커지면서 큰스님을 따로 친견하기가 점차 어려워졌지만 법문을 자동차에서 테이프로 늘 듣고 다니면서 누구나, 이 마음이 곧 부처라는 위대한 말씀을 확신하게 되었다.

5. 휴암 스님과 장군죽비

1991년 봄에는 은해사 기기암의 휴암 스님도 뵙게 되었다. 휴암 스님은 도반들과 함께 혹은 선후배랑 함께 뵙기도 했지만 누구와 함께해도 늘 마음이 긴장되고 말씀 나누기가 어려웠다. 어느 이른 새벽에 질문을 하러 안개 자욱한 어두운 길을 뚫고 갔는데 오직 한 마디 답변~ "해보면 알지요!" 그래서 더 이상 대꾸도 못하고 그 먼 길을 달려서 오전 강의에 맞추어 돌아왔던 기억이 있다.

1994년도에 출판된 휴암 스님의 "장군죽비"(상,하) 책을 통해서 수많은 질문에 대한 답변이 간접적으로 많이 해소된 듯 하니 글을 통해 많은 도움을 받았다고 느껴진다. 불교계에 대한 냉엄한 비판을 많이 하셔서 배운 바도 크고 느낀 바도 컸다. 휴암 스님의 폭 넓고 깊은 사유와 통찰을 통해 서술된 책의 내용은 바로 이해하기 어려웠지만, 여러 번 정독해 나가면서 조금씩 이해가 깊어지는 것 같았다.

1996년도 즈음에 그만하면 자립이 되었다고 말씀해 주셨는데 몇 번 더 뵙지 못하고 1997년 여름에 입적을 하셔서 큰 충격을 받았다. 해가 더 기울기 전에 내 인생의 일을 끝내야겠다고 책 서문에 쓰셨는데 미리 그런 예감을 하셨나 하는 부질없는 생각도 해본다.

6. 큰스님들의 입적과 자립

1988년 여름부터 시작된 몇 년간의 폭포 같은 큰 인연들이 휴암 스님(1997년 8월), 일타 큰스님(1999년 11월), 청화 큰스님(2003년 11월)께서 입적하시면서 다 사라진 것 같았다. 1995년 봄부터는 학교에서 맡은 일들이 매우 많아지면서 밤에 연구실에 남아서 일을 해야 할 형편이 되니 절에 가는 일도 자연히 줄어들게 되었다. 한편, 어느 정도 마음공부가 되었는지 자립이 되었는지 스스로 앉아서 어려운 일들도 해결을 해 나갈 수 있었다.

큰 가르침을 받았던 스님들께서 가시면서 처음으로 스님의 장엄한 다비식에 참석하게 되었고 인생길의 마무리를 보았다. 스님들의 열반은 보통 사람들과는 사뭇 다르고, 마음속의 가르침으로, 오랜 기억으로 남게 되는 것 같다. 오히려 지금도 글로 혹은 녹음된 육성으로 스님들의 법문을 보고 들을 수 있으니 몸은 가셔도 영원히 계시는 것과 같다는 생각도 해본다.

굳이 직접 만나지 못했던 과거의 수많은 선지식들에게도 똑같은 마음으로 적용할 수 있어 가르침에 대해 감사한 마음이 든다. 그래도 글을 통해 전해지는 내용과 직접 뵙고 나누는 말씀에는 큰 차이가 있는 것이 언어 이외의 다른 상황 요소들이 이해에 큰 역할을 하기 때문이 아닌가 여겨진다.

7. 불도와 깨달음에 대한 열망

무릇 살아서 만나는 모든 인연이란 것이 운전해 가는 길과 같다는 생각을 많이 하게 된다. 어느 시점에서는 함께 가다가 어느 시점에 다른 방향으로 가게 되면서 가던 길은 지나가게 되고 새로운 길을 만나게 된다. 고속도로에서 순간 멈칫거리면 방향이 틀어지듯이 매 순간 바로바로 제대로 길을 찾아서 가야 한다.

스님들을 뵈러 다녔던 그 시절은 비교적 젊었던 시절이었다. 운전을 시작한 지 얼마 되지 않았던 시절 여교수들과 함께 경치가 좋다는 지리산 속의 암자를 찾아가다가 좁은 산길에 자동차 바퀴가 한쪽 빠져서 아찔한 적도 있었다.

내비게이션도 없던 시절에 미국 여행을 하면서 목적지까지 안내된 지도를 보면서 도로의 번호 표지판을 잘 봐야 하는 데 좌측, 우측으로 길이 막 갈라지니 처음에는 긴장을 많이 했던 생각이 난다. 지도만 보고 시간을 계산해서 무모할 정도로 단순하고 용기있게 여행을 했다.

워싱턴에서 연말 휴가를 보내고 이타카로 귀가 시 어쩌다가 오후 4시에 출발을 하여 밤길 운전을 하게 되었다. 밤 11시 도착 예정으로 출발했는데 눈길에 미끄러져서 하마터면 큰일 날 뻔 하기도 했다. 다행히 휴게소 인근의 산길이었던 것 같은데 길에서 만난 두 분의 트럭 운전기사의 헌신적인 도움으로 눈 속에 파묻힌 차를 빼내서 휴게소로 이동하여 하룻밤을 차 안에서 지내고 다음 날 돌아왔던 일이 지금도 생생하게 생각이 난다.

눈이 쏟아져서 오직 앞 차의 꽁무니만 보면서 서행 중이었는데 앞 차가 시야에서 갑자기 사라져 버려서 살짝 브레이크를 밟았는데 차가 완전히 180도 회전을 해버렸다. 그 순간 지극히 짧은 순간에 "아직 아니야!"라고 외쳤던 생각이 난다. 마음 공부하면서 좀 배짱이 생겼던 것일까? 별로 어렵지 않게 일들을 펼쳐 나갔는데 눈길에서 비슷한 일을 두세 번 경험하면서 조심하는 마음이 생겼고 지금은 눈이 오면 아예 운전을 안 하게 되었다.

입문 초기에는 깨달음과 도인(道人)에 대한 열망이 커서였는지 언제나 길을 걷거나 운전을 하면 길(道, 佛道)에 대한 여러 가지 생각을 하게 되었다. 무엇보다 깨달음을 성취하고 싶은 열망으로 이름난 도인을 뵈러 여기저기 가보기도 했으나 준비가 안 된 내가 도인임을 알아보기도 어려웠고 어떤 감동을 받지 못해서 실망하고 온 적도 있었다. 지나고 보니 스스로가 만든 이미지에 나 자신이 많이 속았다는 생각이 든다. 바라는 열망이 크면 클수록 허상은 더욱 커지고 견고해져서 한 생각 깜빡하는 사이에 그만 크게 빗나가는 것 같다. 그저 매 순간 바라는 바 없이 그냥 공부해 나가야 하는 것인데 과거에 나는 너무 많은 것들을 미리 구했던 것임을 최근에야 알게 되었다.

대단한 공부는 못했어도 가랑비에 옷이 젖는다는 말처럼 시간이 흐르면서 조금씩 익숙해지고 반복되는 수행을 통해 조금씩 진일보하여,

돌아보니 출발점보다는 그래도 꽤 많이 강을 건너온 것 같기도 하다. 내가 건너야 할 저 피안의 세계가 있다면 그 강폭이 진주 남강 정도인지 더 넓은 한강 정도인지 모르겠으나 적어도 그런 유한의 상대적 개념은 아닐 것이기 때문에 차원이 바뀌어야 할지도 모른다. 이미 도달해 있는지도 모른다.

구할 것이 없는 공부가 진정한 자유임을 느끼고 있다. 일체 모두가 다 본래 부처이고, 모든 존재의 근원은 다 진여불성 뿐이라고 여기고 있다. 그러나 이런 말의 표현이 또 오류를 가져올 수 있으니 다만 모르는 것으로 남겨두어야 하리라.

8. 도반들과 성지순례 그리고 불교문화

2011년 1월에 경상국립대학교 교수 불자들과 함께 네팔, 인도로 성지순례를 다녀와서 부처님의 법문에 나오는 비유 말씀에 대해 이해를 높이게 되었다. 또 인도에서 발간된 여러 책의 배경에 대해서도 이해하게 되었다. 우리나라 지형과는 달라서 숲이라고 해도 우리의 과수원 같은 느낌인데 내 상상 속에서는 나무가 울창한 우리나라 높은 산속의 숲을 그려보곤 해서 상상은 실제와 크게 다를 수 있다는 것을 체험하였다. 기후 요인과 음식도 직접 몸으로 느껴보니 실감이 되었다.

지금은 불교가 거의 사라지고 힌두교 사원이 대부분이던데 미국 대학 실험실에 있을 때 인도에서 온 연구원이 고향 선물로 주었던 힌두교 풍의 찻잔 받침대와 스카프가 생각났다. 종교가 우리 생활 문화에 깊이 스며들어 얼마나 많은 영향을 주고 있는 지 생각해보게 되었다. 나 또한 불교에 입문하고 세월이 지나감에 따라 불교문화에 점점 익숙해져 갔던 것 같다.

그즈음 교수불자회의 회장을 맡으면서 도반들과 여러 가지 행사를 기획하여 사찰도 함께 다니고 여러 스님도 찾아뵈었다. 경주 불국사의 석굴암 부처님을 새벽에 예불하면서 매우 신선한 감동을 받았다. 너무 유명하여 이미 알고 있었던 석굴암 불상들이지만 새벽 예불로 부처님을 만나는 그 순간 시공을 초월한 마음이 와 닿는 느낌이 들었고 잠깐 동안 깊은 침묵의 시간을 가졌다. 신라 불교의 최고의 걸작이기도 하고 유네스코 세계문화유산이 된 아름다운 불상들의 조형성은 신심이 절로 깊어지게 하는 듯 했다. 눈에 보이는 것들은 보이지 않는 것들도 함께 내포하고 있어서 어느 순간이 되면 새롭게 발견되고 느껴지는 듯하다.

공주 갑사에서는 주지 스님께서 유리병 속에 넣어 키운 오리를 병속에서 꺼내보라고 문제(話頭)를 내주셔서 모두들 제각기 답을 찾느라고 매우 분주했던 기억이 난다. 남해 관음사의 일진 스님을 초청해서 서장(書狀) 공부도 함께 했으며 선도회 법경 거사님도 초청해서 무문관(無門關) 공부의 계기가 되었다.

마음공부와 더불어 불교문화에도 깊은 관심을 갖게 되어 비천상(飛天像) 연구회도 만들어 여기저기 탐방한 결과를 발표하기도 했다. 또한 지리산 하동의 좋은 차도 나누면서 남쪽 나라에 살고 있는 지리적 특혜를 누리고 있다고 여겨진다. 직장 따라 진주에 왔는데 불교도 더불어 접하게 되어 깊은 인연이라고 생각한다.

9. 직장 및 사회생활과 마음공부

　더러는 충동적으로 나서는 바람에 실수를 하기도 했지만 그래도 긴 세월 동안 대체로 건강을 유지하면서 별 탈 없이 직장을 다녔고, 여러 가지 사회 활동을 하면서 수많은 일들이 있었지만 학생들을 가르치고 연구하는 학교 관련 일을 좋아하면서 맡은 일을 즐겁게 했던 것 같다. 직접 뵈었던 스님들의 훌륭한 가르침과 글을 통해 전해온 과거의 선지식들의 가르침과 교육 덕분에 그리고 주변에서 만난 이웃들의 배려 덕분에 그럭저럭 내 주변의 일들을 스스로 정리하고 마무리하면서 교수로서 학교생활을 잘 마쳤다는 생각이 든다.

　초기 수행 과정에서 여러 가지 관심과 의문이 생겨 많은 것들을 탐구하고 다양한 수행 방법을 직접 체험해 보기도 했는데 그 모든 것들이 다 공부에 도움이 되었다고 생각한다. 특히, 보리방편문 공부를 지속적으로 하면서 마음이 점차 순일해져가고 외부보다는 내부로 향하는 마음이 깊숙이 자리 잡게 된 것 같다. 마음의 고향인 진여불성 자리를 향한 이 공부는 도달할 끝이 없는 길이어서 그저 묵묵히 할 뿐이라고 여겨진다.

　기본적인 학교일과 소속된 학회일이나 여러 가지 사회 활동들로 비롯되는 많은 일들을 바로바로 처리해야 원활하게 돌아가는 상황에서 아마도 마음공부를 해서 덕을 많이 본 것이 아닌가 생각된다. 늘 아침, 저녁으로, 시시때때로~ 아무리 바빠도 최소한 하루를 그대로 넘기지는 않도록 마음을 챙긴 덕분에 편한 마음으로 그 하루를 잘 살아온 것이 아닌가 한다.

그러나 지나간 일들 속에서 주변을 배려하지 못했던 부분들이 부끄럽게 떠오르기도 한다. 알고 나면 상대방을 더 많이 이해하고 배려할 수 있었을 터이나 여러 가지로 많이 부족했다고 여겨진다. 그래도 과거에 비해서는 일상생활에서 좀 더 수용적이고 관용적으로 전반적인 이해가 많이 높아지는 것 같아서 마음공부 덕이라고 여기고 있다.

10. 부모님 간병과 생사공부

돌아가신 부모님께도 늘 죄송한 마음이 든다. 2013년도부터 2019년도에 이르기까지 부모님께서 노환으로 수년간 고생하실 때 촛불 심지가 가늘게 타들어 가는 걸 보는 것처럼 나날이 야위어가는 부모님 모습을 뵙는 게 참 힘이 들었다. 넉넉한 시간과 마음으로 간병해야 했는데 부드러운 음식도 잘 못 삼키는 어머님 식사 서빙을 충분히 못 해드려서 떠나신 후 너무 후회되었다. 아버님께는 좀 더 잘해 보려고 안식년도 신청했고, 온갖 서빙도 하고 어떤 말씀도 다 들어드리려 다짐했으나 얼마 못 가서 결국 한계가 느껴졌고 의사와 간호사의 영역이 전문직이라는 생각만 깊게 깨닫게 되었다.

육친과의 이별 과정이 참 힘든 것임을 느꼈다. 우리나라 건강 보험 제도가 과거보다 향상되고 잘 되어 있긴 하지만 노년기의 마지막 시기에 가장 인간다운 모습으로 아름답게 세상을 떠나는 좋은 방법이 생기기를 기대해 본다.

부모님과의 이별을 통해 생사 없는 공부를 한다는 사람이 스스로 참 모순이 느껴지고 자괴감이 들기도 했다. 살아있는 모든 생명은 언젠가는 이별을 해야 한다. 내가 무슨 공부를 하는 사람이라고 말할 수 있겠는가? 생사가 한 호흡에 있다는 걸 직접 보았는데, 아직 나는 생사가 해결이 안 된다는 점에서 다시 공부하는 모임을 찾아 나서기도 했다.

　기회가 되고 인연이 닿으면 공부 모임에 참석했다. 항상 마음이 생기면 인연이 도래하는 법이어서 친구를 통해 지인을 통해 기회가 찾아왔다. 산청 보림선원의 백봉 김기추 거사님, 용화선원의 전강 대선사님과 송담 큰스님, 정토회 법륜 스님, 안국 선원의 수불 스님, 제주도 원명선원의 대효 스님 등 선지식의 법문들을 가까운 인연에 의해 소개 받아 주로 온라인(on line)으로 들을 수 있었다.

　금강경, 반야심경, 육조단경 등을 비롯한 기본적이고 핵심적인 불경 공부를 다시 리뷰(review)하고 스님들의 법문과 해설을 지속적으로 들었다. 이미 입적하신 큰스님들은 그 제자들 덕분에 지금도 인연이 닿아 감사하다. 법문을 들을 때는 비교적 열심히 경청하곤 했는데 처음에 잘 이해가 안 되는 내용도 한 참 뒤에 저절로 알게 되는 경우도 생기니 마음공부라는 게 참 신비롭다.

　근래에는 무문관 공부를 계기로 해서 간화선 공부를 많이 접하게 되었다. 화두 드는 간화선이나 염불선이나 묵조선이나 본래 진여불성 자리에 마음을 두고 그 자리를 참구하면 다름이 없다고 여겨진다. 생각이 전의 자리를 바로 즉해야 된다는 면에서 많은 선사들이 여러 가지로 가르침을 주고자 온갖 방편들을 다 사용하고 있으니 깊이 알아 갈수록 감사한 일이다. 다 이해는 못하지만 서산대사가 선가귀감에 과거 선지식들의 게송(偈頌)을 집대성 해놓으셔서 공부에 많은 도움이 된 것 같다, 학문적으로는 워낙 방대하여 해석이 다양할 수 있겠지만 내 수준에서는 그저 바로 그것에, 게송과 비유에도 울림이 느껴진다.

지금은 공부하려는 마음만 내면 훌륭한 법문을 쉽게 접할 수 있는 좋은 시절이다. 선지식을 직접 뵙고 말씀을 나누는 것도 좋지만 어차피 공부는 자기가 하는 것이므로 모든 것들을 용광로 속에 넣어서 스스로 달구고 스스로 참구해야 한다. 선지식들의 말씀 스타일과 표현에 매이지 않고 바른길을 찾는 등대로 삼으면 좋을 것 같다.

특히, 요즘엔 "줌(Zoom)"이나 "구글 미트(Google meet)" 등을 이용한 비대면 마음공부가 가능하게 되니 과거처럼 먼 길을 직접 안 가도 되는 편리한 세상이 되었고, 관심 있는 선지식들의 법문을 유튜브로 들을 수 있어 좋다.

이성적으로, 논리적으로 혹은 정서적으로 그 어떤 것이든 말로써 설명을 붙일 수 있는 것은 이리저리 참 많이도 해봤으므로 결코 쉬운 공부가 아님을 알고 있지만, 방향을 바꾸기만 하면 불가능한 것이 아니라는 긍정적인 생각을 하고 있다. 선지식이 주변에 많이 계시니 힘써 샘물 마시듯이 공부해야 할 것이다. 삶이란 누가 대신해 줄 수 없고, 미리 해볼 수도 없고 그저 내가 맞이하는 것이 아닌가!

11. 도반들과 불교공부

최근 도반들과의 지속적인 모임도 공부 인연에 많은 기여를 했다고 생각된다. 그런 맥락에서 정년한 교수 불자들을 주축으로 하여 "무문관", "선가귀감", "신심명" 등을 교재로 하여 불교공부를 지속적으로 이어가면서 함께 나누고 있는 토의는 의미가 있는 것 같다.

무문관 공부 시에는 여러 번 양파 껍질이 벗겨지듯이 생각이 바뀌는 것을 느꼈다. 아는 듯 모르는 듯 여러 번 차원이 벗겨졌는데 공부가 일차 끝나고 나서도 계속 이어지고 있는 것 같다. 48칙이 모두, 하나하나가 화두가 아닌가. 화두는 역시 화두이다. 무문관 공부는 평생 계속해야 할 것 같다.

21년 7월부터 선가귀감 공부를 시작할 때에는 토론 모임의 사회를 맡아 결석을 못하게 되니 나름 열심히 참여한 편이었다. 훌륭한 스승님이신 서산대사(1520-1604)께서 집대성해 놓은 선가귀감을 통해 마음공부의 폭과 깊이를 더 확장시켰다고 생각된다. 조금씩 알고 있었던 유명한 게송들이 대부분 여기서 비롯되었고, 그것들은 또 그 이전의 선지식들에 의해서, 그리고 궁극적인 원천은 석가모니 부처님과 제자들로부터 누적되어 온 보배 같은 글귀들이 많았으니 직접 만나지 못했던 스승들의 덕이 매우 크다고 여겨진다.

어설프게나마 약 11개월에 걸쳐 책을 일독하고 나서 서산대사의 생애에 많은 관심을 갖게 되었다. 22년 6월 도반들과 함께 지리산 하동 의신마을에서 1박 2일 간 묵으면서 "원통암"(서산대사 수도처)과 "서산대사 길"을 탐방하는 것으로 일차 공부를 마무리하였다. 수백 년 전, 그 옛날 오직 도를 구하겠다고 발심하여 깊고 깊은 험난한 산길을 소박한 옷차림과 두 발로 오르내렸을 그 분의 마음을 느껴보면서 감회가 깊었다. 그동안 지리산은 얼마나 많은 수행자들을 품었을까. 또한 지금도 얼마나 많은 사람들이 이 골짜기 저 골짜기에 기대서 숨을 쉬고 있을까 생각하니 지리산이 참 어머니 품같이 넓다는 생각이 들었다.

공부를 했다고 하나 나로서는 이제 겨우 공부를 시작할 기반을 마련했다는 생각이 더 크다. 다시 찬찬히 공부를 계속해야 된다는 생각이 든다.

도반들과 함께하는 공부는 진솔한 대화를 통해 각자 다른 모습에서 오는 이질감보다는 각자가 지니고 있는 보편적인 사유의 체계와 정서를 이해하게 되어 좋은 것 같다. 한편 대부분의 도반들이 대학에서 강의하는 교수들이어서 이 집단이 갖고 있는 특성 속에 나를 발견하게 되고 마음공부에 방해되는 요소들에 대해 저절로 알게 되는 점도 있다. 아마도 읽은 책에 대한 설명을 부탁하면 다들 나름대로 잘할 분들이라서 언어를 떠나 자기 자신이 체득하기 어려운 부분만 해결하면 될 것이다. 무엇보다도 과거 선지식들의 검증된 글들을 통해 자기 자신의 경계를 비추어 보면 많은 도움이 되는 것 같다.

그러한 나날 속에서 순간순간 마음공부를 챙기며, 육근을 통한 자극이 오는 대로 늘 회광반조(回光返照) 하려는 노력 속에서 점차로 마음이 순일해지고 아무런 생각을 사이에 두지 않고 바로 바로 화두에 즉하다 보면 어느 순간 더 이상 구할 것이 없다는 울림이 느껴지기도 하였다. 구하는 바로 그것이라는 이론상의 해답이 울려온 것이다. 봄이 오면 눈 녹음을 이미 알고는 있었으나 스르르 눈 녹듯이 스며들어 흔적 없어진 느낌 같은 것~ 문득 자기란 인연 덩어리도 바라보이는 하나의 객체로서, 그 누구 아닌 자기라는 것의 행적을 통해 연기법에 의해 나타난 현상이 투명하게 그대로 드러나고 있다는 것이 느껴진다.

무명(無明)에서 오는 것들이 언제나 모순을 만들어내고 있었다. 오직 한 생각을 잘 단속하지 못한 데서 온 결과들의 나타남인데, 너무 자기를 탓할 바도 아닌 것이 상호간의 복잡한 인연의 결과로 드러나기 때문이 아닐까 싶다.

불교 입문 후 초기 시절에 어떤 체험적 느낌을 갖기도 했었는데 모든 것이 환상이라는 말씀에 깊게 공감한 바 있었다. 한때는 무슨 신비로운 체험을 은근히 부러워하기도 했지만 근본을 보니 그것도 다 환상일 뿐일 수밖에 없는 구조라고 나름 정리했다.

얼마 전 부산에서 모임 후 해운대를 오랜만에 간 적이 있는데 함께 동행한 도반이 파도와 파도 소리를 스마트 폰 동영상으로 수없이 찍어대는 덕분에 나는 그 시간 동안 계속 바닷가를 걸으면서 산책을 즐길 수 있었다. 맨발에 와 닿는 모래를 느끼면서 족히 두 세 시간 걸으면서 일어났다 사라져가는 파도를 유심히 마음속으로 관찰할 수 있었다. 주변엔 많은 사람들이 바닷가에서 휴일의 여유로운 시간을 즐기고 있었다.

다음 날 그 친구가 짧은 동영상으로 카톡에 보내 온 해운대 바닷가 장면은 시각적으로 파도도 큰 것을 포착하고, 청각적으로 소리도 크게 들려서 꽤 멋지고 아름답게 편집되어 실제보다 훨씬 더 멋진 작품이 되었다.

우리의 삶도 일어났다 사라지는 파도같이 무한한 반복을 하는 데 에너지의 크기가 다 다르니 높낮이와 크기와 모양새가 다 다르게 나타나는 것 같다. 일어났다 사라져 간다고 해서 슬픈 것도 아니고 기쁜 것도 아니지만 의도에 따라 멋진 작품도 되고 휴식처도 되고 공부처가 되기도 한다. 흔히 바닷물과 파도의 관계를 공부할 때 비유로 많이 들곤 하는데 마음을 비우고 나면 그저 자연현상일 뿐이다.

12. 마무리 글 : 끝이 없는 공부길

오래 전의 불교 입문과 공부 인연에 대해 쓰다 보니 이야기가 꽤 길어졌다. 돌이켜보면 공부 초기에는 바로 어떤 깨달음을 성취해 보려고 성급했던 무명(無明)에서 오는 어리석음이 컸었고, 어느 날 좀 익숙해지고 아는 듯 착각하고 나서는 나태함이 있었고, 일상생활 속에서 바쁘게 살아가는 중에는 적당한 타협을 하고 살았던 것 같다는 반성을 하게 된다. 한편, 살아가는 동안 접하는 모든 크고 작은 경계가 바로 공부의 큰 원천이라는 것을 알고 나니 별도로 공부하러 갈 곳이 없다는 생각도 들었다.

어찌되었든 좋은 인연으로 뵙게 된 청화 큰스님께서 숙세(宿世)로부터 불연이 깊어 함께 공부해온 도반들이라는 말씀을 들었다. 누구나 다 그럴지도 모르지만 태안사의 작은 오솔길을 걸으면서 큰 스님께서 해주셨던 그 말씀이 각별하게 느껴진다. 아름다운 해안가 카멜 삼보사에서 며칠 지내고 나서 떠나던 날 몇 가지 말씀과 함께 붓글씨 한 점을 곱게 접어주시면서 언제나 공부 열심히 하라고 격려해주신 것을 늘 감사한 마음으로 새기고 있다.

그렇지만 지금까지 분주하게 몸을 쓰며 많은 시간을 보냈지만, 정말 내가 해야 할 일들을 잘 했는지도 모르겠고, 발심한 지 벌써 30여 년의 세월이 흘렀으나 공부의 길은 끝이 없는 것 같다.

잘한다고 했던 일들도 지나고 보니 모든 일들에서 나 자신이라는 필터를 통해 듣고 싶은 얘기를 골라서 들었고, 하고 싶은 얘기를 마음대로 하고 살았으며, 기억에 남는 것들도 많은 오류가 있었을 것이니 참으로 부끄럽다는 생각이 든다. 그러니까 항상 참회를 하고 살아야 하는데 나도 모르는 사이에 자기 합리화가 슬그머니 일어나 덮으려고 한다. 단지 천천히 가든지 빠르게 가든지 바라보는 방향은 늘 한결 같게 회광반조의 삶을 살아보려고 노력하긴 했는데 세밀하게 살펴보면 볼수록 나 자신이 갖고 있는 필터를 놓아 버리기가 쉽지 않았던 것 같다.

그러나 이 몸으로 달리 방법이 없기도 하니, 바로 보면 이 마음 이 대로 부처라는 말씀에 다시 힘을 얻어 본다. 진여불성 자리에서 큰 스승님들께서 온몸으로 보여주신 길을 따라 그저 한 생각 이전의 자리를 묵묵히 참구하면서, 앞으로는 매순간 마음을 여유롭게 지족하면서 살아야겠다. 영원한 마음의 고향에서 즐겁게 노래를 부르리라. 시공을 초월하여 만난 모든 스승님들에게 감사를 드린다.

절을 돌며 중얼거리다

임 규 홍
경상국립대학교 국어국문학과 명예교수

1. 들머리

지금까지 나는 절에 들락날락하면서 부처님의 가피도 많이 받고 살 았던 것 같다. 몸과 마음이 좋지 않았을 때마다, 일이 잘 풀리지 않을 때마다 마음을 달래려 절을 찾았다.

세상을 떠난 아내와 전국 절을 돌면서 순례 겸 여행을 한 적도 수없 이 많았고 주말마다 절에 다니기도 했다.

불교와 인연을 맺을 수 있는 것만으로도 억겁의 선업이 있어야 된다 고들 한다. 이승에서 공덕을 쌓고 열심히 수행하여 해탈하거나 내세에 극락이든 천당이든 갈 수 있으면 좋겠지만, 지은 죄가 하도 많고 부처 님 공부도 나태하여 마음 닦는 공부도 게으르니 자신이 없다. 다음 생 에 사람으로 태어날 수만 있다면 큰 복이라 생각한다. 사람으로 태어 나는 것도 전생에 무한한 선업을 쌓아야 한다고 하니 그것도 어려울지 모르겠다.

몇 년 전에 대학교수불자회에서 불교 공부를 하면서 각자 수행한 것이나 불교에 대한 생각을 책으로 낸 적이 있다. 『나를 찾아가는 불교 이야기』(경상대 출판부)다. 불교에 대해 깊은 학식을 가지고 있는 이도 있고 초발심 불자들도 있었다. 무엇보다 우리의 진솔한 생각을 담았을 뿐이다. 교수들이 수십 년 동안 대학에서 불교 공부를 하면서도 글로 남긴 적은 없기에 감히 발심을 했던 것이다. 이번이 두 번째 내는 책이다. 이번도 불자회원들이 살아가면서 겪었던 불교와 관련된 생각을 적어내는 것이다. 거창한 것도 아니고 전문적인 불교 이야기도 아니다. 그냥 솔직 담백하게 불교에 대한 자기의 생각과 체험과 느낌을 적은 글이다. 나도 겁 없이 불교에 대해 몇 마디 긁적거려 본다. 삼보를 비방한 죄는 크다고 들었지만 비방이라기보다 초심 불자로서 막연한 생각이니 널리 양해하길 바랄 뿐이다. 참회하면서 글을 쓴다.

2. 공황장애

불교와 인연을 맺은 것은 그리 오래되지 않았다. 어릴 적 해마다 부처님 오신 날인 사월 초파일에 절에 가거나 여행 중에 절에 들리면 법당에 들어가 부처님에게 삼배하는 것이 고작이었다. 우리나라 대부분 가풍은 남성 중심의 가부장제도의 유교적 가풍과 여성 중심의 불교와 무속이 병존해 왔다. 근세 서양 종교인 기독교가 들어오면서 우리나라의 종교적 형태가 새롭게 변한 것이다. 나도 대부분의 가정처럼 유교적 가풍과 불교 및 토속 신앙인 무속을 믿는 가정에서 태어나고 자랐다.

절에 자주 가게 된 것은 내가 40대 공황장애를 겪었을 때다. 공황장애와 건강염려증으로 힘들어 할 때 새벽마다 진주 비봉산 자락에 있는 법혜선원에 갔다. 비구니 선원이었다. 석 달 열흘 동안을 매일 절을 찾았고 비봉산에 올랐다. 그리고 그 뒤 비봉산 아래 천년고찰인 의곡사란 절을 재적 절로 삼고 주말이면 아내와 함께 절에 갔다. 그렇게 간 것이 십여 년은 된 것 같다. 절에 자주 다니다 보니 예불 때 독송하는 천수경을 외거나 불경이나 진언들은 어지간히 암송할 정도는 되었다. 금강경을 독송하는 즐거움에도 빠졌다. 차를 타고 다닐 때면 불경을 듣곤 했다. 불교 티브이 방송도 자주 들었다. 대학 교수불자회에도 참가하면서 이런저런 일도 맡아보았다. 그래도 지금 가만히 생각해 보면 불교에 대해서 아는 것이 없는 것 같다. 불교가 어렵다는 사람도 있고 쉽다고 하는 사람도 있다. 불교를 가까이 하면 갈수록 어렵고 풀리지 않는 의문이 많이 나타났다. 요즘도 초파일이면 언제나 법혜선원을 찾는다. 절을 가까이 하고 불교를 가까이 하는 복은 받았으나 공부가 게을러 부끄럽다.

3. 천도재

사람이 죽었다. 불교를 믿는 사람들은 화장을 하고 혼백을 절에 올리는 사람들이 많다. 대부분 사십구재(四十九齋)를 지내고 천도재(薦度齋)를 올리기도 한다. 사십구재는 초재를 지내고 일주일마다 한 번씩 일곱 번 재를 지내는 것이다. 사별의 슬픔을 달래는 최소한의 애도 기간이다. 유교의 상제는 삼년상을 지내기도 하고 일년상을 지내기도 한다. 대상이 누구냐에 따라 상례 기간이 다르다. 그동안 살아있는 사람처럼 아침저녁에 메(제사 때 올리는 밥)를 올리고 곡을 한다. 적어도 삼 년은 지내야 사별의 슬픔이 달래진다고 그렇게 했다. 부모 잃은 슬픔이 지금보다 예전이 더 커서 그랬을까. 유교 법도가 그랬지만 사실은 나의 경험으로 볼 때 사별의 슬픔은 삼 년 정도가 지나야 어느 정도 잦아드는 것 같다. 삼 년이란 것이 의미가 있는 것 같다. 그리고 부모를 보내고 아내를 보낸 나로서는 사별의 슬픔을 달래고 애도하는 기간이 적어도 불교의 사십구재인 사십구일은 필요하다고 생각한다. 일주일마다 한 번씩이라도 돌아가신 분을 생각하고 애도하는 것은 그분을 위한 도리가 아닌가 한다. 요즘은 식구와 친척들이 뿔뿔이 흩어져 한번 모이기도 어렵다. 그래서 당일 탈상을 하기도 한다. 세상이 바뀌니 어쩔 수 없다.

절에서는 영가(靈駕)를 위한 천도재라는 것이 있다. 돌아가신 영혼인 영가를 극락의 천상으로 인도하는 재라는 뜻이다. 나는 어느날 돌아가신 장모님과 아내와 함께 지리산 자락 모 절에 갔던 적이 있었다. 오래전의 일이다. 가을이라 단풍이 산에 가득했다. 장인어른이 돌아가신 지 얼마 되지 않았다. 나는 절 주지님과 이미 알고 있는 사이였다. 이런저런 이야기를 하면서 장모님께서 느닷없이 천도재를 꼭 지내야 하느냐고 주지 스님께 물었다. 주지 스님은 조금 생각을 하시더니 말문을 열었다. 주지 스님이 말씀하시길 천도재란 건 불교에 원래 없는 것이라고 한 마디로 잘라 말했다. 천도재는 살아있는 사람의 슬픔을 달래기 위한 방편의 하나라고 했다. 천도재의 의미가 열이라고 한다면 셋이 영가를 위하는 것이고 일곱은 산 사람을 위한 것이라고 했다. 산 사람의 슬픔을 달래주고 애도하는 의식의 하나일 뿐이라는 것이다. 저승으로 가지 못하고 이승에서 떠도는 망자의 영혼을 좋은 곳으로 인도해 준다는 데 나쁠 것은 없다. 또 우리가 세상을 살면서 살아가기 힘들고 어려울 때면 돌아가신 분들을 통해 위로를 받고 힘을 얻고자 하는 것은 인지상정이다. 그러나 천도재를 지나치게 자주 한다거나 분수에 넘치도록 호화롭게 지내는 것도 결코 바람직한 것은 아닌 것 같다. 산 사람을 위한 천도재라는 말을 듣고 일리가 있는 것 같았다.

4. 염불

나는 절에서 예불을 드릴 때 염불(念佛)하는 시간이 어느 다른 시간보다 좋았다. 염불은 부처님을 염한다는 것이다. 꼭 부처님이 아니더라도 제보살을 염하고 독송하는 것도 염불이다. 관세음보살을 염하고, 지장보살을 염하고, 아미타불을 염하면 어떻게 되는가. 나는 염불을 할 때 부처님 상을 떠올리고, 관세음보살님이나 지장보살님을 떠올리고, 아미타불을 관한다. 염불하면서 염불에 집중하려고 한다. 나무관세음보살이라 함은 관세음보살에 '귀의한다'는 뜻이다. 즉, 천수천안으로 중생의 고통을 대신하고 제도해 준다고 믿는 것이다. 나는 염불할 때면 나도 모르게 마음이 편안해짐을 느낀다. 석가모니를 암송하면 아주 미묘하고 신묘한 기운이 일어나는 것 같기도 하다. 그 주위에는 선한 기운, 좋은 기운이 가득 찬다. 그것이 부처님의 가피이고 기운이고 원력이 아닌가 생각하면서도 그 원력은 바로 자신이 만든다고 생각한다. 어느 누구도 만들어주지 않으니 스스로 참회하고 모든 욕심을 내려 놓으려고 한다. 외부로부터 기적적인 힘을 기대하기보다 자신의 내부로부터 강한 힘과 기운으로 원력이 스스로 일어난다고 생각한다.

관세음보살과 부처님과 제보살님을 염하고 외면서 전생업에서 이
생업까지 쌓이고 쌓인 마음 속의 나쁜 습속과 악업이 사라지길 기원한
다. 염불 속에 눈이 부시는 광명의 본래면목이 자리하게 되고 염불의
음력(音力)이 가진 힘에는 번뇌와 망상을 물리치는 신비 묘력이 있다고
믿는다.

우리가 살아가면서 어려운 일이 있을 때 "어머니"를 부르기도 하고
자기도 모르게 "관세음보살"을 부르곤 한다. 때론 "하나님"을 부르기도
한다. 그것은 어머니나 관세음보살이나 하나님 모두 어려움이나 고통,
번뇌 망상을 해결해 줄 수 있는 능력을 가진 대상으로 믿고 있기 때문
이다. 인간은 너무나 미약한 존재이다. 인간이 의지처를 찾으려고 하는
것은 인간의 본성이다. 강한 긍정적 기대는 현실에 이루어질 수 있다.
그것이 기도의 힘이다. 그리고 의지처를 염하면 순간적으로 마음의 안
정을 찾을 수 있지 않을까 한다.

5. 연기

불교의 가장 큰 원리는 연기(緣起)가 아닌가 한다. 연기는 인연생기(因
緣生起)의 준말이다. 윤회도 연기에서 나오는 개념이다. 연기에서 모든
것이 시작된다. 연기는 이 세상 모든 것이 하나로 이어져 있다는 말과

같다. 과거, 현재, 미래도 모두 연기로 이루어져 있으니 이를 '시간적 연기'라고 할 수 있다. 여기, 저기, 거기의 공간도 모두 연기로 이어져 있으니 이것을 '공간적 연기'라 할 수 있다. 그리고 세상의 모든 현상이 얽히고설키는 관계에 의해서 이루어진 연기를 '관계적 연기'라 할 수 있다. 과거, 현재, 미래라는 시간적 연기도 따로 존재하는 것이 아니고 하나로 얽혀 있다. 모든 공간도 독립되어 존재하는 것이 아니라 하나의 큰 덩이로 이루어져 있으며 그 덩이가 원인과 결과의 연기로 이루어져 있다는 말이다. 관계적 연기도 마찬가지다. 나와 남이 따로 존재하는 것이 아니고 하나라는 것이다. 그래서 불교의 가장 기본적 개념이 자타불이(自他不二)다. 동체대비(同體大悲)라고도 한다. 그러니 이승의 모든 존재는 바로 나란 존재와 동치이다. 미물 하나도 나와 동체라는 것이다. 그래서 시방(時方)과 삼세(三世)가 제망찰해(帝網刹海)라고 했던 것이다. 즉, 모든 시간과 공간이 하나로 얽혀 있다는 말이다. 남의 슬픔이 나의 슬픔이고 남의 고통이 나의 고통이다. 거꾸로 남의 행복과 기쁨이 바로 나의 행복이고 기쁨이다. 이런 인과와 연기성을 깨치기는 쉽지 않다.

　세상의 모든 사물 중생들에게는 움직임이 일어난다. 하나가 일어나면 다른 하나가 일어나고, 다른 하나가 없어지면 다른 하나도 없어진다. 먼저 일어남이 원인이고 뒤에 일어나는 것이 결과이다. 원인이 결과가 되고 결과가 또 원인이 된다. 사람의 만남과 헤어짐, 태어남과 죽음, 사물의 존재도 모두 인과에 의해서 존재할 뿐이다. 그 원인의 마디가 길 수도 있고 짧을 수도 있다. 인연의 고리와 마디가 짧고 긴 차이일 뿐이다. 세계가 한 틀에 의해 일어난다는 것이다. 개인에게 일어나는 모든 희로애락, 팔만사천 모든 중생의 번뇌들도 모두 그 까닭이 있다는 것이다. 그런데 그 까닭은 모두 자신이 만든 것이고 자신이 원인이 되어 일어나는 것이라고 한다.

어떤 비구가 고타마 붓다가 있는 곳에 나아가 머리를 조아려 그 발에 예배하고 한쪽에 물러나 앉아서 고타마 붓다에게 물었다.

"세존이시여, 이른바 연기법(緣起法)은 당신께서 만든 것입니까? 아니면 다른 깨달은 이[餘人]가 만든 것입니까?"

고타마 붓다는 그 비구에게 답하였다.

"연기법은 내가 만든 것[所作]도 아니요, 또한 다른 깨달은 이[餘人]가 만든 것[所作]도 아니다. 그러므로 연기법은 저들[彼] 여래들[如來]이 세상에 출현하거나 세상에 출현하지 않거나 항상 법계(法界)에 존재한다[常住]."

《잡아함경》 제12권 제299경 〈연기법경(緣起法經)〉

꽃이 피고 지는 것과 비가 오고 눈이 오고 바람이 부는 것도 모두 원인이 있어 이루어진 것이고, 이 지구가 이루어진 것도 원인이 있어 이루어진 것이다. 창조가 아니라 인과다. 들에 핀 꽃 한 송이와 나무도 둘이 아니고 하나로 되어 있다. 바다의 고기도 산과 들에 뛰어다니는 짐승도 기어 다니는 개미나 날아다니는 나비도 나와 따로 존재하는 것이 아니라 나와 함께 존재하는 것이다. 나는 화엄경과 법성게에 나오는 '일미진중함시방(一微塵中含十方)'이란 말을 좋아한다. 작은 먼지 속에도 세상을 다 담고 있다는 말이다. 나는 전공 공부를 하면서 언제나 '왜'라는 말을 버릇처럼 하게 됐다. 현상에 대한 원인을 분석하는 것이다. 우리의 모든 삶도 원인을 분석하고 그것 또한 자신의 업임을 빠르게 받아들이는 것이 현명한 삶이 아닌가 생각한다. 이런 가르침을 어떻게 깨치며, 깨칠 수나 있을까.

6. 합장

우리는 절에 가면 늘 두 손을 모아 합장(合掌)을 한다.

합장으로 시작해서 합장으로 끝이 난다 해도 지나친 말이 아니다. 그만큼 합장은 불교에서 중요한 의미를 가진 행위이다. 손의 두 바닥을 서로 맞대어 붙이고 가슴 앞에 놓는 합장에는 어떤 의미가 담겨있을까? 합장은 무엇을 의미하고 어떤 기능을 하는가?

합장은 우선 손의 기능에 주목해야 한다. 우리의 업장은 대부분이 손으로 이루어진다. 손은 모든 행위의 시작이다. 합장은 이 두 손을 하나로 모으는 멈춤이다. 손을 움직이지 않고 멈춤은 정(靜)의 순간이다. 그리고 손을 가슴 앞에 놓는다는 것이 매우 중요하다. 손을 가슴 앞에 놓음으로써 가슴의 울림을 합장한 두 손에 모은 것이다. 가슴에서 숨 쉬는 숨의 파동과 움직임이 가슴 앞에 놓은 두 손으로 이어진다. 두 손으로 가슴과 심장의 울림을 전달한다. 숨이 가쁘면 숨을 가다듬어야 하고 심장이 뛰면 심장의 박동을 조정하게 한다. 따라서 합장을 할 때는 두 손은 가슴에 대어 놓고 해야 한다. 그리고 두 손을 몸의 가장 중심에 놓는다. 그것은 우리의 마음을 가운데 놓는다는 것을 의미한다. 두 손을 나란히 우리의 몸 가운데 놓고 손의 끝은 하늘 밖으로 향하게 해야 한다. 손을 우리 몸 가운데를 가로질러 중심에 놓는 것은 마음의 중심을 잡게 하는 것이다. 어디에 치우치지 않게 한다. 오른쪽도 왼쪽도 치우치지 않도록 해야 한다. 두 손의 합장을 가슴과 숨소리가 들리는 인중(人中)인 코앞에 대는 것도 마음의 중심을 잡는다는 의미를 가지고 있다.

그리고 때로는 기도할 때 두 손을 전두엽 이마의 앞에 놓는다. 합장할 때 두 손을 코나 전두엽에서 멀리 떨어지게 하는 것은 잘못된 합장이다. 코의 숨소리와 전두엽에서 생겨나는 대뇌의 파장을 두 손으로 모으는 것이다. 달라이라마 스님의 합장을 자세하게 보면 항상 가슴과 머리 위에 대어 놓고 합장을 한다.

두 손의 끝은 상대를 향해서는 안 된다. 합장의 손은 항상 하늘 위로 향해야 한다. 자신의 기운과 바람의 심리적 마음과 두 손에서 나오는 기운은 하늘로 향하게 해야 한다. 하늘로 향한다는 것은 자신의 기운을 천상의 존재나 극락을 향해 서방정토에 전한다는 상징적 의미를 가진다. 모든 기원은 높은 곳으로 향해야 한다. 낮은 곳으로 기원을 할 수는 없다. 청각과 시각의 정보에 대한 판단과 예측, 비교의 강한 작용은 전 전두엽에서 이루어진다. 가슴에서 뛰는 강한 심장의 박동과 살아있음의 절절한 호흡과 전두엽에서 파생되는 원력인 생각 에너지, 곧 뇌파가 서원의 대상에 강하게 전달된다.

그리고 합장의 중요한 것은 두 손을 하나로 합치는 것이다. 두 손을 하나로 하는 것은 이 세상의 모든 것은 둘이 아니고 하나임을 강하게 상징하는 것이다. 두 손을 하나로 하는 것은 불교의 일합상(一合相)을 의미한다. 자타불이다. 이 우주는 하나로 움직이는 것이다. 나와 남이 없고 이 세상의 모든 것은 따로 존재하는 것이 아니다. 의상대사의 법성게(法性偈)에서 말한 법성원융무이상(法性圓融無二相)이다. 손을 합장하는 것은 둘이 아니라는 뜻이다.

합장을 근성이나 형식적으로 해서는 안 된다. 두 손은 나란히 정성껏 합장해야 한다. 두 손을 따로 떼어내거나 두 손의 합장 사이에 공간을 넣으면 안 된다. 합장하는 것은 하심의 기본이다. 하심(下心)하지 않은 사람은 두 손을 모으는 것이 힘들고 귀찮다고 생각한다. 합장을 정성껏 하지 않는 것은 자신의 상(相)을 짓는 것이고 겸손하지 않는 마음이다. 합장은 양팔을 겨드랑이에 대고 두 손으로 해야 한다.

합장이야 말로 마음의 하나됨이고 이 우주의 기운을 하나로 모으는 힘이다. 합장은 세 가지로 나뉘어진다. 가슴 앞에서 두 손바닥을 모으는 감사의 합장이고, 코끝에 손끝을 놓아서 하는 합장은 삶에 대한 강한 감사의 합장이고, 참회의 합장이다. 전두엽에 놓는 합장은 강한 원력의 합장이다. 합장은 세상의 기운을 하나로 모으는 가장 바탕스런 수행이다.

7. 시주

이전부터 들었던 말이 하나 생각난다. 절 모르고 시주한다는 말이다. 이 말이 무슨 뜻인지 오랫동안 잘 몰랐다. 그런데 절 가까이 가면서 무슨 뜻인지 짐작이 갔다. 두 가지로 해석할 수 있을 듯하다. 하나는 좋은 말로 절 모르고도 시주하면 복을 받는다는 뜻이고, 다른 하나는 절에 준 시주가 어디에 쓰이는지 모른다는 뜻이다.

절을 운영하거나 불사를 하기 위해서는 돈이나 공양물이 필요하다. 문화재가 있을 경우에는 정부에서 문화재 관리비를 어느 정도 지원받지만 운영비로 사용할 수는 없다. 그래서 절에서 사용하는 운영비는 불자들의 시주로 할 수밖에 없다. 본사에서 말사에 지원하는 것도 있지만 거의 독자생존을 해야 한다. 절의 운영을 맡은 주지로서는 불자들의 시주에 목을 맬 수밖에 없다. 남방불교에서는 스님의 탁발로 생계를 이어가기도 하지만 동양 대승불교에서는 스님 스스로 탁발하기보다는 불자들이 절에 공양한 공양물로 살아간다. 불자는 스님이 절을 운영하고 불사를 하고 스님의 최소한의 생계를 위해서 시주를 하는 것이다. 절에 시주한 것에는 엄밀하게는 시주한 공양물로 중생을 제도하고 회향하라는 의미가 담겨있다. 자신의 사유 재산이 아니라는 것이다. 그래서 불자들이 절에 하는 시주는 엄격하게 절과 신도를 위해 쓰여야 한다. 불자는 자신의 신심을 공양물로 나타내면서 서원 성취를 기도한다.

스님(僧)은 부처님(佛)과 부처님의 가르침(法)과 함께 삼보 중 하나다. 불자는 삼보에 귀의한다. 삼보를 믿고, 삼보를 받들면서 삼보를 경외하고 삼보를 찬송한다는 뜻이다. 불자는 이 세 방편으로 스스로 마음을 닦고 성불하려고 한다. 부처도, 가르침도, 승가도 방편이다.

스님에게 공양을 하면 무조건 성불하고 복을 받는다는 것도 올바른 믿음이 아니라 생각한다. 스님을 존경하고 스님의 가르침에 한없이 감사하고 고맙고 스승으로 받드는 것과 무작정 스님에게 공양을 하고 시주를 하면 복을 받는다거나 참선을 하는 선방에서 안거에 들어가 있는 수좌에게 공양을 하기만 하면 복을 받는다는 것도 불도와 거리가 먼 생각이다. 수행하는 스님을 위한 보시라고 생각해야 한다. 그것도 무주상 보시처럼 말이다. 불자가 스님을 나쁘게 만들지 않았으면 한다.

불자가 눈이 부시는 값비싼 승복을 만들어 주고 값비싼 외제차나 호화로운 자리에서 호의호식하도록 시주하지는 말아야 할 것 같다. 그것을 두고 절 모르고 시주한다는 말이다. 주지 스님은 시주를 많이 하는 불자보다 믿음이 신실하고 부처님 가르침대로 열심히 살아가는 사람, 정성을 다해 보시하는 그런 불자를 더 사랑했으면 한다. 어렵고 가난한 중생들을 더 사랑하고 따뜻이 안아 주었으면 한다. 병원에서 병고로 고통받는 이를 위해 염불과 법문을 해 주는 스님을 보고 싶다. 나의 아내가 투병할 때 주지 스님께서 찾아온 기억이 난다. 참으로 고마웠다.

중국 양나라 무제가 달마대사에게 물었다. "저가 절도 많이 짓고 공양을 많이 했는데 공덕이 있습니까?"라고 했을 때 달마대사는 한 마디로 "공덕이 없습니다"라고 했다는 일화를 생각해 본다.

8. 축원

절에 가서 사시 공양을 할 때가 있다. 아침 사시 예불이다. 나는 그럴 때마다 속으로 못마땅하게 여기는 순서가 하나 있는데 그것은 축원이다. 보통 사시불공 때 칠정례가 끝나고 정근을 하고 난 뒤에 축원을 한다. 부처님에게 축원하기도 하고 화엄신중에게도 축원을 한다. 스님의 축원은 신도가 시주금을 내어 스님이 대신 부처님이나 제보살 화엄신중들에게 소원을 빌어준다. 시줏돈으로 스님을 통해 자신의 소원 성취를 기원하는 셈이다.

스님에게 시줏돈을 주고 자신의 안락 부귀를 기도해 주기를 바라는 것은 돈으로 사람을 사서 대신 기도를 해 주게 하는 것과 같다고 생각한다. 스님의 불력과 청정 기운으로 불자의 염원을 빌어주는 것도 일리는 있으나 기도비를 내고 스님이 축원을 해 주면 복을 받고 행복해지리라 믿는다면 그것은 잘못된 것이 아닌가 한다.

불자들이 스님에게 시줏돈을 던져 놓고 자신은 스스로 마음을 닦거나 소원을 기원하지 않는다면 아무런 의미가 없다. 단지 자신은 스님이 자신과 가족들의 안위와 부귀 소원 성취를 빌어주고 있다고 믿음으로써 그 자체에 대한 긍정적인 기대는 있을 수 있으나 그게 바람직한 것인지는 생각해 볼 일이다. 그러나 가족이나 자신, 아니면 그 어떤 대상에 대한 간절한 바람을 직접 기도하고 기원한다면 그 원력이 훨씬 크게 일어나게 될 것이다. 공양 예불 때 그 많은 사람들의 주소와 이름을 하나하나 읽어주면서 축원하는 것은 스님도 힘들게 하는 일이고 예불에 참여하는 불자들도 힘들게 하는 일이다. 예불 때 가족이나 개인에게 어떤 감사할 일이 있다거나, 무슨 일을 앞두고 있을 때 그 일을 원만하게 성취하기를 바라는 마음을 스님의 수승한 기운으로 기도해 주는 것은 바람직한 것이라 생각한다. 무작정 남이 축원을 위해 예불 시간에 삼십

분이나 사십 분을 축원하는 시간으로 보내는 것은 다시 생각해 볼 일이 아닌가 한다. 불교에서 기도보다 발원(發願)이라 하고 축원(祝願)이라 한다. 원을 세우고 마음으로 복을 짓는 것이다. 복을 받는 수복(受福)이 아니라 복을 짓는 작복(作福)을 하라는 것이다. 그러면 그 원이 이루어진다는 것이다. 인간이란 미약하기 이를 데 없고 이승의 생로병사 고통 속에서 살아가는 존재라 어찌 간절한 바람이 없겠는가. 작복하고 좋은 일, 좋은 생각, 보시하는 일, 수행하는 것이 곧바로 원을 이루는 최선의 방책이 아닐까 생각해 본다.

9. 말

불교는 참으로 어렵고도 신묘한 면이 있다. 그래서 철학이라는 말도 한다.

불교에서는 한마디로 말이 필요 없다고 한다. 그래서 교외별전(敎外別傳), 불립문자(不立文字), 언어도단(言語道斷)이라는 어려운 말을 하곤 한다. 불법을 말로 표현할 수 없다는 말이다. 말 이전의, 그 넘어의 말로서 결코 표현할 수 없는 경지의 진리가 불법이다. 말을 했을 때, 말로 밖으로 표현했을 때 이미 그 불법은 불법이 아니라 상을 형성하고 상대에게 말로 규정을 하는 것이고 제한하는 것이라 생각한다. 이 세상의 모든 것은 말로 제한할 수 없는 실체이다. 부처님도 말로써 불법을 말할 수 없다고 했다. 다만 방편의 하나이고 내가 말한 것은 단지 뗏목이라고 했다.

금강경의 제육분 정신희유(正信希有分)분에 다음과 같은 내용이 있다.

"이런 이유로 내가 항상 이르되 나의 설법을 뗏목을 비유하였느니라. 법도 버려야 하는데 하물며 비법에 매여서 되겠느냐."

(以是義故 如來常說 汝等比丘 知我說法 如筏喩者 法相應捨 何況泌法)

뗏목으로 방편으로 깨달음에 이르면 그것은 없애버려야 한다고 한다.

천수경을 독송할 때마다 처음 시작하는 구절에 정구업진언(淨口業眞言)이 있다. "수리수리 마수리 수수리 사하바"로 시작하는 진언이다. 이 진언은 중생이 구업(口業)으로 지은 죄가 수미산 같은데 그것부터 없애놓고 천수경을 독송하고 수행해야 한다는 뜻이다. 십악(十惡) 참회(懺悔)에서도 신구의(新舊醫) 업 가운데 구업(口業)으로 지은 중죄(重罪)가 있다. 남의 말을 함부로 옮기고 한 입에 두 말을 하는 양설(兩舌), 남을 속이는 말인 기어(綺語), 남의 마음을 어지럽게 하는 헛된 말인 망어(妄語), 남에게 나쁜 말을 하는 악구(惡口)의 중죄(重罪)가 있다. 이 중죄들이 모두 구업으로 지은 죄들이다. 팔정도에도 정언(正言)이 있다. 그래도 언어는 방편이다. 내 말은 잊어버리고 법을 등불로 삼고 너 자신을 등불로 삼아라는 부처님의 마지막 법문이 떠오른다.

10. 불자

나는 절에 갈 때마다 생각한 것이 하나 있다. 초하루나 보름 아니면 매일 하는 사시 예불에 참여하는 사람은 왜 남자는 거의 없고 여성들만 가득할까 하는 것이다.

우리나라는 불교는 여성들이 믿는 종교인 것처럼 보인다. 스님은 비구들이 많지만 어떤 경위에서든 절에 가면 여자 노보살들로 가득하다. 이 어찌 된 것인가? 업장을 여자들이 다 지고 이승에서 태어났단 말인가? 여성들이 그토록 죄를 많이 짓고 업장을 많이 짓고 살아왔단 말인가? 아내가 남편의 업장을 대신 짊어지고 가야 하는 운명이라도 있단 말인가? 자식들의 업장까지 소멸해야 하는 원죄를 태어났단 말인가? 왜 여자들만 절에서 업장을 소멸하고 간절히 서원하고 기원해야 하는가. 이런저런 생각을 해 보았다. 업장은 여성보다 남성들이 더 많이 짓고 있는데도 말이다.

우리나라는 일찍이 남자들은 경제적 생활을 도맡아 했으며 여자들은 남자들과 아이들의 건강과 행복을 기원하는 일을 담당했다. 아이를 낳지 못하는 것이 여자만의 업이 아닌데도 여자의 업으로 보았다. 부처님 앞에서 절을 하고 예불을 하는 것이 남성의 권위에 맞지 않은 것으로 생각했다. 유교의 영향도 컸으리라 생각한다.

업장 소멸과 참회는 여성보다 남자들이 더 열심히 해야 하는 것이 아닌가. 아이를 낳고 키우는 여성들은 이미 업장 소멸의 반이나 한 것이다. 교회는 일요일마다 부부들이 아이의 손을 잡고 예배를 보러 간다. 우리나라의 불교가 쇠퇴해가는 이유 중 하나가 여성 그것도 나이가 많은 여성 노인들 중심으로 사찰이 움직이고 있는 데 있다. 최근에는 절에는 가지 않아도 집에서 불교 공부나 수행을 하는 남성 재가 불자들이 늘어나고 있기는 하다. 불교의 명상이 정신적으로 힘든 현대인의 삶을 해결해 준다고 알려지면서 더욱 그렇다.

하기야 불교뿐만 아니라 기독교나 가톨릭도 젊은 신자가 줄어들기는 마찬가지라고 한다. 젊은 신자나 남성을 불러오는 방법을 찾지 못하고 있는 것은 아닐까. 꼰대 스님의 가르침, 꼰대 목사나 신부의 전통적인 전도로는 갈수록 신자들이 줄어들 수밖에 없을 것 같다. 절을 찾는 것이 즐겁고, 스님을 만나 법문을 듣는 것이 행복하고 힘듦을 들어주는 그런 절이 될 수는 없을까.

11. 욕심

오늘이 사월초파일 부처님 오신 날이다. 초파일날 신도들은 절 세 곳을 다녀야 한다는 밑도 끝도 없는 주문은 신도들이 워낙 절에 가지 않으니 이때라도 억지로 절에 가라고 스님들이 지어낸 말이렷다. 하루 시주로 한 해를 먹고 살아야 하니 그럴 법도 하다.

십여 년 동안 아내와 함께 주말마다 절에 가서 사시 예불을 드렸던 적이 있었다. 둘만 예불에 참여하여 독성 기도를 한 적도 한두 번이 아니다. 아내가 가고 이제 그 절에도 발걸음이 뜸해졌다. 지금 나는 불성을 접하는 데 참으로 나태하다. 나태(懶怠)는 부처 공부를 게을리한다는 불교 용어이다. 부처님 오신 날에도 나는 재적 사찰에 가서 부처님께 눈도장만을 찍고 돌아섰다. 보살들이 반겨주나 그렇게 반갑지 않다. 뒤통수가 부끄럽고 찬바람이 불었다. 아무리 복을 빌고 빌어도 업장이 짓는 인연은 돌이킬 수 없다는 걸 알았기 때문이다.

복을 빌면 빌수록 탐심은 무거워지니 더 힘겨워지더라. 마음속 탐심까지 버려야 하는데 우리는 거꾸로 부처님 앞에 엎드려 수많은 서원을 한다. 나의 아내는 자신보다 남편과 두 아들 위해 기도하고 또 기도했다. 불사에도 아내 자기의 이름은 보이지 않았다. 절에 가서 마음을 비우고 욕심을 내려놓으라고 그토록 부탁을 했는데 아내는 반대로 욕심만 가득히 채워 오는 듯했다. 그러니 어떻게 마음이 편했겠는가. 지금 생각하면 미안한 마음뿐이다.

부처님은 우리 중생의 서원을 그냥 들어주고 이루어지게 하는 전지전능하신 분이 결코 아니다. 세상 모두가 부처님이고 처처가 불당이라고 한다. 이제 부처님 가피도 내가 지은 복 그릇만큼 받을까 한다. 무슨 욕심을 더 부릴 것인가. 욕심을 부린다고 나에게 복을 주는 것도 아니더라. 법성게 한 구절인 중생수기득이익(衆生隨器得利益), '중생은 자신의 근기에 따라 이익(복)을 얻는다'는 말처럼 말이다.

오늘 초파일 하늘은 푸르고 천지가 화엄장이다. 나는 오늘 백두대간 끝 지점인 진양호 까꼬실 꽃동실에 앉아 무심한 호수만 바라보았다.

12. 청담 스님

어느날 선배 교수로부터 책 한 권을 받았다. 경상국립대학교 청담사상연구소에서 발간한 [마음 思想 제13집(2021)]이란 책이다. 청담 조사 열반 50주년 기념 논문집으로 펴낸 것이다. 선배님께서 발표하신 논문이 게재되어 있었다. 논문집을 받으면서 우리 둘은 청담사상에 대해 여러 이야기를 나누었다. 나는 청담 조사에 대해서 대충은 알고 있었지만 선배님께서 전해주는 알려지지 않은 흥미로운 이야기들에 나도 모르게 빠져들어갔다. 그리고 논문집을 찬찬히 읽었다. 진주에서 그런 대종사를 배출한 것이 자랑스러웠다. 그러면서 한편으로 청담 조사를 드높이 알리고 선양하지 못한 진주 시민과 진주 불자들의 무관심에 부끄럽기까지 했다.

청담 큰스님은 1902년 10월 20일 경상남도 진주에서 출생하였다. 진주제일보통학교와 진주농림고등학교를 졸업하였으며 1927년 고성 옥천사(玉泉寺)에서 남규영 스님을 은사로 모시고 득도하였다. 1955년에 조계종 초대 총무원장을 역임하였고, 1956년에 조계종 종회의장을 거쳤으며, 1966년에 조계종 통합종단 2대 종정을 지냈다. 1971년 11월 15일, 세수 70세, 법랍 45세로 도선사에서 입적하였다. 불교 정화에 앞장서 봉암사 결사를 주도했을 뿐만 아니라 한국 선불교의 주춧돌을 놓은 스님이다. 큰스님의 발자취는 한국의 어떤 스님 못지않다. 당대 성철 큰스님과 비견하거나 조금도 모자람이 없는 큰스님임에도 세상, 아니 진주에도 잘 알려지지 않았다는 점에서 안타깝기 이를 데 없다. 한국 불교의 크고 큰스님이 바로 진주에서 나오신 것이다. 진주의 자랑이다. 경상국립대학교에 청담사상연구소가 있기는 하나 지금까지 크게 주목받지 못한 것도 사실이다. 한국불교단체뿐만 아니라 중앙 조계종 차원에서 더 관심을 가지고 선양해야 한다. 그리고 경남의 모든 불자와 스님, 불교단체에서, 특히 진주 불자나 지자체 차원에서도 청담대종사의 위상을 재정립하고 세상에 널리 알리는 일을 했으면 좋겠다.

13. 대승과 소승

어느 봄날 잘 아는 대학 선배로부터 전화가 왔다. 안부를 묻고 난 뒤 나에게 불교 공부 잘하느냐고 물었다. 나는 당황했다. 공부도 어렵고 잘하지 못한다고 했다. 그러면서 갑자기 불교에서 말하는 색즉시공을 아느냐고 물었다. 대충은 알지만 아는 대로 말했다. 그리고 불도가 뭐냐고 묻기도 했다. 갑자기 묻기에 얼버무렸다. 팔정도가 바로 불도라고 한마디로 말했다. 이런저런 얘기를 나누었다.

선배는 대승불교는 잘 모른다고 하면서 초기 불교를 공부해 보라고 권했다. 부처님 시대 부처님이 직접 말하고 수행한 것이라고 말했다. 지금 대승불교에서 말하는 많은 보살들의 경전이나 보살들에 대한 개념은 초기불교 또는 근본불교에서는 전혀 나오지 않는 허구라고 말하는 사람들도 있다고 말했다. 부처님이 말씀하신 불설(佛說)이 아니라는 것이다. 즉 비불설(非佛說)란 말이다. 그러면서 부처님 가르침대로 공부하라는 것이었다. 붓다가 말한 초기 경전이 있으며 그대로 공부하는 것이 올바로 불교를 공부하는 것이라고 했다. 팔리어로 된 초기 불경이 직접 우리말로 쉽게 번역된 것들이 많이 있으니 읽어 보라고 했다.

불설과 비불설이 뭘까. 불경도, 성경도, 논어도 붓다, 예수, 공자가 직접 쓴 경전이 아니다. 후세 제자들이 성인의 말을 기억해내고 그들이 수 차례 모여 의논하여 정리한 것일 뿐이다. 그래서 성인들의 말씀도 상황에 따라 다른 말을 하기도 하고 듣는 사람들의 듣기 능력이 다르기 때문에 회상해 내는 정보들이나 이해도 다를 수 있다. 그래서 어느 것이 참이고 본질인지 알 수가 없다. 인도에서 초기불교를 공부하고 돌아온 스님도 초기불교가 불설이고 대승의 보살 개념은 비불설이라는 데는 근본적으로 동의하나 그렇다고 한국 불교의 중심인 대승이 잘못된 것이라고 말할 수도 없다고 말하더라는 말도 곁들었다. 그러면서 각묵 스님이 쓴 『초기불교의 이해』라는 책을 직접 사서 보내주었다. 나는 머리맡에 두고 틈이 날 때마다 조금씩 읽었다.

대승불교에서 말하는 것들이 대부분 소승불교, 초기불교에서도 마찬가지로 있었다. 대승(大乘)은 큰 수레라는 뜻이고 소승(小乘)은 작은 수레라는 뜻이다. 나는 대승이라고 함은 상구보리(上求菩提)해서 하화중생(下化衆生)까지 하라는 뜻이고 대승불교에서 소승이라고 폄하한 것은 수행자 혼자 상구 보리해서 깨달음을 얻는 것이 가는 길이라고 이해하고 있었다. 그런데 초기불교에 대해 조금 이해하니 그런 것만도 아니라는 걸 일게 됐다. 부처님 가르침대로 하면 자연히 하화중생이 된다는 말이다.

초기불교를 근본불교라고 하는 것처럼 불교의 근본이고 바탕이라고 한다면 대승은 그 바탕 위에서 다양한 수행법이 발달하고 파생한 것이 아닌가 혼자 생각을 했다. 불교학은 어렵다. 깨달음이라는 도달점은 하나인데 가는 길이 너무도 많다.

『초기불교의 이해』란 책부터 먼저 찬찬히 읽어 보려고 한다.

14. 탁명 스님

진주에 총림선원이란 절이 있다. 진주가 한눈에 내려볼 수 있는 진주 8경 중 하나인 망진산 동쪽 자락에 있다. 봄꽃 잔치가 한창인 사월 중순! 연록 연두색 새잎이 어린애 기지개를 펴듯 살포시 얼굴을 내미는 날 선원을 찾았다. 창건 역사는 그리 오래되지 않았지만 요즘 보기 드문 참불교 수행 선원이다. 이전에 종범 큰스님께서 해마다 일주일 동안 법문을 내려주시기 위해 직접 찾을 만큼 속살이 가득 찬 청정 선원이다. 입구는 부처님 오신 초파일을 준비하는 연등이 달려 있고 하늘을 찌르듯 높이 솟은 소나무가 선원의 깊이를 말해주는 것 같았다. 진주시 근교에 이렇게 참하고 아름다운 선원이 있다는 것은 불복(佛福) 중 불복이다. 동반한 불자교수들이랑 스님이 손수 제다한 차를 마시고 저녁 공양을 했다. 오랜만에 공양한 절밥이다. 영양학을 전공하시고 미국 유수 대학 교수로 지내다가 출가하신 탁명 주지스님의 사찰 음식은 남달랐다. 방아를 가득 넣은 된장찌개, 샐러드, 두릅전에다 내가 좋아하는 엄나무순, 조피순장아찌, 오가피잎나물, 버섯장아찌 등등 봄나물이 가득했다. 입에는 은은하면서도 쌉스레한 약기운 냄새가 가득 찼다. 선방에 들러 차를 마시며 다담을 나누었다. 손수 덖은 차다. 재가불자 상좌일을 하는 여련화 보살이 전하는 탁명 스님의 자비행과 보살행의 자랑은 끝이 없었다. 가슴이 우는 듯한 떨림을 받았다.

속가의 명성과 명예와 행복을 다 던지고 오로지 부처님 가르침을 따라 출가하신 청정 비구니의 모습 그대로였다. 손수 공양주가 되고 행자가 되고 주지가 되는 참하심행의 참모습을 보았다. 절을 내려오면서 선원에서 운영하는 유치원을 둘러보았다. 입이 다물어지지 않았다. 규모도 시설도 상상을 넘었다. 가장 놀라운 것은 바로 교육 내용이다. 다양한 교육과정과 교육과정을 실현할 교육 기자재들이 그렇게 잘 갖추어질 수가 없었다. 사찰 부속 유치원답게 다례와 참선까지 한다고 하니 더 할 말이 없다. 유치생들은 꿈동산에서 자랄 수 있게 꾸며놓았다. 그래서 진주에서 경쟁이 가장 심하다고 한 마디 건넨다. 불쌍한 결손 유치생도 받아들인다고 하니 모든 것이 부처님 보시행뿐이다.

갈수록 혼탁해져만 가는 오늘날 불교계에서 팔정도 불도를 실천하면서 살아가시는 청정심 탁명 스님을 친견할 수 있었던 행복한 봄날이었다. 하늘에 핀 한 송이 연꽃을 보는 것 같다.

15. 정안 거사와 여련화 보살

나는 한 때 절에 열심히 다니고 부처 공부와 절 수행이나 참선도 한답시고 열을 낸 적도 있었다. 그러나 나는 갈수록 불심이 옅어지고 공부에 나태하다. 교수 불자 모임에도 참여하지 않는 날이 많다. 스스로 생각하니 부끄럽기 짝이 없다. 그래서 불성이 부족하니 말문을 열기도 두렵다.

그런데 내 주위에 불교 공부와 수행, 보시를 열심히 하는 사람들이 많다. 그 가운데 거울처럼 바라보면서 존경심이 우러나는 재가 불자 둘이 있다.

한 사람은 3년 여 전에 정년을 한 법명이 정안(正晏)이라는 손병욱 명예 교수님(경상국립대학교 윤리교육과)이다. 일찍이 혜강 최한기의 기학(氣學) 연구로 학위를 받은 바 있다. 따라서 전공이 유교 가운데서도 실학(實學)이라고 할 수 있다. 그럼에도 정안 거사는 불교 교리에 깊은 관심을 갖고 있으며 한국 불교사에 대해서도 나름의 견해를 정립하고 있다. 무엇보다 만나면 직접 수행 정진을 통해서 깨달음을 얻고자 하는 간절함이 배여 나는 것 같아서, 조만간 소기의 결실을 거둘 수 있으리라고 여겨진다. 계율을 수지(守持)하는 바른 삶을 살고자 늘 성찰하는 자세를 잃지 않는 정안 거사의 모습은 존경스럽다. 참선 중 수식관(數息觀)과 화두 참구(話頭參究)를 강조하시고 매일 몸소 참선을 한다고 한다. 정년 이후 요즈음은 선도성찰나눔실천회(선도회)를 이끄는 지도법사인 법경(法境) 박영재(朴英才) 교수에게 매월 한 번씩 받은 화두의 투과 여부를 점검받으러 서울까지 간다고 한다. 나이 칠십에 매월 한 번씩 먼 서울까지 그것도 몇 년 동안 꾸준히 오르내리는 것은 말만큼 쉽지 않다. 교학과 수행에 본을 보이는 분이다. 나는 곁에서 많은 걸 배울 수 있다는 것만으로도 복이다.

또 한 분은 법명이 여련화인 권현옥 의사다. 산부인과 의사로 보시와 베풂을 이 분보다 더 열심히 하는 사람은 보기 드물다. 헌신적인 봉사로 이미 세상에 널리 알려져 어지간한 불자들은 다 아는 분이다. 2016년 대한적십자 박애장 금장, 2013년 보령의료봉사상 대상, 2011년 제11회 진주시민상 등 일일이 소개하기 어려울 정도 수상 경력이 있다. 자신의 모든 걸 불쌍한 이웃을 위해 다 내어놓고 사는 분이다. 관세음보살이 따로 없다. 살아있는 관세음보살이다. 교도소 무료 봉사는 물론이고 해마다 인도까지 직접 가서 의료 봉사를 할 뿐만 아니라 의료물품이나 생활용품을 보내고 있다. 요즘은 어려운 네팔 어린이들에게도 사비를 들여 생활용품을 보내고 있다고 한다. 전부터 나는 이름만 많이들었지만 직접 만날 기회는 적었다. 그런데 최근 대학 불자 모임인 무문관에 들어와 깊은 불성을 보이고 있어서 더 잘 알게 됐다. 때로는 순진무구하여 때묻지 않은 어린애 같고 때로는 불의를 보고 참지 못하는 사자와 같다. 남편이 나와 같은 대학에 근무하고 있는 교수로 남편 역시 부처다.

이 두 분의 재가 불자를 보면 내가 불자라는 게 스스로 한없이 부끄럽다. 또 이런 분을 곁에 둔 것만으로도 복이 아닐 수 없다

16. 하심

불교에서 가장 핵심적인 수행은 하심(下心)이다. 하심은 마음을 아래로 내려놓는다는 것이다. 방하착(放下著)과 통하는 말이다. 나는 방에 방하착(放下著)이라는 글을 나무에 새겨 걸어놓고 있다. 집착을 내려놓으려면 마음을 먼저 내려놓아야 한다. 마음을 아래로 내려 놓는다는 말은 자신을 낮춘다는 뜻이고 자신을 낮춘다는 것은 인간은 알 듯 모를 듯 지은 죄에 대한 한없는 참회의 뜻이다. 전생에서 지은 죄이거나 이승에서 지은 수많은 죄에 대한 참회의 마음 자세이다. 남보다 많이 알고 남보다 많이 가지고 남보다 높은 자리에 있다고 생각하는 자만(自慢)과 방

종(放縱)의 업장에 대한 참회이다. 그 참회는 자신의 마음을 아래로 놓고 겸손한 마음을 가지는 것이다. 죄업에 대한 참회는 곧 자신의 마음을 낮추는 것에서부터 시작한다. 부처님 앞에서 자신의 몸을 한없이 낮추고 부처님을 예경하는 것도 자신을 끝까지 낮추는 마음의 형상이다. 오직 자신을 낮추고 자신의 생각을 버릴 때 온전한 성불이 시작하는 것이 아닐까. 불교에서 시작도 하심이고 끝도 하심이라 생각한다. 하심이 곧 보살행이고 보살심의 원천이다. 하심이 보시의 근원이고 시작이다. 남을 배려하고 남을 위하고 남의 아픔을 감싸려고 하면 자신의 마음을 낮추지 않으면 안 된다.

상(相)을 드러내는 것은 하심이 되지 않았기 때문이다. 금강경에는 줄곧 아상(我相), 인상(人相), 중생상(衆生相), 수자상(壽者相)을 버려야 한다고 한다. 이 모든 상의 버림은 하심에서 나오지 않나 생각한다. 나라는 존재도, 남의 존재도, 중생의 존재도, 삶의 존재도 생각하지 않는 것이 하심이다. 내가 아는 불자 가운데 불자가 아닌 사람보다 더 자존심이 강하고 자기 주장이 강한 사람을 보았다. 자기가 남보다 더 많이 알고 있다고 생각한다. 주위에서 어떻게 저런 사람이 불자라고 온천지에 소문을 내고 다닐까 수군거린다. 반면교사(反面敎師)로 삼고 살아야겠다. 살면서 자만(自慢) 하나만 조금이라도 내려놓을 수 있어도 얼마나 좋을까. 그리고 화도 좀 참고 남을 너그러이 받아들일 수 있는 마음을 가질 수 있다면 얼마나 좋을까.

17. 절과 무속

나는 어느 날 절에 가서 이상한 걸 보았다. 이상하다고 해야 할지 황당하다고 해야 할지 표현하기가 어렵다. 법당 기둥 밑에 음식 제물을 놓아둔 거였다. 법당 밖 기둥 아래 웬 음식 제물이 있을까. 우리나라 불교가 아무리 토속화되어 간다고 해도 이건 아니라 생각했다. 금강경을 읽고 이런저런 부처님 경전을 보아도 부처 앞도 아닌 법당이나 산신각이나 산신당, 칠성각 등에 제물을 바치고 절을 하는 것은 부처님께서 말씀하신 시종일관 깨달음과 마음공부와는 거리가 먼 것이 아닌가 생각했다. 내가 뭘 모르고 한 말인지도 모른다.

토속화되는 연유가 있을 법도 하다. 불교의 포교나 전도를 위해 어쩔수 없이 그 토속적인 문화와 종교를 융합하지 않을 수 없었을 것이란 점도 일면 이해가 가긴 하지만, 붓다의 근본적인 가르침을 망각하고 지나치게 외도하는 것은 바람직한 것은 아니지 않을까. 절간 뒤 바위에 대놓고 절을 하는 것은 샤머니즘 그대로다. 불경에 마구니를 섬기지 말라고 했다. 붓타의 말씀을 따르고 그 말씀도 곧 뗏목처럼 버려라 했다. 사성제(四聖諦), 팔정도(八正道)로 깨달음에 이르러라고 했다.

우리 불교가 기복 불교로 흐른 지 오래다. 종교의 본질이 아무리 중생의 고통 마음을 달래야 하고 알지 못하는 사후 내세에 대한 마지막 행복을 기원할지라도 불교는 이승에서 마음 닦음으로 보시하고 복을 짓는 수행에 진력하는 것이 불교의 올바른 종지이다. 하여 적어도 절에서는 무속적 신앙에 지나치게 기대지 말아야 하지 않을까. 불교는 근본적으로 타력 종교가 아니라 자력 종교가 아닌가.

중얼거렸다.

18. 도량

나는 절에 들어설 때마다 신성한 곳에 들어가는 느낌을 받고 마음이 편안해진다. 불교에서는 절을 말할 때 도를 닦는 곳이라 하여 '도량(道場)'이라 한다. 무예를 닦는 곳은 도장(道場)이라 발음을 한다.

절에 들어갈 때는 우리 중생은 속계의 탐진치를 내려놓고 번뇌망상을 내려놓고 오직 참회심을 가지고 간다. 사찰은 성지이다. 부처님의 거룩한 불상이 모셔져 있고 많은 보살들의 위신력이 가득한 곳이다. 팔부신장들의 기력이 가득 찬 곳이 사찰이다. 사찰에는 무해청정지이기 때문에 중생계에서 가지고 있었던 욕심과 시기 질투와 번뇌 망상은 범접할 수 없는 곳이다. 사찰에 들어가면 이러한 번뇌 망상 잡귀의 기운을 씻어야 한다. 그러한 잡념과 잡귀와 잡신들의 기운을 없애주는 것이 일주문이고 천왕문이고 금강문이 있다. 사천왕은 동방 지국천왕, 남방 증장천왕, 서방 광목천왕, 북방 다문천왕과 같이 사방의 잡귀들을 근접할 수 없게 한다. 사찰에 들어서면 중생은 청정심으로 오직 불심과 법심을 가지고 있어야 한다.

하늘도 땅도 청정도량이기 때문에 사찰에서 신구의(身口意)의 삼업을 쌓는 일은 하지 않아야 한다. 몸과 말과 뜻은 청정해야 하고 사찰에서 화를 내거나 큰소리를 치거나 아상을 내거나 말을 함부로 하거나 다툼이 있어서는 안 된다. 그리고 동작 하나하나 함부로 해서는 안 될 것이다. 그것이 수행이다. 아상도 버리고 인상도 버려야 한다. 사찰에는 오직 참회심과 청정심을 가지고 하심으로 불자들을 만나면 밝은 미소를 지으며 합장하면서 인사했으면 좋겠다. 그것도 수행인 것이다. 나는 늘 사찰에 들어가면 맑은 기운을 느낀다. 도량청정무하예(道場淸淨無瑕穢)라 '도량이 청정하여 더러움이 하나도 없다'라는 말이 있다. 절에서는 스님이나 불자 사이에 화를 내거나 꾸짖거나 다투는 일은 없어야 할 것 같다. 마음이 청정하도록 마음을 닦는 도량이기 때문이다.

19. 안식처와 스님

절이나 교회 성당은 우리는 흔히 성지나 안식처라 한다.

안식처!

인간은 속세 중생이나 죄인으로 태어나 생로병사, 번뇌 망상으로 살아간다. 이승, 현세에서 겪어야만 하는 고통, 힘듦으로부터 벗어나고 사후 극락이든 천당이든 천국인 피안의 세계로 가기를 기원한다. 사찰이나 예배당은 중생이나 종이든 죄인이든 힘든 자, 고통을 받는 자가 들어가면 위안을 받고 보호받고 마음이 편안하게 된다는 점에서 바로 '안식처'로 기능한다. 그리고 어떤 사악한 기운도 범접할 수 없는 성서로운 곳이 곧 성지이다. 그래서 절에 가고 교회에 가고 성당에 간다. 그곳에는 붓타, 예수의 가르침을 전해주는 스승이 있다. 곧 스님이고 목사님이고 신부님이다. 그런 전도사를 붓타처럼, 예수처럼 존경하고 받들고 그들의 가르침을 따른다.

불교에 주목해서 말하면 속세와 인연을 끊고 오로지 지난하고 힘든 수행으로 마음을 닦은 스승이 스님이다. 따라서 수행력, 청정 법력으로 부처의 기운 중생을 위해 상구보리하고 하화중생의 길을 가는 스승이 스님이다. 스님은 부처님의 가르침으로 몽매하고 어리석은 중생을 제도해야 한다.

법회 때 마다 귀중한 스님의 감로수 같은 법문, 가슴을 찌르는 법문 한 마디 있었으면 좋겠다. 스님의 수행력이 승승하여 그 법력의 가피를 얻기 위해 남녀노소 불자들이 구름 같이 모여 드는 절이었으면 좋겠다.

절에 들면 속세에서 고통 받고 힘들어 하는 모든 중생들이 잠시라도 마음의 안식을 찾을 수 있는 안식처였으면 좋겠다.

세상은 갈수록 혼탁해지고 있는데 청정 도량 사찰을 찾는 불자는 줄어들고 있다. 출가 스님의 수도 줄어들고 있다.

가슴 아프다.

이 모든 것도 불연이 있어야 하고 일체유심조처럼 내 마음에 달렸다. 삼보에 감히 불경을 저지런 구업을 질렀다.

20. 자력과 타력

나는 늘 불교가 과연 자력 종교인가 타력 종교인가에 대한 의문을 품고 있다.

기독교는 철저하게 전지전능한 하나님을 믿음으로써 모든 것이 이루어진다고 하는 타력 종교이다. 그러나 불교는 부처님의 가르침 대로 마음을 닦고 수행하고 보살행을 행하면 소원이 성취되고 복을 받을 수 있다고 하는 자력 종교라고 생각한다. 불교의 궁극적인 목표가 수행과 지혜를 증득하여 깨달음과 해탈에 이름으로써 사고 팔고에서 벗어나고 육도윤회에서 벗어나는 것이라면 자력 종교이다. 누구도 깨달음에 대신 이르게 할 수가 없는 자기 자신만의 할 수 있으며 자기 자신의 수행 인과에 따라 업을 받는 것이기 때문에 자력 종교라고 믿고 있다. 그리고 불교는 부처님의 가르침인 사성제와 팔정도를 기반으로 오로지 마음닦음이 마지막 도달점이라고 생각한다.

그런데 사람은 미약하기 이를 데 없는 중생이라 힘들고 고통을 받을 때 어디엔가 의지하려고 하는 것이 인간의 본성이다. 따라서 부처님과 제보살들을 절대적인 존재로 받아들이면서 바람을 간절히 기원하고 축원하는 것이다. 그래서 기독교에서는 부처님을 우상으로 바라보는 것이다. 부처님은 절대절명의 성인으로 우리는 그의 가르침을 받을 뿐이다. 깨달은 그분의 가르침대로 행할 뿐이다. 붓타는 중생이 깨달음에 이르렀을 때는 자신의 가르침까지 버리라고 했다. 자신의 상에 의지하지 말라고 했으며 자신의 말에도 메이지 말라고 했던 것이다. 우리가 불상을 보고 삼배를 하는 것은 불법승 삼보에 귀의하는 뜻이고 부처님의 가르침대로 행하겠다는 다짐이고, 붓타의 존경심의 발로이다. 불교는 결코 우상 숭배의 종교가 아니다.

불교는 모든 것이 자신의 마음(心)에 달려 있다고 한다. 오로지 자신의 마음만이 믿을 뿐이다. 모든 행과 불행과 모든 고통과 깨달음도 오직 자신의 마음에 달려 있다고 한다면 불교가 자력 종교임에는 틀림이 없다. 밖으로 복을 받으려고 하지 말고 복을 지으면 자연스럽게 복을 받는다고 하는 것도 자력 종교임을 말하는 것이라 생각한다. 복을 짓는다고 생각하는 순간 복을 짓는 것이 아니라고 한 무주상보시도 마찬가지다. 부처님을 위해 공양을 하고 절을 짓고 불사를 아무리 많이 하더라도 공덕을 받을 것이라고 생각하는 순간 공덕이 공덕이 아니라고 한 가르침도, 수행의 시작도 끝도 자신의 마음에 달려 있다고 한다면 그것도 불교가 자력 종교임을 말하는 것이 아닌가 한다. 그런데 그 마음을 찾고 마음을 닦고 마음 공부가 무엇인지 알 수가 없다. 깨달음이 세수하면서 코 만지는 것만큼 쉽다고 하는데…

그런데도 나는 아직 부처님 앞에서 서원을 하고 발원을 한다. 어떻게 해야 하는가. 바보 같은 생각을 아직 하고 있는 초발심 불자다.

21. 불교용어의 일상언어

불교가 우리나라에 들어 온 지도 일천육백 년 가까이 됐다. 이처럼 오랫동안 불교가 우리나라에 들어와 우리 겨레와 함께하면서 많은 불교용어들이 서서히 일상생활 언어로 쓰이게 됐다.

우리가 사용하고 있는 많은 낱말들이 불교에서 온 것임을 알면 한편 놀라기도 한다. 이미 많은 연구나 자료에서 일상 생활어가 불교에서 온 낱말임을 밝혀놓고 있다.

어휘는 통시적으로 의미가 변한다. 의미가 넓게 변하는 경우도 있고 좁아진 경우도 있다. 그리고 가치가 상승하는 경우도 있고 반대로 하락하는 경우도 있다. '짐승'이란 어휘는 이전에는 생명이 있는 모든 대상을 '중생'이라고 하여 그 의미가 매우 넓게 쓰였는데, 지금은 '사람이 아닌 동물'로 의미가 좁아졌다. 그리고 그 의미 가치가 하락한 보기이다. 반대로 예전에 '백(百)'을 의미하던 '온'이 지금은 '모든'의 의미로 쓰여 의미가 넓어진 보기다. 그리고 중세 국어에 평칭으로 쓰였던 '놈'이나 '계집'이 지금은 '비칭'으로 쓰여 의미 가치가 떨어진 보기다.

불교 용어에서 일반 생활어휘로 쓰이는 것들 가운데 몇 가지를 살펴보자. 표준국어대사전과 네이버 사전을 참고로 하였다.

건달(乾達)

'건달'은 '건달바'에서 온 말이다.

건달바는 수미산(須彌山) 남쪽의 금강굴(金剛窟)에서 살며 제석천(帝釋天)의 음악을 맡아 본다는 신으로, 술과 고기를 먹지 않고 향(香)만 먹고 허공을 날아다닌다고 한다. 이 건달바는 인도에서 음악을 전문적으로 하는 악사(樂士)나 배우를 가리키기도 한다.

그런데 지금은 '하는 일 없이 빈둥빈둥 놀거나 게으름을 부리는 짓. 또는 그런 사람'을 이른다.

'그 사람은 할 일 없이 돌아다니는 건달이다.'

공부(工夫)

종파 가운데 선종에서 주로 사용한 말로 주공부(做工夫)와 같은 형태의

숙어로 시간과 노력을 들여서 불법을 열심히 닦는다는 뜻으로 사용되었다.

오늘날 '학문이나 기술을 배우고 익힘'의 뜻으로 쓰인다.

'학생들이 공부를 열심히 한다.'

공염불(空念佛)

염불은 부처의 모습과 공덕을 생각하면서 아미타불을 부르는 일이나 불경을 외는 일을 말한다. 공염불은 신심(信心)이 없이 입으로만 외는 헛된 염불을 말한다.

오늘날은 '실천이나 내용이 따르지 않는 주장이나 말을 비유적으로 이르는 말'로 쓰인다.

'그 사람은 믿음이 없어 하는 말들이 모두 공염불이다.'

나락(奈落)

불교에서 죄업을 짓고 매우 심한 괴로움의 세계에 난 중생이나 그런 중생의 세계. 또는 그런 생존을 말한다. 지옥과 비슷한 말이다.

오늘날에는 '벗어나기 어려운 절망적인 상황을 비유적으로 이르는 말.'로 쓰인다.

'그 사람은 도박 때문에 나락으로 떨어졌다.'

도구(道具)

'도구'는 불도를 닦을 때 쓰는 기구를 통틀어 이르는 말. 불상, 바리때 따위가 있다.

그런데 이 말은 '일을 할 때 쓰는 연장을 통틀어 이르는 말'이나 '어떤 목적을 이루기 위한 수단이나 방법'이란 의미로 넓게 쓰이고 있다.

'무슨 일을 하든 도구가 필요하다.'

면목(面目)

'깨달음의 경지에서 나타나는 마음의 본성, 즉 참모습을 뜻한다.' 본래면목과 같이 쓰인다.

오늘날은 '얼굴의 생김새', '남을 대할 만한 체면', '사람이나 사물의 겉모습'과 같이 넓은 의미로 쓰인다.

'그 사람을 바라볼 면목이 없다.'

무자비(無慈悲)

'자(慈)'는 최고의 우정을 의미하며, 특정인에 대한 것이 아니라 모든 사람들에게 평등한 우정을 갖는 것이다. 또 '비(悲)'의 원래 의미는 '탄식한다'는 뜻으로 중생의 괴로움에 대한 깊은 이해·동정·연민의 정을 나타내는 말이다. 광대한 자비를 '대자대비(大慈大悲)'라고 하는데, 이는 석가의 자비를 나타내는 데 흔히 사용된다.(네이버 지식백과)

무자비는 자비가 없다는 의미다.

오늘날은 '인정이 없이 냉혹하고 모짊'의 의미로 쓰인다. '무자비'는 '무자비하다'라는 형용사로 쓰이고 '자비'는 '자비를 베풀다'와 같이 명사와 '자비롭다'와 같이 형용사로 쓰인다.

'군인들이 민간인을 무자비하게 죽였다.'

무진장(無盡藏)

덕이 광대하여 다함이 없음을 나타내는 말로 쓰인다. 덕이 끝없이 많은 창고를 말한다.

오늘날에는 '다함이 없이 굉장히 많음'의 의미로 명사와 부사로 쓰인다.

'보석이 무진장 나왔다.'

방편(方便)

붓다의 가르침인 불법을 다양한 업을 가진 대중들에게 알려 지혜의 눈을 뜨게 하는 방법을 말한다.

이 말이 지금은 '그때그때의 경우에 따라 편하고 쉽게 이용하는 수단과 방법'으로 일반화돼서 쓰인다.

'그 일을 해결할 적당한 방편을 찾아야 한다.'

보살(菩薩)

보살은 보리살타(菩提薩埵)의 준말이다. 산스크리트어 bodhisattva로 보디(bodhi)는 budh(깨닫다)에서 파생된 말로 깨달음·지혜·불지(佛智)라는 의미를 지니며, 사트바(sattva)는 as(존재하다)가 어원으로 생명 있는 존재, 즉 중생(衆生)·유정(有情)을 뜻한다. 보살의 일반적인 정의(定義)는 '보리를 구하고 있는 유정으로서 보리를 증득(證得)할 것이 확정된 유정' '구도자(求道者)' 또는 '지혜를 가진 사람' '지혜를 본질로 하는 사람' 등으로 풀이할 수 있다. [네이버 지식백과]

지혜를 얻어 중생의 고통을 감당해 주는 의미의 다양한 보살의 의미로도 쓰이지만 오늘날은 일반적으로 여성 재가 불자를 일컫는 말로 쓰인다.

절에서 보살들이 공양 준비를 하고 있다.

사자후(獅子吼)

사자가 우는 것처럼 부처님의 위엄(威嚴) 있는 설법에 모든 악마들이 굴복(屈服)하여 귀의(歸依)함을 비유한 말.

'사자의 우렁찬 울부짖음'이란 뜻으로, '크게 부르짖어 열변을 토하는 연설'을 이르는 말이다.

'그 스님의 법문은 사자후처럼 힘이 있었다.'

아귀다툼

아귀(餓鬼)는 이승에서 먹거리로 지나친 탐욕을 내어 중생을 괴롭힌 사람이 가는 육도 중 하나로 아귀도(餓鬼道)에서 나온 말이다.

'각자 자기의 욕심을 채우고자 서로 헐뜯고 기를 쓰며 다투는 일'의 의미다. 일반적으로 '아귀다툼'이라는 말로 쓰인다.

아귀도에서 아귀라는 물고기 이름도 나왔다. 표준어로 '아귀'인데 '아귀'로 쓰는 사람은 거의 없고 대부분 '아구'라고 한다. 따라서 머지않아 '아구'도 복수표준어가 될 것 같다.

아비규환(阿鼻叫喚)

아비지옥과 규환지옥을 말한다. 아비지옥은 8열지옥 중의 하나로 가장 밑에 있는 대지옥, 무간지옥(無間地獄)이라고도 한다. 죄업을 많이 지은 극악무도한 사람이 죽은 후에 떨어진다는 지옥이다. 규환지옥은 8 열지옥의 하나. 이 지옥에 떨어진 죄인은 물이 끓는 큰 가마솥 속에 들어가기도 하고, 뜨거운 쇠집 속에 들어가 고통을 견디지 못하여 울부짖는다고 한다. 살생·도둑질·음행·술 먹는 죄를 범한 사람이 들어가게 되는 지옥이라고 한다. [네이버 지식백과] (원불교대사전)

'여러 사람이 비참한 지경에 빠져 울부짖는 참상을 비유적으로 이르는 말'로 쓰인다.

'화재가 난 건물에서 사람들이 빠져나오려고 아비규환이다.'

아수라(阿修羅)

아수라는 불법을 수호하는 여덟 수호신인 팔부신중 가운데 하나로 악신 아수라와 선신 제석천의 싸움터를 말한다.

대승불교(大乘佛敎)에서는 중생이 깨달음을 얻지 못하고 윤회할 때 지은 업보에 따라 태어나는 세계를 여섯 가지로 나눈 6도(六道) 가운데 하나로 아수라도(阿修羅道)를 두었다.

지금은 싸움이나 그 밖의 다른 일로 큰 혼란에 빠진 곳. 또는 그런 상태를 말하는 의미로 쓰인다.

'불이 나자 아수라장이 되었다.'

악착(齷齪)

속세의 인연을 끊고 극락정토로 떠나는 반야용선에 타려고 밧줄을 악착같이 잡았다라는 악착보살(동자)에서 나온 말이다.

오늘날은 '일을 해 나가는 태도가 매우 모질고 끈덕짐. 또는 그런 사람'을 두고 말한다.

'그 사람은 어떤 일을 하든 악착같다.'

야단법석(惹端法席/野壇法席)

'야단(野壇)'이란 '야외에 세운 단'이란 뜻이고, '법석(法席)'은 '불법을 펴는 자리'라는 뜻이다. 즉, '야외에 자리를 마련하여 부처님의 말씀을 듣는 자리'라는 뜻이다. 그런데 이 야단(野壇)이 '떠들썩하고 부산하게 일을 벌인다'는 '야기사단(惹起事端)'의 준말인 '야단(惹端)'에서 나온 말이라고도 한다. 법당이 좁아 많은 사람들을 다 수용할 수 없으므로 야외에 단을 펴고 설법을 듣고자 하는 것이다.

지금은 '많은 사람이 모여들어 떠들썩하고 부산스럽게 굶'의 의미로 쓰인다.

'야단을 떨다'. '야단스럽다'. '법석을 떨다'와 같이 따로 쓰기도 한다.

'유명한 가수가 오니 사람들이 야단법석이다'

언어도단(言語道斷)

불교에서 이심전심(以心傳心)과 같은 말로 말로서 표현할 수 없는 최상의 진리, 언어로써 말을 하는 순간 도가 도가 되지 않는다는 말로 언어 너머에 있는 진리나 도를 말한다. 불립문자(不立文字)와 같은 의미로 쓰인다.

지금은 '말할 길이 끊어졌다는 뜻으로, 어이가 없어서 말하려 해도 말할 수 없음을 이르는 말'의 뜻으로 쓰인다.

'조선이 중국의 종속국이었다는 것은 언어도단이다.'

유야무야(有耶無耶)

유야무야(有耶無耶)는 불교에서 사구분별(四句分別)이라 해서 어떤 현상을 관찰함에 있어 네 가지의 논리 방식이 있다는 의미다.

예를 들면, 어떤 사상(事象)에 대해 있다(有)고 보는 견해와 없다(無)고 보는 견해, 있으며(有) 또한 없다(無)고 보는 견해, 있는 것도 아니고, 없는 것도 아니라는 견해다.

오늘날은 '있는 듯 없는 듯 흐지부지함'을 나타내는 의미로 쓰인다.

'그 사건은 유야무야 넘어갔다.'

이판사판(理判事判)

불교에서 절의 살림을 맡은 스님을 사판승(事判僧)이라 하고 수행에만 전념하는 스님을 이판승(理判僧)이라 한다. 이 두 말을 합쳐 이판 사판승이라 한다.

오늘날에는 '막다른 데 이르러 어찌할 수 없게 된 지경'의 뜻으로 '이판사판'이라 한다.

'이제 이판사판으로 싸울 수밖에 없다'와 같이 쓰인다.

자업자득(自業自得)

업은 불교에서 전생이나 이생에서 자기가 지은 행위에 따라 얻는 결과를 말한다.

업에는 선업과 악업이 있다.

오늘날에는 자업자득을 부정적인 의미로 쓰여 자기가 저지른 행위에 대한 결과를 말한다.

'그 사람이 사업에 망한 것은 자업자득이다.'

저승

불교에서 사람이 죽은 뒤에 그 혼이 가서 산다고 하는 세상을 말한다.
저승은 '저+생(生)'에서, '이승'은 '이+생(生)'에서 변한 말이다.
오늘날은 단순하게 '죽은 후 세상'을 말한다.
'저승에 가 보고 싶으냐?'

점심(點心)

불가(佛家)에서 '선승'들이 수도를 하다가 시장기가 돌 때 마음에 점을
찍듯 간식 삼아 먹는 음식을 가리키는 말이다.
이것이 '낮에 먹는 끼니'라는 의미로 넓어졌다. 음식뿐만 아니라 정오
부터 반나절쯤까지의 시간을 말하기도 한다.
'점심때가 되었으니 점심을 먹자.'

찰나(刹那)

불교에서 시간의 최소단위를 나타내는 말이다. 정확하게 얼마 동안
의 시간인지는 여러 설이 있다. 일반적으로 불교에서 찰나마다 생겼다
멸하고, 멸했다가 생기면서 계속되어 나간다고 하여 찰나생멸(刹那生滅)
·찰나무상(刹那無常)이라고 하여 추상적으로 짧은 시간을 말하기도 한다.
오늘날은 '어떤 일이나 사물 현상이 일어나는 바로 그때'나 막연히
짧은 시간을 말한다.
'도둑이 도망가려고 할 찰나에 경찰이 들어왔다.'

출세(出世)

출세는 출세간(出世間)의 준말로 부처가 중생을 제도하기 위해 이 세상에 나타난 것을 의미한다.

이 말이 오늘날에는 '사회적으로 높은 지위에 오르거나 유명하게 됨'의 의미로 쓰인다.

'출세에 눈이 어두워 온갖 못된 짓을 다 한다.'

투기(投機)

선종(禪宗)에서, 수행자(修行者)가 불조(佛祖)의 가르침의 요체(要諦)를 이루어 대오(大悟)하는 일의 의미이다.

오늘날에는 '기회를 틈타 큰 이익을 보려고 함. 또는 그 일'이나 '시세 변동을 예상하여 차익을 얻기 위하여 하는 매매 거래'를 말한다.

'그 사람은 투기를 자주 해서 손해를 많이 봤다.'

화두(話頭)

주로 선원에서 참선 수행을 위한 실마리를 이르는 말이거나 조사(祖師)들이 득도를 위해 던진 말로 공안(公案)이라고도 한다.

오늘날은 '이야기의 첫머리나 관심을 두어 중요하게 생각하거나 이야기할 만한 것'을 말한다.

'이번 회의에서는 무엇을 화두로 삼을 것인지 모르겠다.'

깨달음에 대한 몇 가지 물음

조 구 호
전)경상국립대학교 인문학연구소 연구교수

1. 머리말

1981년 성철 스님(1912~1993)에 의해 촉발된 돈점논쟁 이후 '깨달음'[1]
에 대한 논의가 다방면에서 전개되었다. 깨달음에 대한 본격적인 논쟁
이 승가(僧家)에서 일어났고, 일반인들 사이에서도 깨달음은 중요한 화
제의 하나가 되었다. 그렇지만 깨달음에 대한 논의를 수렴하고 정리하
는 작업이 제대로 이루어지지 않은 탓인지, 아니면 깨달음에 대한 접근
과 이해의 차이인지 깨달음에 대한 논의는 아직도 지속되고 있다.[2]

'깨달음이란 무엇이며', '깨달음에 대한 논의는 왜 지속되고 있는지'
에 대한 의문에서 깨달음과 직결된 몇 가지 물음을 제기해 보고자 한

---

1) 최근 '깨달음'과 '깨침'을 구분해서 말하기도 한다. '깨달음(覺)'은 지(知)의 차원에서
   의 깨달았다는 의미이고, '깨침'은 믿음과 닦음을 바탕으로 단박에 깨달음이 일어나
   는 것이라고 한다.(박성배 저, 윤원철 옮김, 『깨침과 깨달음』(예문서원, 2002)). 여기
   서는 '깨달음'과 '깨침'을 구분하지 않고 '깨달음'으로 지칭한다.
2) 불교 관련 학술지를 비롯해 계간 《불교평론》, 그리고 많은 불교 관련 출판물에서 깨
   달음과 관련된 논의가 계속되고 있는데, 교외별전과 심법(心法)을 강조하는 깨달음
   의 특성상 논의는 지속될 가능성이 높다.

다. 깨달은 사람은 '무엇을 깨달았는가?', 깨달은 사람은 '무엇이 달라졌는가?', 깨달은 사람은 '무엇을 했는가?' 등이다. '깨달음이란 무엇인가?' 하는 의문을 풀기 위해서는 깨달음의 본질을 천착하는 것이 빠르고 명확한 방법이겠지만, 그동안 '깨달음이란 무엇인가?'에 대해서는 적지 않은 논의가 있었기 때문에 접근을 다르게 해보고자 한다. 무엇을 깨달았고, 깨달은 이후에는 어떤 변화가 있었고, 무슨 일을 하였는지 등을 알면 '깨달음은 무엇이고', '어떤 사람이 깨달은 사람인지'를 알 수 있지 않을까 해서이다. 여기서는 육조 혜능과 원효대사의 행록을 중심으로 이야기를 전개해보고자 한다.

2. 무엇을 깨달았는가?

깨달았다는 분들에 대한 이야기는 적지 않게 전해지고 있지만, 무엇을 깨달았는지 분명하게 밝히고 있는 것은 많지 않다. 그리고 깨달음의 증거라고 할 수 있는 '오도송'이 많이 전해지고는 있으나, 그것으로 무엇을 깨달았는지도 알기 쉽지 않다. 조선 시대 한국 불교의 선맥을 정립한 서산대사의 오도송[3]이나, 한국 근대 불교의 중흥조라고 일컬어지는 경허 스님의 오도송[4]도 일반인으로서는 그 의미를 알기 어렵다. 이

---

3) 髮白非心白 古人曾漏洩 今聞一聲鷄 丈夫能事畢 忽得自家處 頭頭只此爾 萬千金寶藏 元是一空紙(머리는 희어져도 마음은 희어지지 않는다고/ 옛사람 일찍이 말 하였거늘/ 이제 닭 우는 소리 듣고/ 장부의 큰 일 능히 마쳤네/ 홀연히 본 고향을 깨달아 얻으니/ 모든 것이 다만 이렇고 이렇도다 / 수많은 보배와 같은 대장경도/ 원래 하나의 빈 종이로다)

4) 忽聞人語無鼻孔 頓覺三千是吾家 六月燕岩山下路 野人無事泰平歌(문득 어떤 사람이

것은 깨달음은 일반인들이 이해하고 접근할 수 있는 영역이 아닌, 교외별전(敎外別傳)이라는 선가의 전통 때문일 것이다. 그렇지만 유전자 조작으로 개와 돼지가 복제가 되고 있는 오늘날 깨달음이 일반인들의 이해와 접근이 불가능한 영역으로 존재한다면 그것이 지닌 의미와 가치에 대한 의문은 증폭되고, 존립의 근거와 지속성 또한 담보하기 쉽지 않을 것이다. 불교를 비롯한 종교에 대한 일반인들의 무관심과 불신이 해마다 증가하고 있고, 20-30대 젊은이들은 그 정도가 더욱 심하다.[5] 여기에는 종교에 대한 불신이 크게 작용했을 것이지만, 자칭 또는 타칭으로 깨달았다고 하는 분들의 행적이 평범한 일반인들보다 저급한 경우도 없지 않은 것도 영향이 있을 것이다. 이런 제반 의문과 문제점에서 깨달음에 대해 물음을 제기하는 것이다. 여기서는 육조 혜능과 원효대사의 행록(行錄)을 중심으로 검토해 보고자 한다. 육조 혜능과 원효대사의 행록(行錄)에는 무엇을 깨달았는가를 비교적 잘 설명하고 있기 때문이다.

1) 육조 혜능

『육조단경』에는 오조 홍인(五祖 弘忍)이 육조 혜능의 깨달음을 인가하

콧구멍이 없다고 하는 말을 듣고/ 삼천대천세계가 내 집인 줄 몰록 깨달았네/ 유월의 연암산 아래 길에서/ 야인들이 하릴없이 태평가를 부르도다)

5) 종교에 대한 불신과 외면은 불교만이 아니다. 2021년 5월에 발표한 한국갤럽의 〈종교 현황과 종교에 대한 인식〉에 따르면 2014년에 비해 종교인에 대한 비호감도는 16%에서 38%로 증가했고, 불교 신도는 22%에서 16%로 감소했다. 그리고 종교가 사회에 도움이 된다고 생각하는 사람이 2014년에는 63%였으나, 이번 조사에서는 도움이 안 된다고 생각하는 사람이 62%로 나타났다. 그리고 20-30대는 종교가 사회에 도움이 되지 않는다고 응답한 사람이 70%에 달했다.

는 내용이 설명되어 있다. 홍인이 자기의 법을 이을 육조가 될 인재를 찾기 위해 수행자들에게 '각자 스스로 깨달은 바를 게송으로 지어라'라고 했다. 그러자 제자들 중에서 가장 뛰어난 신수(神秀)가 다음과 같은 게송을 지었다.

신시보리수(身是菩提樹) 심여명경대(心如明鏡臺) 시시근불식(時時勤拂拭) 물사야진애(勿使惹塵埃)

'몸은 보리의 나무요 마음은 밝은 거울과 같나니, 부지런히 털고 닦아서 티끌과 먼지 묻지 않게 하라'는 내용이다. 신수의 게송을 보고 모두 신수가 오조의 법을 이을 육조가 될 것이라고 칭찬하자, 그것을 듣고 혜능이 동자승에게 신수가 지은 게송이 무엇인지 물어보고, 자신이 깨달은 바를 동자승에게 부탁하여 게송을 지어 조사당 벽에 붙여 놓았다.

보리본무수(菩提本無樹) 명경역비대(明鏡亦非臺) 본래무일물(本來無一物) 하처야진애(何處惹塵埃).

'보리는 본래 나무가 없고, 거울도 또한 대가 있는 것이 아니다. 본래한 물건도 없는데 어디에 먼지와 때가 끼겠는가.'라는 내용이다. 혜능의 게송은 '깨달음의 근본인 보리심은 본래 청정한 것으로, 부지런하게 닦을 것이 없다'는 것이다. 신수가 읊은 '부지런히 정진하겠다'는 수준을 뛰어넘은 경지를 보인 것이다. 혜능의 게송을 보고 오조는 혜능에게 법과 가사를 전해주었다고 『육조단경』에 기록되어 있다.[6] 이렇게 『육

---

6) 『육조단경』의 기록에 대해 의문이 제기되기도 한다. 정성본, 『중국선종의 성립사연구』(민족사, 1991), 567-579쪽.

조단경』은 혜능이 무엇을 깨달았는지를 구체적으로 잘 설명하고 있어, 일반인들도 혜능이 무엇을 깨달아서 오조로부터 인정을 받았는지를 알 수 있다.

2) 원효대사

원효대사의 깨달음에 대한 내용은 『송고승전』에 다음과 같이 기록되어 있다.

의상 스님이 원효법사와 더불어 당(唐)나라로 가기로 뜻을 같이하고 길을 떠나 일행이 海門에 이르러, 심한 비바람을 만났다. 이에 길 옆의 흙굴[토감 : 土龕] 사이에 몸을 숨겨 회오리바람의 습기를 피했다. 다음날 날이 밝아 바라보니 그곳은 해골이 있는 옛 무덤이었다. 하늘에서는 궂은 비가 계속 내리고, 땅은 질척해서 한 발자국도 앞으로 나아갈 수가 없었다. 또 무덤 속에 머물다가 밤이 깊기 전에 갑자기 귀신이 나타나 놀라게 했다. 원효법사는 탄식하여 말했다. "어제 밤에는 땅막이라 일컬어서 또한 편안했는데, 오늘 밤에는 무덤 속에 의탁하니 매우 뒤숭숭하구나. 마음이 일어나므로 갖가지 것들이 일어나고, 마음이 사라지므로 땅막과 무덤이 둘이 아님을 알겠구나. 또한 삼계는 오직 마음일 뿐이고, 만법은 오직 인식일 뿐이니 마음 밖에 어떤 법이 없는데 어디에서 따로 구하리오, 나는 당나라에 들지 않겠다." 원효는 물러나 바랑을 메고 본국으로 돌아가 버렸다.[7]

---

7) 『宋高僧傳』권4, 「唐新羅國義湘」: 釋義湘 俗姓朴 鷄林府人也 生且英奇 長而出離 逍遙 八道 性分天然 年臨弱冠 聞唐土 教宗鼎盛 與 元曉法師 同志西遊 行至本國 海門唐州界 計求巨艦 將越滄波 倏於中塗 遭其苦雨 遂依道旁 土龕間隱身 所以避飄濕焉 迨乎 明旦相

위의 글에서 알 수 있듯이, 원효대사는 모든 것이 마음 작용에 있음을 깨달은 것이다. '비를 피하여 토감에 들어가서 잠을 잘 잤는데, 그곳이 해골이 널려있는 귀신굴이라는 것을 알고 나니 잠을 잘 수가 없었다'는 것이다. 귀신굴인 것을 몰랐을 때는 아무렇지도 않았지만, 귀신굴이라는 것을 아는 순간 두려움과 불안에 잠을 잘 수가 없었으니, 모든 것이 마음 작용에 달렸음을 깨달은 것이다. 원효대사는 평온함과 두려움이 귀신굴이라는 사실을 아느냐 모르느냐에 따라 일어난다는 것을 알고, 마음이 어떻게 작용하느냐에 모든 것이 달렸다는 것을 깨달은 것이다. 그래서 다음과 같은 오도송을 지었다.

心生故種種法生   마음이 일어나니 온갖 법이 일어나고
심생고종종법생

心滅故龕墳不二   마음이 멸하니 감실과 무덤이 다르지 않네
심멸고감분불이

三界唯心萬法唯識   삼계가 오직 마음일 뿐, 만 가지 현상이 오직
삼계유심만법유식   식일 뿐인데

心外無胡用別求   마음 밖에는 아무것도 없는데 어찌 따로 구하겠
심외무호용별구   는가!

'마음에 따라 만법이 일어나고 마음에 따라 만법이 사라진다. 마음에

視 乃古墳 骸骨旁也 天猶霢霂 地且泥塗 尺寸難前 逗留不進 又寄埏甓之中 夜之未央 俄有鬼物 爲怪 曉公歎曰 "前之寓宿 謂土龕而且安 此夜 留宵託鬼鄕而 多崇則知 心生故種種法生 心滅故龕墳不二 又三界唯心 萬法唯識 心外無法 胡用別求 我不入唐 却携囊返國.

따라 감실과 무덤이 다르지 않다. 삼계의 만물이 본시 하나인데 분별하는 인간의 마음이 둘을 만들고 구별을 짓는다. 세상 모든 일이 마음에서 일어나고 마음에서 없어지니, 마음 밖에서 구할 것이 없다'는 것이다. 그러니 당나라에 가서 구할 것이 없다는 것을 알고, 당나라로 유학가는 것을 그만두고 신라로 되돌아온 것이었다.

이렇게 육조 혜능과 원효대사는 깨달은 것이 분명했다. 깨달은 사람이라면 무엇을 깨달았는지를 명확하게 말할 수 있어야 하고, 그것을 일반인들도 쉽게 이해하고 수긍할 수 있어야 한다. 그래야 깨달음에 대한 논란은 줄어들고, 일반인들로부터 신뢰를 받을 수 있을 것이다.

3. 무엇이 달라졌는가?

다음으로 깨달은 사람은, 깨달은 이후에 깨닫기 전과 '무엇이 달라졌는지'를 보여줄 수 있어야 한다. 깨달은 사람의 삶과 모습이 깨닫기 전과 무엇이 달라졌는지를 보여줄 수 없다면, 깨달음에 대한 의문과 논란은 반복될 수밖에 없다. 육조 혜능과 원효대사는 깨달은 후에 무엇이 달라졌는지 알아보자.

1) 육조 혜능
『육조단경』에서 혜능은 오조에게 깨달음을 인가를 받은 후 달라진 것이 다음과 같이 설명되어 있다.

혜능이 오조 홍인으로부터 가사와 법을 받고 가사와 법을 받고 아무도 모르게 오조를 떠나 남쪽으로 향했다. 두 달가량 되어서 대유령에 이르렀는데, 뒤에서 수백 명의 사람들이 쫓아와서 혜능을 해치고 가사와 법을 빼앗고자 하다가 반쯤 와서 다들 돌아간 것을 몰랐다. 오직 한 스님만이 돌아가지 않았는데 성은 진이요 이름은 혜명이며, 선조는 삼품 장군으로 성품과 행동이 거칠고 포악하여 바로 고갯마루까지 쫓아 올라와서 덮치려 하였다. 혜능이 곧 가사를 돌려주었으나 또한 받으려 하지 않고 "제가 짐짓 멀리 온 것은 법을 구함이요 그 가사는 필요치 않습니다" 하였다. 혜능이 고갯마루에서 문득 법을 혜명에게 전하니 혜명이 법문을 듣고 말끝에 마음이 열리었으므로 혜능은 혜명으로 하여금 곧 북쪽으로 돌아가서 사람들을 교화하라고 하였다.[8]

위의 내용에서 혜능은 깨달음을 얻은 뒤에 자신을 해치고자 했던 사람들조차 감복하게 만들었다는 것을 알 수 있다. 성품과 행동이 거칠고 포악한 혜명도 가르침을 청하여, 혜능은 그에게 법을 전한 것으로 설명되고 있다. 깨달음이 일자무식의 나무꾼이었던 혜능을 존경의 대상이 되게 한 것이다. 『조당집』에서는 혜능이 전수받은 의발을 빼앗으려고 한 무리가 쫓아와 혜능이 가져가라고 대유령 위에 의발을 놓아두자, 혜명이 손으로 들려고 해도 꼼짝하지 않았다고 한다. 그러자 겁에 질린 혜명은 가사를 탈취하러 온 것이 아니라 홍인에게 들은 법을 듣고 싶어

---

8) 『六祖壇經』, 「受法」: 兩月中間 至大庾嶺 不知向後 有數百人來 欲擬害蕙能奪衣法 來至牛路 盡惣却廻 唯有一僧 姓陳 名惠明 先是三品將軍 性行麤惡 直至嶺上來趁犯著 惠能即還法衣 又不肯取 我故遠來求法 不要其衣 能於嶺上便傳法惠明 惠明得聞 言下心開 能使惠明 即却向北化人來.

서 왔다고 변명하는 것으로 되어 있다.[9] 깨달음이 이적을 보인 것으로 설명이 되어 있다.

2) 원효대사

원효대사의 깨달은 후의 행적은 『송고승전에』에 다음과 같이 기록되어 있다.

일찍이 의상법사와 함께 당나라에 들어가려고 했는데, 그 인연이 어그러지자 마음을 쉬고 노닐었다. 얼마 안 되어 말하는 것이 사납고 함부로 하였으며 행적을 보이는 것이 빗나가고 거칠었다. 거사와 함께 주막과 기생집을 출입하였으며, 지공처럼 금칼과 쇠지팡이를 지녔다. 혹은 소를 지어서 『잡화』(『화엄경』)를 강설하기도 하였으며, 혹은 거문고를 뜯으며 사당에서 즐기기도 하였다. 혹은 여염집에서 자기도 하였으며 혹은 산이나 강가에서 좌선하기도 하였다. 그 뜻대로 형편에 따르니 도무지 일정한 법식이 없었다.[10]

원효대사의 깨달음 이후의 행적에 대해서는 많은 논란이 있으나, 여기서 알 수 있는 것은 '자기의 뜻에 따라 상황에 맞게 행동하여 일정한

---

9) 『祖堂集』卷二, "--當時七百餘人 一齊趂慮行者 衆有一僧 号爲慧明 趂得大庾嶺上見 衣鉢 不見行者 其上座 便近前以手提之衣鉢不動 便委得自力薄 則入山覓行者 高處望 見行者在石上坐 行者遙見明上座 便知來奪我衣鉢 則云和尙分付衣鉢 某甲苦辭不受 再 三請傳持不可不受 雖則將來現在嶺頭 上座若要便請將去"

10) 『宋高僧傳』권4, 「唐新羅國黃龍寺元曉傳」: 嘗與湘法師入唐, 慕奘三藏慈恩之門. 厥緣 旣差, 息心遊往. 無何, 發言狂悖, 示迹乖疏. 同居士入酒肆倡家, 若誌公持金刀鐵錫. 或 製疏以講雜華, 或撫琴以樂祠宇. 或閭閻寓宿, 或山水坐禪, 任意隨機, 都無定檢.

법식이 없었다'는 것이다. 일연 스님도 삼국유사에서 원효 대사의 일대기를 기록하면서 「원효불기(元曉不羈)」라고 제목을 붙였다. 마음대로 행동해도 아무런 허물이 없었고 마음에도 거리낌이 없었다는 것이다. 흔히 말하는 '무애행(無碍行)'이다. 공자도 '칠십이 되니 마음이 가는 대로 행하여도 법도에 어긋남이 없었다(從心所慾不踰矩)'고 했다. 마음대로 행동해도 사람으로서 지켜야 할 윤리나 규범에 어긋남이 없다는 것이다. 하지만 원효 대사의 무애행은 공자가 말한 것과는 다른 차원의 세계이다. 원효 대사는 무애에 대해 다음과 같이 설명했다.

본래 무장무애법계법문(無障無礙法界法門)이라고 하는 것은 법이 없으니 법 아님도 없으며, 문이 없으니 문 아님도 없는 것이다. 그리하여 크지도 작지도 않고, 속도가 빠르지도 느리지도 않으며, 움직이지도 고요하지도 않고, 하나이지도 여럿이지도 않다. 크지 않은 까닭에 극미를 짓고도 남김이 없고, 작지 않은 까닭에 태허(太虛)가 되고도 남음이 있다. 빠르지 않기에 三世의 겁(劫)을 포괄하며, 느리지 않기에 체(體)를 들어 한 찰나에 가두기도 한다. 움직이지도 고요하지도 않기에 생사가 열반이 되고 열반이 생사가 된다. 하나도 아니고 여럿도 아니기에 일법이 곧 일체법이요, 일체법이 곧 일법이다. 이와 같이 무장무애의 법은 법계법문을 짓는 마법을 펼치니 모든 大보살이 드는 바요, 삼세의 모든 부처가 나는 바이다.[11]

---

11) 元曉, 『華嚴經疏序』: 原夫無障無碍法界法門者 無法而無不法 非門而無不門也 爾乃非大非小 非促非奢 不動不靜 不一不多 由非大故 作極微而無遺 以非小故 爲大虛而有餘 非促之故 能含三世劫波 非奢之故 擧體入一刹 不動不靜故 生死爲涅槃 涅槃爲生死 不一不多故 一法是一切法 一切法是一法 如是無障無礙之法 乃作法界法門之術, 諸大菩

원효대사가 말하는 무애는 유(有)/무(無), 진(眞)/속(俗), 시(是)/비(非), 호(好)/오(惡), 동(動)/정(靜), 청(淸)/탁(濁) 등 일체의 사량 분별이 없고 마음에 걸림이 없는 경지이다. 이런 경지에서 '모든 대(大) 보살이 드는 바요, 삼세의 모든 부처가 나는 바'라고 원효대사는 설명했다. 원효대사의 무애행은 마음에 아무 걸림이 없이 행하는, 이른바 '응무소주이생기심(應無所住而生其心)'의 경지였던 것이다.

이렇게 깨달음을 얻은 뒤에는 달라진 것이 있어야 한다. 깨달음을 얻은 사람이 달라진 것이 없다면 일반인과 다를 바가 없다. 육조 혜능이나 원효대사처럼 깨달음을 얻은 후에는 누구나 알 수 있는 달라진 바가 있어야 한다.

4. 무엇을 했는가?

마지막으로 깨달은 사람은 '무엇을 했는가'를 보여줄 수 있어야 한다. 깨달은 사람은 깨달은 이후에 무엇을 했는지 제시할 수 있어야 당대뿐만 아니라, 후세의 평가가 가능하다. 자칭 또는 타칭으로 깨달았다고 해도 당대와 후세의 학자나 눈 밝은 사람으로부터 평가를 받지 못한다면 소문만 무성한 빈 수레와 다르지 않다.

1) 육조 혜능
육조 혜능이 깨달은 후에 무엇을 했는가는 『육조단경』을 비롯하여

薩之所入也, 三世諸佛之所出也.

문인 법해(法海)가 쓴 『육조대사법보단경 약서(六曹大師法寶壇經 略序)』, 송나라 때 계숭(契嵩)이 쓴 『육조대사법보단경 찬(六曹大師法寶壇經 讚)』, 고려시대 보조국가 지눌이 쓴 『육조대사법보단경 발(六曹大師法寶壇經 跋)』 등 많은 문헌에 잘 설명되어 있다. 인도에서 전래된 불교의 핵심인 선의 종지를 밝히고 수행의 방법을 제시하여 선(禪) 수행의 체계를 수립했다는 것이다. 그리고 학자들의 평가는 고행을 강요하는 인도 불교를 일상생활 속의 불교로, 귀족 중심의 불교를 일반 농민들과 평민들의 종교로, 그리고 사람마다 불성을 가지고 있어 모두가 성불이 가능하다는 '인간 평등과 해방 사상을 열었다'고 했다.

2) 원효대사

원효대사가 깨달음을 얻은 뒤에 무엇을 했는지는 『삼국유사』에 다음과 같이 기록되어 있다.

원효는 이미 계(戒)를 잃어 총(聰)을 낳은 후로는 속인(俗人)의 옷으로 바꾸어 입고, 스스로 소성거사(小姓居士)라고 이름하였고, 그는 우연히 광대들이 가지고 노는 큰 박을 얻었는데, 그 모양이 괴상했다. 그 모양을 따라서 도구(道具)를 만들어 〈화엄경(華嚴經)〉 속에 말한, "일체(一切)의 무애인(無㝵人)은 한결같이 죽고 사는 것을 벗어난다."는 문구(文句)를 따서 노래를 지어 세상에 퍼뜨렸다. 이미 이것(도구)을 가지고 수많은 마을에서 노래하고 춤추면서 교화(敎化)시키고 읊다가 돌아오니, 상추옹유(桑樞瓮牖) 확후(玃猴)의 무리들로 하여금 모두 부처의 이름을 알고, 모두 나무아미타불(南無阿彌陀佛)을 부르게 하였으니, 원효(元曉)의 교화야말로 참으

로 컸다.[12)]

일연 스님은 원효대사가 중생을 교화시킨 공덕이 매우 크다고 말하고 있다. 깨달은 사람은 자기가 깨달은 바를 깨닫지 못한 사람들을 교화하고 구제하는 데 이바지해야 한다. 상구보리 하화중생이 불교의 지향점이자 존립의 근거이기 때문이다. 깨달음이 세상에 아무런 도움을 주지 못한다면 깨달음을 추구하는 것이 대중들에게 공감을 얻기 어렵고, 설령 깨달음은 얻었다고 해도 그것은 밀폐된 공간에서 혼자 즐기는 자기만족일 뿐이다. 원효대사는 중생의 교화에도 큰 공덕이 있었을 뿐 아니라, 『금강삼매경론(金剛三昧經論)』, 『기신론별기(起信論別記)』, 『대승기신론소(大乘起信論疏)』 등 100여 권의 저술을 남겼다. 『금강삼매경론(金剛三昧經論)』, 『대승기신론소(大乘起信論疏)』 등은 중국의 스님들도 '해동소(海東疏)'라 칭하며 높이 평가했다.

이렇게 깨달은 후에는 무엇을 했는지가 있어야 한다. 깨달은 사람이 깨달은 후에 한 일이 없으면, 깨닫지 못한 사람과 다른 점이 무엇인지 알 수 없다. 남명 선생(南冥 曺植, 1501~1572)은 공리공담으로 이름만 드날리는 사람들을 '세상을 속이고 이름을 도둑질하는 무리(기세도명지배 : 欺世盜名之輩)'라고 질책했다. 깨달은 사람은 육조 혜능이나 원효대사와 같이, 누구나 인정하고 찬탄하는 자기가 한 일이 있어야 한다.

---

12) 『三國遺事』, 「元曉不羈」 : 曉旣失戒生聰, 已後易俗服, 自號小姓居士, 偶得優人舞弄大瓠, 其狀瑰奇, 因其形製爲道具, 以華嚴經一切無㝵人, 一道出生死, 仍作歌流于世 嘗持此 千村萬落且歌且舞, 化詠而歸, 使桑樞瓮牖玃猴之輩, 皆識佛陁之號, 咸作南無之稱, 曉之化大矣哉.

5. 마무리

깨달음에 대한 의문에서 세 가지를 물음을 제기해 보았다.

1. 깨달은 사람은 '무엇을 깨달았는가?'

2. 깨달은 사람은 '무엇이 달라졌는가?'

3. 깨달은 사람은 '무엇을 했는가?'

위의 세 가지 물음에 분명하게 설명할 수 있다고 해도 깨달음에 대한 문제는 해소되지는 않을 것이다. 그것은 불교 2500년의 역사와 현재 한국 불교가 말해주고 있다. 불교 2500년의 역사는 '교외별전'을 절대시·신성시하며 깨달음을 증명할 공인된 절차나 방법은 도외시했고, 한국 불교를 비롯한 종교는 존경과 신뢰의 대상이기보다는 불신과 외면의 대상에 가깝기 때문이다.[13] 특히 합리와 객관적 진실을 추구하는 20~30대 젊은 세대에게는 더욱 그렇다. 그렇지만 위에서 제시한 세 가지 물음에 원효대사와 육조 혜능의 경우와 같이 분명하게 설명할 수 있으면 깨달음에 대한 논란은 다소 줄어들고, 일반 대중들의 한국 불교에 대한 불신과 외면도 조금은 감소되지 않을까 싶다.

---

13) 주5) 참조.

부처님 지혜의 등불로 극복한 장애

최 문 석
전)삼현학원 이사장

1. 살아간다는 것

사람은 왜 사는가? 라는 문제를 두고 꽤 고민했던 젊은 시절의 기억이 있다.

담요를 싸서 들고 어느 산골 바위 위에서 밤을 새우며 추위에 떨었던 기억도 있고, '자살'이라는 글씨를 크게 써서 붙여놓고 술에 취해 누워서 쳐다보니 '살자'라는 글씨가 됨을 보고 크게 깨달았다고 생각했던 때도 있었다. 몇 가지 곡절을 넘기면서 '사람은 살기 위해서 산다'는 생각에 동의하고, 삶의 목적을 따지는 대신 '무엇을 어떻게 할 것인가' 만 생각하면서 살아온 세월이 벌써 팔십 년을 넘었다.

그 팔십으로 들어서는 마지막 고비 어느 날, 나는 구급차에 실려 응급실에 입원했고 뇌졸중 진단을 받았다. 팔과 다리를 움직일 수 없는 채 병원 침대에 누워 주렁주렁 늘어선 링거병에 연결된 줄들을 바라보면서 다시 한번 삶의 이유를 물었다. 차라리 죽는 게 낫지 않을까 하는 마음속의 생각이 입 밖으로 새어 나왔을 때였다. 마침 옆을 지키고 있던 아들놈의 격한 반응에 놀라 나는 그만 생각을 바꾸어 의사 선생님의 지시를 착실히 따르는 우등생이 되고 말았다. 응급실에서 일반 병실로 옮기고 나니 마음은 한결 평온해졌다. 병실에서는 커튼으로 가려진 방에 가족이 생활한다. 골목을 중심으로 양쪽으로 담이 다닥다닥 붙어서 이웃해 살던 고향 마을의 집이 생각나는 구조다. 간병하는 아내는 이웃과 곧잘 친해졌다. 음식을 나눠주기도 하고 시골에서 급히 입원하느라 미처 챙기지 못한 이웃을 위해 침구를 갖다주기도 하였다. 친분을 맺은 이웃은 아내가 없는 동안 나를 보살펴 주었고, 저 끝 방 할아버지가 어젯밤에 저승으로 떠났다는 뉴스를 전해주기도 했다.

얼마간의 병실 생활이 끝나자 다시 재활과로 넘겨졌다. 뇌졸중 병은 나았지만, 그 후유증으로 못쓰게 된 팔과 다리의 운동을 재생시키는 일이 남은 것이다. 여전히 커튼으로 가려진 병실에는 새로운 이웃이 생겨났다. 모두가 재활이 목적이지만 사정은 너무나 차이가 크다. 사람들의 이동도 많고 재활의 목적도 너무나 달랐다. 나는 휠체어에 몸을 싣고 운동실로 옮겨져 지팡이를 짚고 걷는 연습부터 시작하는데, 첫 발자국을 뗀 성공이 그렇게 감격스러울 수가 없었다. 우리가 일상에서 아무렇지도 않게 걸었던 그 동작이 중지되었다 새롭게 이어진 경험은 그 자체로 감격이다. 1주일에 한 번씩 시험도 있었다. 의사 선생님들이 채점지를 들고 지켜보는 사이를 지팡이를 짚고 지나가는 걸음마 시험이었다. 참으로 오랜만에 진지한 시험을 열심히 치르고 합격하여 퇴원을 결정하고 다른 병원으로 옮겨졌다. 옮겨진 병원은 재활만을 전문으로 하는 병원이다. 학교처럼 일과가 완전히 재활 운동으로 짜여져서 움직인다. 삼 개월에 걸친 걸음걸이 훈련과 팔운동을 하고 퇴원을 하는 동안 내 마음은 감사하는 마음으로 가득 찼다. 장애인이 되어 불편하기는 해도 내 집에서 나의 생활을 할 수 있다는 것이 그렇게 고마울 수가 없다. 열심히 운동을 계속한 결과 이제는 걸음걸이도 많이 늘었다. 요즈음은 아내가 운전하는 차를 타고 출근을 한다. 눈에는 안경을 쓰고 귀에는 보청기를 끼고 코와 입은 코로나 균을 막기 위한 마스크를 쓰고 장애인용 지팡이를 짚고 집을 나서는 나의 모습은 그야말로 완전 무장이다. 현대문명이 만들어 낸 장비를 철저히 이용하며 산다고 만족해한다. 우리의 삶은 그 자체가 목적이기 때문이다.

어느 날, 찾아온 친구를 보고 설명한 일이 있다. 내가 짚고 있는 지팡이를 자세히 보면 밑에 발이 네 개가 있다. 짚고 가다 힘들면 세워두고 쉴 수 있게 하기 위함이다. 그러하니 지금 나는 여섯 개의 다리로 살아가고 있다. 다리가 여섯 개인 동물은 곤충이다. 이제 나는 이 네 개의 다리를 한 개로 바꾸면 다리가 네 개인 짐승을 뛰어넘어 사람이 된다. 그 목적을 위해서 나는 열심히 운동한다. 나의 발병 후의 생활이 장애인의 불편함 속에서도 항상 즐겁고 감사한 마음인 이유는 주위의 도움 덕분도 있지만 꾸준히 발전해 온 내 능력에 대한 즐거움이 크다고 생각된다. 인간은 개인이든 단체든 꾸준히 노력하며 발전해 온 존재다. 내가 걷는 능력을 잃었지만 이를 다시 찾아 꾸준히 발전시켜온 세월은 나의 즐거움이다.

퇴원 후 장애인으로 살아온 세월이 벌써 삼 년을 넘었다. 그중에서도 2년은 문밖 출입을 못 한 채 홀로 살아온 시간 들이다. 그런데도 지금까지의 내 인생에서 어느 때보다도 행복한 시간이었다는 생각을 지울 수가 없다. 그동안 가족을 비롯한 타인들의 도움이 어느 때보다도 많았지만 그만큼 모든 사람이나 처지에 감사하며 살아온 시간이다. 혼자 있으면서도 지루하거나 심심하지 않을 재미있는 TV 프로그램을 만들어 준 편성자에게 감사하고, 재미있는 책을 써 준 작가에 감사하면서 나는 행복했다. 더욱이 이만큼이라도 회복이 가능한 것은 발병 초기 응급실로 빠르게 운반해 준 우리 사회의 응급시스템에도 여러 번 감사해야 했다. 혼자 있는 시간은 자유의 시간이다. 재활병원에서의 경험을 바탕으로 스스로 짠 시간표가 있었지만, 그것은 완전한 나의 자유의지로 만들어진 것이기에 내 자유를 조금도 침범하지 않는다. 무엇보다 조금씩 나아지는 성취에 대한 쾌감이 있었다. 처음으로 현관문을 나서 정원을 산책하던 날, 아내는 갖고 있던 핸드폰으로 사진을 찍어서 자식들에게 문자를 날렸다. 자식들은 내가 올림픽에서 금메달이라도 딴것처럼 축하와 응원을 보내주지 않았던가! 감사와 자유, 그리고 성취의 행복한 시간들로 나는 하루하루를 살아가고 있다.

2. 내가 없는 나

어느 날 나는 구급차에 실려서 응급실에 입원한 일이 있다. 그 후 나의 생활은 많은 것이 멈춰서고 말았다. 뇌졸중 진단을 받고 넉 달 동안의 입원 치료를 마친지 벌써 삼 년이 되어가는데도 오른쪽 팔과 다리는 아직도 제구실을 못 한다. 걸음을 제대로 걷지 못하는 나는 내 생활의 대부분을 멈추거나 바꾸지 않을 수가 없다. 그래도 용기를 내어서 지금 새로운 일거리를 찾아 시간을 보낼 수 있는 것은 병실을 찾아와서 위로와 격려를 해준 분들의 덕분이다. 고마움을 잊을 수 없다.

다리가 불편한 나의 생활은 집안을 벗어나기가 쉽지 않다. 종일 혼자서 재활 운동을 하는 일 외는 TV를 보거나 책 읽기로 시간을 보낸다. 불교방송을 보는 시간이 많다. 병원에서 나를 찾아오는 사람들을 만나면서 내가 누구인가를 심각하게 생각하기 시작했기 때문이다. 그들은 모두 나를 찾아와서 나의 병을 걱정하고 빨리 회복하라고 격려를 하고 있지만, 그들이 찾아온 나는 모두가 달랐다. 내가 교수를 할 때 학생이었던 제자는 나를 교수님이라 부르며 찾아오고, 또 내가 교장을 할 때 학생이었던 사람들은 나를 교장 선생님이라 부르며 반기고, 내가 주례를 했던 사람은 나를 주례 선생님이라 하고, 로타리 회원들은 모두 총재님을 찾고 있었다. 그러나 나는 지금 교수도 아니고 교장도 아니며 총재도 아닌데 그들은 모두 그때의 나를 생각하며 위로도 하고 격려도 하고 있었다. 나누는 대화의 내용도 대부분 지나간 그때의 이야기다. 내 얼굴 어디에 교수 시절의 모습이 남아 있었을까. 교장도 총재도 마찬가지일 것이다. 그러면 그들은 왜 나를 찾아와서 이미 사라져 버리고 없는 나를 위해서 지금의 나의 아픔을 안타까워하고 있는 것일까? 결국 그들은 지난날 내가 했던 일에 대한 기억, 그것을 나라고 생각하고 있었다. 강의나 훈화, 봉사활동 지도 등의 지난날 내가 했던 행위의 모임. 그것을 불교에서는 업이라 하는 모양이다. 지금은 그것을 이룩한 그때의 모습은 어디에도 없이 그 업의 작자는 사라졌지만, 그 업보는 남아 그 업보를 나라는 이름으로 기억하면서 지금의 나를 찾아온 것이다. 참으로 깊은 인연이다. 그렇다면 지금 여기 있는 나. 얼굴은 늙어 백발이 무성하고 팔과 다리는 힘이 없어 지팡이 없이는 세 발자국도 걷지 못하는 나는 누구일까? 스님들은 나를 다섯 가지 요소(오온)의 합이라 한다. 나의 육체인 몸(색), 그리고 정신작용인 감정(수), 이성(상), 의지(행), 의식(식) 등을 합한 다섯 가지다. '나 오늘 기분 좋아' 라든가 '내 뜻대로 해야겠어' 하는 말처럼 정신과 육체를 합한 것으로 내가 이해된다. 그런데 한국의 모든 절에서 행하는 예불에서 봉독하는 반야심경의 첫 구절은 이 다섯 가지가 공(空)한 것을 비추어 알면 모든 괴로움에서 벗어날 수가 있다고 말하고 있다. 우리는 누구나 행복을 원하기에 괴로움에서 벗어나는 조건은 중요한 요소다. 나를 찾아 문병 왔던 사람들 때문에 수많은 내가 이미 생겨났다 살아졌음은 이해가 된다, 그런데 지금 여기 있는 내가 공이라는 말은 또 무슨 뜻인가? 책에서는 그것을 연기(緣起)로 설명하고 있다. 연기란 모든 존재가 상호 의존하여 조건적으로 존재하고 생겨남을 말한다. 독립적으로 존재하지 못하는 모든 존재는 공(空)이 된다. 눈을 감고 호흡을 관찰하면서 통찰해 보면 우리는 잠시도 내 몸 밖의 세계와 떨어져 살 수가 없다, 숨을 쉬는 일 외도 오늘 하루 먹고 내놓은 모든 것들이 그러하다. 내 몸이 우주의 뗄 수 없는 한 부분이며 모든 존재가 서로 의지하여 존재함을 느낄 수 있다. 결국 반야심경의 말씀은 나를 이 같은 우주적 존재를 느끼고 하나 될 때 모든 괴로움에서 벗어날 수 있으며 공은 결국 무한한 가능성을 의미하게 된다. 하느님 품 안에서 행복할 수 있다는 목사님 말씀도 그런 뜻으로 이해가 된다. 결국 지금 여기 있는 나는 항상 변해가는 오온의 합이며 나를 이루는 다섯 가지의 요소 즉 오온은 모두 공이며 그 요소들이 만든 업이 팔십 년간 쌓여 온 덩어리가 지금의 나라는 말이 된다.

　나는 요즘 시간이 날 때마다 여기저기 흩어져 있는 사진들을 정리하고 있다. 대부분 그때의 정경을 새겨 보고는 파쇄기에 넣어서 없앤다. 지금까지 존재하던 나의 상이 사라질 때 약간의 슬픔이 있지만, 그 같은 훈련은 나의 마음이 생사를 초월하는 훈련이 될 것이다. 나는 병을 얻어서 여러 곳의 나의 삶을 멈추게 했다. 그러나 그로 인해서 나를 되돌아보고 내가 수없이 생겨났다 없어졌지만, 그 행위만은 남아서 사람들이 나로서 기억함도 알았다. 내가 무엇이 되느냐가 아니라 무엇을 하느냐가 중요함을 깨달은 것이다. 발길을 멈추게 했던 나의 불행이 또 다른 나를 성숙 시키는 깨달음이 될 줄이야 누가 알았으랴. 참으로 인생은 불가사의다.

퇴원 후에도 계속해서 전화로라도 건강을 챙겨주는 친구들이 있어 행복하다. 며칠 전 차를 갖고 집으로 찾아와 나를 위해 함께 남해 해안을 드라이브한 친구가 있었다. 해안을 돌면서 그동안 변화된 풍물들에 놀라기도 했지만 내 눈길은 꾸준히 해안의 파도에 머물고 있었다. 생겨났다 없어지고 태어났다 사라지는 파도의 모습은 그동안 수없이 생겨났다 사라진 나의 모습과 최근에 사라진 사람들의 모습을 떠올리고 있었기 때문이다. 그 속에는 한석근 선생도 김수봉 선생도 김학 선생도 함께 있었다. 그러나 그들은 언제나 다시 물이 되었다. 육지로 들어오면서 바라보니 수평선과 함께 떠오르는 넓은 바다는 평온하고 조용했다.

108 예불대참회

최 주 홍
경상국립대학교 화학공학과 명예교수

몇 해 전 여름이다. 교수불자회 동료 윤 교수님이 점심을 같이하자고 하여, 다른 한 분과 따라간 곳은 뜻밖에도 김 사장이라는 분의 사가였다. 집안에 들어서는 순간, 격조 높은 장식이 마치 카페에 들어서는 듯, 오디오와 차와 커피의 공간으로 잘 꾸며진 분위기에 압도되었다. 김 사장님은 종종 요리하여 지인들을 초대한다면서, 조금도 부담을 갖지 않도록 우리를 배려하였다. 우리는 김 사장님이 손수 마련한 정갈하고 깔끔한 식사를 고마운 마음으로 맛있게 먹고, 귀한 커피와 차도 대접받았다. 그러는 중에 김 사장님의 공손함과 묵직한 활력이 어디서 나올까 하는 생각이 들었다. 차를 마시면서 나눈 대화를 통하여 그 궁금증이 자연스럽게 풀리게 되었다.

김 사장님은 사업에 전력하던 중에 우연히 알지 못하는 허리 병을 얻어서 상당 기간을 일어나기도 힘들 정도의 투병 생활을 겪었다고 하였다. 그러던 중 인연이 닿아 부처님께 절하는 예배를 하게 되면서 건강이 차츰 회복되었고, 이후 꾸준한 신행을 통하여 허리 병을 완치하고 활력이 넘치는 건강한 생활을 되찾았다고 한다. 생사의 고비를 넘긴 김 사장님은 매사에 긍정적이고 감사하는 마음으로 살아가게 되었다고 한다. 우리가 먹은 식사에도 이러한 회향의 마음이 듬뿍 담긴 것이 아닌가 생각되었다. 김 사장님은 매일 '108 예불대참회'의 보현행원 수행을 이어가면서 인연이 있는 분들을 인도하고 있다면서, 우리에게도 이 수행을 적극적으로 권했다.

당시 해마다 겨울이면 재활의원에서 물리치료를 받아야 할 정도로 척추 협착증으로 허리 걱정을 안고 살았던 나는 김 사장님의 권유가 솔깃하게 들어왔다. 김 사장님으로부터 『예불대참회문』을 선물로 받고 절하는 방법도 배웠다. 그리고 당장 다음날부터 108 예배를 시작하게 되었다. 당시 매일 아침 5시부터 두 시간을 정하여 선 수행을 익히고 있던 터라, 수행을 마치고 7시부터 108 예배 시간을 배정하였다. 마침 한여름이라 습하고 무더운 가운데 절을 하니 땀에 젖는 불쾌감과 하나 더 늘어난 일과의 부담감으로 퇴보심이 수시로 일어났다. 그러나 마음을 굳게 달래면서 108 예배만은 빠뜨리지 않으려고 노력했다. 그렇게 몇 달을 지나니 어느 순간에 일상에서 허리가 아프다는 생각을 별로 하지 않고 지낸다는 것을 알게 되었다. 그리고 그해 겨울은 병원 신세를 지지 않고도 잘 넘겼다. 다음 해에는 정진 시간을 한 시간 늘려서 4시부터 세 시간 동안 선 수행을 마치고 7시부터 108 예배를 하였다. 가끔 정해진 시간에 일어나지 못하여 알람을 끄고도 잠을 더 자는 때도 있었지만, 108 예배만은 하루도 빠뜨리지 않도록 노력했다. 이제는 부담 없는 일과로 자리를 잡게 되었다.

108 예배는 이제 3년을 넘겼다. 허리 아픔을 인식하는 순간은 거의 없다. 그뿐만 아니다. 의식하지 못하는 사이에 어떤 선(善)한 힘이 나를

이끌고 있다고 느끼는 때가 많다. 생활이 즐겁고 평안하다는 생각이 늘어나고, 좋은 인연이 많이 생기고 있다고 생각할 때가 많다. 감사하는 마음이 자주 일어난다. 이런 변화가 '108 예불대참회' 수행으로 얻는 가피임이 분명하다는 생각이 든다.

이러한 힘이 어디서 생기는 것일까? 하는 생각이 『예불대참회문』의 내용을 새겨보게 하였다. 사실 '108 예불대참회'를 시작할 때는 『예불대참회문』의 내용에는 큰 의미를 두지 못하였다. 통상적으로, 108 번뇌, 참회, 기도 정도의 단어를 떠올리는 수준이었다. 지금에서야 마음을 내어서 챙겨보니, 『예불대참회문』이 『보현행원품』의 내용을 참회 기도문으로 만든 것이며, 보현보살 원력 수행의 실천문임을 알게 되었다. 『보현행원품』은 『화엄경』의 『대방광불화엄경 부사의해탈경계 보현행원품』의 약칭으로써, 화엄 사상 실천의 요체라고 한다. 53 선지식을 두루 친견하고 부처님의 지혜를 갖춘 선재 동자와 다른 보살들에게, 보현보살이 이 법을 설하여 부처님의 무량하고 불가사의한 지혜 공덕을 실천하는 원력 행을 살도록 한 내용이다. 보현보살은 부처님의 무량한 공덕을 칭송한 후에, 보살이 이러한 공덕을 성취하려면 마땅히 10가지 큰 행을 닦아야 한다고 설하신다.

보현보살의 명호에 대하여, 광덕 스님은 "그 체성(體性)이 나타나지 않는 곳이 없어서 보(普)라고 하며, 그 갖춘 공덕이 무량하여 일체 장소와 시간 그리고 일체 일에 실현되지 않음이 없으므로 현(賢)이라 한다."라고 하셨듯이, 보현보살은 부처님의 무량한 지혜 공덕행의 대명사이다.

보현보살 열 가지 행원은 '모든 부처님을 예배하고 공경하라(禮敬諸佛)'로 시작된다. 무량수의 부처님을 일일이 친견하여 공경하라는 말씀이다. 비유하자면 삼천대천 세계를 갈아서 만든 극히 작은 미진의 수만큼 그 많은 수의 부처님들을 눈앞에서 대하듯 일일이 예배하고 공경하라고 한다. 세상에 존재하는 부처님의 수가 그렇게나 많고, 또한 그 많은 수의 부처님을 일일이 친견하여 공경한다는 말씀은 인간의 논리로써는 상상도 할 수 없는 일이다. 그러나 이 불가사의한 말씀에 보현행원 수행의 핵심 원리가 들어있다는 생각이 들었다. 그리고 이 말씀을 바로 이해하지 못하고서고는 올바른 수행의 길이 될 수 없음이 자명하다고 생각했다.

　무량수의 부처님이 존재한다는 말씀에서 언뜻 들어보곤 했던, '두두물물(頭頭物物)이 부처'와 '법계일상(法界一相)'의 말씀을 연상한다. 그리고 『예불대참회문』에서 그 해답을 암시하고 있음을 본다.

　　　아이청정신어의(我以淸淨身語意)

　　　일체변례진무여(一切遍禮盡無餘)

　　　보현행원위신력(普賢行願威神力)

　　　보현일체여래전(普現一切如來前)

　　　일신부현찰진신(一身復現刹塵身)

　　　일일변례찰진불(一一遍禮刹塵佛)

　　　맑고 맑은 몸과 말과 뜻을 기울여

　　　일체 부처님을 빠짐없이 예배하고 공경하오며

　　　보현보살 행과 원의 큰 공덕 힘으로

　　　널리 일체 여래 앞에 나아가고

한 몸 다시 찰진 수효 몸을 나타내어
찰진 수 부처님을 빠짐없이 예배하고 공경합니다.

위 내용은 몸과 말과 뜻을 청정하게 하여 보현보살의 위신력(威信力)을 빌리면 일체 부처를 빠짐없이 공경할 수 있다는 뜻으로 이해된다. 불교에서 신구의(身口意)의 몸과 말과 뜻이 중생이 짓는 대표적인 업(業)이라 말한다. 이 모두 망상(妄象)과 망언(妄言)과 망념(妄念)의 근원이기 때문이다. 이 세 가지 업이 보현보살의 위신력으로 맑아질 수 있는 원리는 무엇일까? 그 근원을『화엄경』에서 말하는 법계일상(法界一相) 사상에서 찾아볼 수 있다. 법계일상은 법계에 존재하는 일체 만법의 체성(體性)이 각각 동일하다는 불이(不二)의 평등성을 뜻한다고 했다. 이 평등성지(平等聖地)는 일체 만법이 각각 진여본성(眞如本性)인 여래장(如來藏)을 갖추고 있음을 의미한다. 그러므로 중생이라 불리지만 망념을 자각하여 불지견(佛知見)으로 바꿀 때, 중생의 마음이 바로 부처의 마음과 하나가 되는 불이의 평등한 경지를 말한다. 따라서 수행자 자신의 보현보살 행으로 보현보살의 행원력을 갖출 때, 보현보살 위신력이 수행자의 힘으로 발동되어서, 수행자가 부처와 동등한 불이의 부처가 되어 자신의 부처를 친견하는 논리로 귀결된다고 하겠다.

이 원리는『화엄경』에서 말하는 '초발심시변성정각(初發心時便成正覺)'의 뜻과 일치한다.『대승기신론』에서 초발심은 '일체 만법이 제각기 진여본심(眞如本心)이란 무궁한 복덕의 여래장(如來藏)을 갖추고 있음을 알고 망념(妄染)을 자각하여 자신의 본래 청정한 마음자리로 돌아감'이라 한다. 그러므로 초발심이 발동하는 순간이 바로 본래 청정심을 회복하는 순간이며 이때가 바로 부처 자리에 들어감을 말한다. 수행자 자신의 번뇌 망념에서 그 본성의 근본 당체(當體)인 진여본성을 자각하고 부처와 불이인 근본 자리에 섰을 때 바로 정각(正覺)을 이루어 부처를 친견함을 말한다. 그러므로 이러한 지혜가 실행되는 예로써 법공양이 바로 부처를 예경(禮敬)하는 일이라 하겠다. 이처럼 보현행원은 일체 만법의 본체가 본래 청정함을 알고 그 본래로 돌아가는 방편으로써 모든 부처를 공경하는 수행법을 지시하는 것이다. 그리고 이 수행은 무엇을 성취하여 이룸이 아니고, 수행자 자신이 시절 인연에 맞게 자기 본분의 생활을 이어감에 그 의미가 있다고 하겠다.

중생의 업이 무궁하고 중생의 망념도 무량하므로 자각하여 이루는 부처의 수도 무량하다고 할 것이다. 이같이 찰진 수효 중생의 몸과 말과 뜻을 일일이 청정한 부처의 지혜로 바꾸어 본원으로 회귀하여 자각성지(自覺聖智)를 이루고, 일체 만법을 제자리로 돌리는 힘은 보현행원을 할 수 있는 신심과 발심이 있을 때 비로소 가능하므로, '보현보살의 위신력을 빌린다.'라고 표현하는 것이 아닐까?

그러므로 중생의 마음을 청정 일심으로 회귀하는 일이 보현보살 행원 수행의 기본임을 알 수 있다. 청정 일심은 진여 본심이다. 그러므로 '부처다. 중생이다.' 하는 차별이 없는 평등심이다. 따라서 일상에서 일어나는 번뇌나 망상을 놓치지 말고 일일이 알아차려서 진여 본성의 부처 자리에 되돌려 놓는 순간이 바로 부처를 친견하는 순간임을 일깨운다. 보현보살이라는 절대자가 있어서 수행자의 원력을 성취해주는 것이 아니라, 수행자 스스로가 순간순간 자각성지를 이루고 원력 수행 본분의 일을 살아감이라 할 것이다.

'예경제불(禮敬諸佛)'의 정신은 『법화경』의 『상불경보살품』에도 잘 나타난다. 상불경(常不輕) 보살은 누구를 만나든지 어느 때나 어떤 경우라도 '그대는 마땅히 성불할 사람으로서, 그대를 깊이 공경합니다.'라고 예경한다. 상불경 보살의 이 수행이 바로 석가모니 부처님을 이루는 공덕이 되었다고 한다. 이같이 특별한 불법을 세우지 않고, 오직 예경제불의 수행만으로 원만한 공덕을 성취하는 불가사의 도리가 『예불대참회문』에 있음을 보인다.

처음부터 『108 예불대참회문』을 대수롭지 않게 대했던 나의 무지함에 부끄럽기 짝이 없었다. 늦게라도 그 큰 뜻을 조금이라도 알게 되니 정말 다행이다 싶다. 한편 나와 같이 지극히 어설픈 수행자도 꾸준히 정진하다 보면 부처님 불가사의 지혜가 조금씩 훈습(薰習)되어, 결국은 불국토를 이루는 씨앗으로 자라나는구나! 하는 생각이 든다.

이 글에서 『보현행원품』 내용을 다 다루기는 주제에서 벗어나므로 여기서 일단락을 짓고자 한다. 다만 『보현행원품』을 새기면서 되돌아볼 때, 불교 수행에 마음을 두고 깨우침을 얻으려고 여러 가지로 노력하였으나, 지금까지 만족스러운 진전을 보지 못했던 이유가 바로 발심과 서원이 없었던 때문임을 절실하게 느낀다. 불교에 관심을 가진 지 사십여 년 동안, 그 많은 법회나 모임에서 그렇게도 많이 합창했던 사홍서원(四弘誓願)을 진정 나 자신의 서원으로 만들지 못했던 것 또한 얼마나 무지한 일인가! '서원이 없이 보살도와 불도를 이루는 일은 불가능하다.'라고 종종 들었던 말이 이제야 나의 일로 다가온다. 원력이 수행자의 모든 어려움을 물리치고 정진력을 이끄는 원동력임을 깊이 깨닫는다. 그러므로 "끝없는 중생을 제도하고, 한없는 번뇌를 끊고, 무량한 불법을 배우고, 더없이 높은 불도를 이룬다."를 이제부터 나의 서원으로 깊이 세운다.

좌선이나 행선 수행에서 게으름이나 혼란스러운 마음이 일어날 때, 이 서원을 새기면 나태심이 사라지고 마음이 단정해지는 경우를 종종 접한다. 매일 '108 예불대참회'를 올리면서 절에 맞추어서 부르는 한 분 한 분의 부처님 명호가 마음에 새겨짐을 느낄 때는 이 시간에 이 공간에 존재함이 더없는 환희로 이어짐을 본다. 이러한 느낌의 확장이 나라는 아상(我相)을 허물고 원융무애(圓融無碍)한 진여 법계로 다가가게 하는 힘이 되겠구나! 하는 생각을 한다. 모든 것은 저절로 자연스럽게 잘 이루어지고 있구나! 하는 생각도 가끔 일어난다. 이러한 부처님의 가피가 내 일상의 환의심으로 나타날 수 있게, 나에게 보현행원 수행의 길을 인도해주신 김 사장님께 다시 깊은 감사를 올린다.

저자 약력

마가 스님
고성 옥천사 주지

박영재(朴英才)
서강대학교 자연과학대학 물리학과 명예교수
서강대학교 이학박사
전)서강대학교 자연과학대학 학장 / 전)서강대학교 교무처장
(사)선도성찰나눔실천회 제2대 지도법사(거사호 法境)

논저
『온몸으로 돕는 지구촌 길벗들』, 마음살림, 2021.(편저)
『날마다 온몸으로 성찰하기』, 비움과 소통, 2015.(저서)
『석가도 없고 미륵도 없네』, 본북, 2011.(저서)

법안 스님
하동 옥종 약천사 주지

일진 스님
남해 관음선원 주지

재연 스님
하동 북천사 주지

정민 스님
하동 법성선원 선원장

진여 스님
진주 약사정사 주지

강영실(姜瑛實)
경상국립대학교 간호대학 간호학과 명예교수
부산대학교 간호학박사
전)경상국립대학교 간호대학 학장

권현옥
권현옥 산부인과 원장
108 자비손 대표
전)경남 여의사회 회장

수상
진주시민상 보령봉사상
적십자봉사금상 복지부장관상

김신욱(金信郁)
전)경상국립대학교 사범대학 교육학과 외래교수
경상국립대학교 교육학박사
경상교육철학회장 역임

논저
「論語에 나타난 仁의 本意와 實踐」2021. 10 (儒教新聞)
「후설의 客觀主義 批判의 教育的 含意」2005. (논문)
「Husserl의 상호주관성 구성의 교육적 함의」2002. (논문)
「Husserl의 生活世界 經驗의 教育的 含意」2000. (박사학위논문)

김용진(金龍鎭, 法名: 大玄)
경상국립대학교 생물교육과 교수 / 서울대학교 생물교육과 졸업, 교육학박사
경상국립대학교 교수불자회 회장 / 경상국립대학교 불교학생회 '蓮華' 지도교수
전)경상국립대학교 사범대학 학장

논저
『나를 찾아가는 불교 이야기』(공저), 경상대학교출판부, 2019.(저서)

김형점
죽향차문화원장
경상국립대학교 산업대학학원 한국차문화학과 외래교수
국립목포대학교 문학박사(차학전공)

성기서
서원대학교 영어교육과 명예교수
한국외국어대학교 영문학/문학박사
직지 불교 대학 강사 / 전)서원대학교 총장

손병욱(孫炳旭, 法名: 正旻)
경상국립대학교 사범대학 윤리교육과 명예교수
고려대학교 철학박사
전)한국윤리교육학회 회장

논저
『한국선비문화연구원탐구』, 경상국립대학교출판부, 2022.(저서)
「청담조사의 사상과 진주정신」, 『마음사상』제13집, 청담사상연구소, 2021.(논문)
『나를 찾아가는 불교 이야기』, 경상대학교출판부, 2019.(공저)

오윤택(法名: 밀휴)
세무법인 정암 대표
국세청 근무 경력 27년

유동숙(法名: 여여화(如如華)
진주 선우선방(禪友禪房) 선원장

윤정배(佛名: 蓮山)
경상국립대학교 공과대학 건축공학과 명예교수
서울대학교 공학박사
구조공학, 내진공학 전공

지리산 길상선사 수련회 도우미

논저

『나를 찾아가는 불교 이야기』(공저), 경상대학교출판부, 2019.(저서)
email: jbyoon@gnu.ac.kr, jbyoongoo@gmail.com

이상호(李相浩)

경상국립대학교 사범대학 윤리교육과 교수
경상국립대학교 문학박사

논저

『나를 찾아가는 불교이야기』(공저), 경상대학교출판부, 2019.(저서)
「불국사 가람 배치의 윤리적 의의」, 『현대교육연구』 제31집 제2호, 2019.(논문)
『한국의 전통사상과 민족문화』(공저). 경상대학교출판부. 2018.(저서)

이정숙(李貞淑, 法名: 禪裕)

경상국립대학교 자연과학대학 의류학과 명예교수
서울대학교 이학박사 / 경남과총 명예회장
전)경상국립대학교 자연과학대학 학장 / 전)한국의류산업학회 회장

논저

『나를 찾아가는 불교 이야기』(공저), 경상대학교출판부, 2019.(저서)
『염색의 이해』(공저), 교문사, 2011.(저서)
『새 의류 관리: 구매에서 폐기까지』(공저), 교문사, 2008.(저서)

임규홍(林圭鴻)

경상국립대학교 인문대학 국어국문학과 명예교수
경상국립대학교 문학박사
전)경상국립대학교 인문대학 학장

논저

『한국어 화용과 담화』, 한국 문화사. 2022(저서)

『한국어와 한글, 소리. 글꼴. 뜻』, 경상국립대학교출판부. 2022(저서)

『행복한 삶을 위한 대화 』(저서). 박이정. 2015. 외 다수

조구호

전)경상국립대학교 인문학연구소 연구교수

경상국립대학교 문학박사

논저

『마음을 씻는 정자』, 그린, 2021.(저서)

『문학과 세상을 위한 성찰과 지향』, 부크크, 2019.(저서)

『분단소설연구』, 역락, 2016.(저서)

최문석(法名: 圓明)

전)삼현학원 이사장

경상국립대학교 자연과학대학 부교수 / 삼현여자고등학교 교장

전)법사원 불교대학 진주지회장 / 전)국제로타리클럽 3720 지구 총재

전)남명학 연구원 이사장

최주홍(崔柱洪)

경상국립대학교 공과대학 화학공학과 명예교수

서울대학교 공학박사

논저

『나를 찾아가는 불교 이야기』(공저), 경상대학교출판부, 2019(저서)

『간화선 수행에 있어서 의심의 문제(서장을 중심으로)』 한국교수불자연합회, 24(2)

2018(논문)

승속僧俗이 함께하는 불교 이야기

초판인쇄 | 2023년 2월 1일
초판발행 | 2023년 2월 8일

지은이 | 김용진 외
펴낸이 | 서영애
펴낸곳 | 대양미디어

04559 서울시 중구 퇴계로45길 22-6(일호빌딩) 602호
전화 | (02)2276-0078
팩스 | (02)2267-7888

ISBN 979-11-6072-109-6 03220

값 15,000원